AF307825

Herstellung und Verlag: BoD - Books on Demand, Norderstedt

ISBN 9783738645903

John Nada:

Männer sind kein Müll

25 GRÜNDE WARUM DER FEMINISMUS ZU WEIT GEHT

Inhalt

*Alle Frauen sollten sich lieben und verdienen Respekt,
Männer aber auch.*

*Wir sollten einander wieder mehr zuhören.
Nicht, um zu antworten. Um zuzuhören..*

Prolog

Hast du es schon einmal geschafft, einen feministischen Artikel zu lesen, ohne dabei mindestens einmal mit dem Kopf zu schütteln, zu weinen oder zu lachen?

Mir jedenfalls wurde diese Gnade in den letzten Jahren leider nicht zuteil. Wie sollte ich auch anders reagieren bei Erleuchtungsmomenten wie der feministischen Erkenntnis, dass Männer nicht diskriminiert werden könnten, *weil sie Männer sind*? Diese und ähnliche Aussagen foltern meinen Intellekt und Gerechtigkeitssinn bereits seit Jahren, ohne dass ich eine nennenswerte Reaktion gezeigt hätte. Ich dachte immer, dass der Spuk doch irgendwann vorbei gehen müsse und mit der Zeit die gemäßigten Feministinnen wieder mehr Gehör finden würden. Doch es wurde mit jedem Jahr schlimmer. Es ist zum Haareraufen! Die tägliche Dosis Nonsens rund um das Patriarchat-Gedöns ist kaum noch zu ertragen. Bei manchen Artikeln hat man den Eindruck, dass die Perspektive der Autorin durch eine die Realität wie LSD beeinflussende Feminismusbrille verzerrt wird.

Nachdem keine Haare mehr übrig waren, die ich mir hätte ausreißen können, gelangte ich zu der Erkenntnis, dass ich eine gesündere Kanalisation benötigte. Ich verbrachte also meine Feierabende damit, eine Gegenrede zu radikalen feministischen Aussagen zu verfassen. Denn wenn Feministinnen die Welt durch eine Feminismusbrille betrachten, kann ich es ihnen gleichtun und versuchshalber folgende Gegenthese aufstellen: *Wir leben nicht in einem Patriarchat, in dem die Männer dominieren, nein, wir leben in einem Matriarchat, in dem die Frauen bevorzugt behandelt werden.*

Wer sich davon provoziert fühlt, ist ausdrücklich mitangesprochen. Denn ich glaube an den ergebnisoffenen Diskurs, um einander Gedankenanstöße zu geben und vermeintliche Gewissheiten zu hinterfragen. Der gegenwärtige *Radikalfeminismus* bietet kaum adäquate Antworten auf gesellschaftliche Missstände. Denn *Radikalfeministinne*n sind der Ansicht, *sie allein* hätten ein spezifisches Recht zur Provokation, das keinen Widerspruch erlaubt. Dabei zwingen sie Männern ihre Meinung auf und erwarten überdies von allen Frauen uneingeschränkte Zustimmung und Solidarität, auch wenn diese anderer Meinung sind. Das Problem dabei ist, dass es in diesem Diskurs nicht mehr um Gleichberechtigung und Gleichstellung geht, sondern um das Erlangen von einseitigen Privilegien aufgrund der Geschlechtszugehörigkeit.

Wenn du ein Haar in meiner Wörtersuppe findest? Behalte es. Oder schreib mir per Mail. Du kannst es dir natürlich noch einfacher machen und mich einen *Frauenhasser* nennen.

Alternativ bist du eingeladen, dir dieses kleine Büchlein mit offenem Herzen und mit Verstand durchzulesen und dich mit Aussagen auseinanderzusetzen, die möglicherweise ungewohnt sind. Und wenn dir meine Sichtweise nicht zusagt und du zu anderen Schlüssen kommst? Was soll ich sagen? Sie muss dir nicht gefallen. Mir geht es auch nicht darum, recht zu haben, sondern nur mein Recht der Gegenrede zu nutzen. Ich hoffe, du kannst das tolerieren! Denn ich wünsche dir ebenso wie mir selbst ein zufriedenes Leben mit gesunden und liebevollen Beziehungen!

I

Feminismus in Deutschland

Jeder sechste Deutsche bezeichnet sich in Umfragen als Feminist.

Das klingt vielleicht erst einmal nach wenig, rechnet man es aber auf die Bevölkerung hoch, dann sind wir bei fast 14 Millionen Menschen. Eine derart große Zahl kann eine ganze Menge erreichen. Sofern sie sich als Teil einer übergeordneten Bewegung – *in diesem Falle wäre das der Feminismus* – begreifen. Nun muss man dabei natürlich zwischen mehr und weniger aktiven und passiven sowie mehr oder weniger überzeugten *Feministen* unterscheiden, also zwischen den Aktivisten, Mitläufern und Opportunisten. Ob diese 14 Millionen überzeugte Feministen sind oder bei der Selbstbezeichnung nur einer sozialen Erwartungshaltung folgen, ist unmöglich zweifelsfrei zu taxieren. Das Dunkelfeld der Opportunisten dürfte jedoch hoch sein, denn Menschen übernehmen gerne die als gesellschaftlich angebracht wahrgenommene Meinung. Am besten lebt es sich, wenn man mit dem Strom der Zeitgeistmoral schwimmt. Feministische Themen erfahren in den 20ern des 21. Jahrhunderts einen neuen Höhenflug. Kaum vergeht einmal ein Tag, an dem nicht etwas über die Ungerechtigkeit unserer männerdominierten Gesellschaft an die Oberfläche der hart umkämpften Medienlandschaft dringt.

Im Hinblick auf die Aufmerksamkeitsökonomie zeigen sich feministische und damit verknüpfte Genderdebatten als schier nicht erschöpfende Goldadern. Kein Wunder, lassen sich doch gerade hier in linken Zeitungen wie dem Spiegel, der Taz, aber auch in konservativen Boulevardblättern wie der Bild hervorragend reißerische Aufmacher und Schlagzeilen a la *Frauen verdienen 20 % weniger als Männer* generieren, die ordentlich Aufschrei provozieren. Medienmacher leben davon, dass sie Gräben und Spalten in Diskursen skandalisieren. Mit sachlicher Information lässt sich kein Gefecht um die Meinungshoheit gewinnen.

Wollte man allerdings Geschlechterfragen der jüngeren Gegenwart jenseits der üblichen Allgemeinplätze und Behauptungen thematisieren, so müsste man diese innerhalb der Gesellschaft auf den verschiedenen Ebenen betrachten. Dabei würde man rasch die Makroebene, nämlich die generelle Gesellschaftsstruktur, verlassen und das Augenmerk den Mikroebenen des einzelnen Menschen und dessen Umfeld widmen. Dabei stieße man auf **unzählige Merkmalsbereiche, die man in die Betrachtung miteinbeziehen müsste**, um Diskriminierungserfahrungen und Diskriminierungswahrnehmungen als Folge des Gesellschaftssystems *valide* und *zweifelsfrei* nachvollziehen zu können. Dass Vertreter des Feminismus ein solch differenziertes methodisches Vorgehen wählen, kann man aber angesichts der Allgemeinplatzdebatten und häufig nicht belegten Behauptungen nicht feststellen. Kein Wunder, sie würden schnell zugeben müssen, dass ihre Pauschalurteile zwar Allgemeingültigkeit beanspruchen, kaum aber die moderne Realität abbilden.

Bevor hierauf eingegangen wird, sollen einige ausgewählte Kontinuitäten und Entwicklungslinien des Feminismus zumindest grob umrissen werden, um nachvollziehen zu können, was die prinzipiellen Zielstellungen des Feminismus sind, fernab der Entwicklungen, die die hier schwerpunktmäßig problematisierten Strömungen des gegenwärtigen Feminismus – im Folgenden *Radikalfeminismus oder Neofeminismus* genannt – genommen haben.

Minigeschichte des Feminismus

Der **Feminismus** tritt **als Frauenbewegung** in der Geschichte wellenförmig zutage, wie ein Schiff, das in regelmäßigen Abständen von seinen Weltreisen heimkehrt und seiner Heimat neue Impulse gibt. Bereits im vermeintlich frauenfeindlichen und rückständigen Mittelalter gab es zahlreiche Frauenkonvente und Gemeinschaften wie beispielsweise die Beginen, die ein selbständiges Leben innerhalb der mittelalterlichen Gesellschaft führten und auch wegen ihrer karitativen Fürsorge geschätzt wurden. In der patriarchalisch organisierten katholischen Kirche, die bis heute ein „Männerverein" ist und so manchen Patriarchen bis hin zum Papst aufweist, kam diese Lebensform und emanzipative Lebensweise dieser Frauengruppe nicht immer gut an, aber dennoch hielten sich die Beginen bis ins 20. Jahrhundert als Gemeinschaft. Ähnliche Gemeinschaften gab es überall in Europa. Dass derartige Gemeinschaften über Jahrhunderte bestanden, verlangten sie nicht zuletzt ihrem erlangten hohen Grad an

Autonomie und (weiblicher) Selbstbestimmung.

Die erste Welle des modernen Feminismus

Eine nennenswerte erste große Welle ist die **Frauenbewegung im Frankreich des 18. Jahrhunderts**, die nicht nur für soziale Belange der Frauen eingetreten ist, sondern sich in Märschen für eine freie bürgerliche Gesellschaft einsetzte und einen wichtigen Beitrag zur Emanzipation nicht nur der Frauen, sondern *aller* unterdrückten Gesellschaftsmitglieder (und das war die absolute Mehrheit aller Menschen) zum Ziel hatte. Die Welt ist voll von starken Frauen. Nicht von ungefähr waren es mutige Frauen, die am 05. Oktober 1789 von Paris nach Versailles zogen und den französischen König mit Androhung von Waffengewalt zwangen, endlich die Erklärung der Menschenrechte zu unterschreiben und somit die Privilegien des Adels aufzuheben. Olympe de Gouges formulierte in diesen Jahren einen frühen feministischen Text und begann diesen mit den Worten *„Mann, bist du fähig, gerecht zu sein?“* Da will noch einer behaupten, dass Frauen in einer männerdominierten Welt kein Selbstbewusstsein entwickeln könnten? Hierbei forderte sie **230 Jahre vor uns** etwas, das auch für viele ihrer Nachfolgerinnen und Nachfolger auf unserem schönen blauen Planeten noch nicht selbstverständlich ist, aber an Gültigkeit aktueller denn je ist: *„Da alle Bürgerinnen und Bürger vor [dem Gesetz] gleich sind, müssen sie gleichermaßen zu allen öffentlichen Würden, Ämtern und Anstellungen zugelassen sein: nach ihren Fähigkeiten und ohne andere Unterschiede als die ihrer Tugenden und Begabungen.“ (Olympe de Gouges 1791)*

Mit dem **Kampf um das Wahlrecht**, der von mutigen Frauen überall in der westlichen Welt (und andernorts) auch gegen erbitterten Widerstand gefochten wurde, traten Frauen gegen Ende des 19. und zu Beginn des 20. Jahrhunderts in Europa dezidiert und spezifisch für Frauenrechte auf. In Deutschland erhielten Frauen ab 1918 das Recht, die Volksrepräsentanten zu wählen. „Erst", wie so manche engagierte Feministin an dieser Stelle verlauten würde. *Tatsächlich* könnte man ihr zustimmen, Frauen dürfen erst seit gut 100 Jahren wählen, ABER: Männer dürfen auch erst seit dem allgemeinen Wahlrecht von 1896 und somit seit 125 Jahren wählen und also erst 23 Jahre länger als Frauen. *Zugegeben*, seit 1871 bereits konnten Männer ab 25 Jahren wählen. Aber abertausende Männer kamen hier niemals in den Genuss des Wahlrechts, weil sie vor ihrem 25. Lebensjahr im Deutsch-Französischen Krieg von 1870/71 und in den Scharmützeln im Jahrzehnt davor zerrieben wurden. Die Einigkeit des Deutschen Reichs wurde auf dem Schlachtfeld errungen und die junge Nation erhob sich aus den Leichenbergen von Männern, die ihr geopfert wurden. Nicht von ungefähr heißt es andernorts fast 50 Jahre nach Einführen des Wahlrechts für deutsche Frauen im Songtext von Barry Mc Guirre im Jahre 1967 angesichts des Vietnamkrieges: *„You´re old enough to kill, but not for votin´"*. Zu dieser Zeit durfte ein Mann in Amerika erst mit 21 Jahren wählen, wurde aber mit 18 Jahren bereits zum Dienst an der Waffe verpflichtet und musste für nichts und wieder nichts („sein Land") am anderen Ende der Welt den „Heldentod" sterben. Wäre es jetzt zynisch, wenn eine Feministin dies als ausgleichende Gerechtigkeit bezeichnete? *Ja, natürlich.*

Die zweite Welle des modernen Feminismus

In den 70er Jahren erstarkte die Frauenbewegung erneut, auch im Kontext der 68er und der Verbreitung der **Anti-Babypille**, die ihnen erhebliche sexuelle Autonomie verschaffte. Endlich konnten Frauen und Männer Sex ohne unmittelbare Konsequenzen haben. Welch ein Wunder! Welch ein Geschenk! *Es war übrigens ein Mann namens Carl Djerassi, der die Pille entwickelte – und das nicht aus einer omnipotenten Machohaltung heraus, sondern um Frauen zur Selbstbestimmung und Unabhängigkeit zu verhelfen.* Endlich erkämpften Frauen sich das grundgesetzlich verbriefte Recht auf Arbeit und sich scheiden zu lassen. So weit so gut. Diese Kämpfe für Gleichberechtigung und Gleichbehandlung vor dem Gesetz erforderten große Opfer und einen erheblichen Einsatz, der nicht ganz risikofrei war. Diesen Frauen sollte der Respekt der jetzigen Gemeinschaftsglieder entgegengebracht werden, denn es war **ein wichtiger Beitrag zu der freien, liberalen Gemeinschaftsordnung**, in der wir heute leben dürfen. Es hat in der Vergangenheit patriarchale Elemente in unserer Gesellschaft gegeben, die zeitweise zum Ausschluss von Frauen aus einigen Bereichen des wirtschaftlichen und politischen Lebens und somit zu einer (partiellen) Abhängigkeit im Allgemeinen wie im Speziellen vom Mann als sog. Haushaltsvorstand führten. Und dafür sollten wir alle dankbar sein.

Stellt euch das noch einmal ganz plastisch vor: Vor etwas mehr als 50 Jahren konnte der Mann – *zumindest qua Gesetzgebung* – noch (theoretisch) seiner Frau verbieten, arbeiten zu gehen und war der Haupternäher, das Oberhaupt der Familie, das in den wichtigen Fragen die Entscheidungen treffen konnte. Da sind wir doch schon ein ganzes Stück weitergekommen in unserer Gesellschaft. Die meisten Männer, die ich kenne, würden von ihren Freundinnen, Verlobten oder Ehefrauen einen Schlag auf den Hinterkopf bekommen, wenn sie – *selbst nur aus Spaß* – diesen das Arbeiten verbieten wollten. Mal ganz davon abgesehen, dass es sich heute kaum noch ein Paar leisten kann, dass nur einer von beiden arbeitet. *Das* war vor 50 Jahren noch anders.

Die dritte Welle des modernen Feminismus

In der Gegenwart pochen gegenwärtige Feministen mit dem Selbstbewusstsein der modernen Frau darauf, dass der Feminismus auch heute nichts an Dringlichkeit eingebüßt habe und der Kampf gegen das Patriarchat noch lange nicht beendet sei.

Die Gründe, die sie hierfür anführen, sind dabei in alte Gewänder oder in fancy moderne regenbogenfarbene Stülpen geschwungen und in pauschalisierende Dualismen gekleidet, wie beispielsweise *Wir müssen das Patriarchat überwinden, damit Geschlechtergerechtigkeit möglich ist* oder *Um eine diverse Gesellschaft zu schaffen, müssen wir typisierte Geschlechterrollen auflösen.* Achso, müssen wir das also? Leben wir nicht bereits in einer offenen und toleranten Gesellschaft, die multiplural und heterogen ist? Führen derartige Kampagnen tatsächlich zu einer weiteren Öffnung und Liberalisierung, oder nicht vielmehr zu einer Destabilisierung und damit zu einem neualten Autoritarismus? Die Geschichte ermahnt uns, dass ein falsch verstandener Liberalismus absoluten Faschismus hervorbringen kann.

Nur schade, dass kaum einer sich noch für Geschichte interessiert.

Die vierte Welle: Postmoderner Feminismus

Wenn drei Menschen über Feminismus sprechen, dann kann man mit hoher Wahrscheinlichkeit davon ausgehen, dass jede Person ein anderes Verständnis von Feminismus hat – *unabhängig von Geschlecht und sexueller Orientierung*. So hat eine 20jährige Frau etwa andere Schwerpunkte der Betrachtung als ein 20jähriger Mann, aber auch als eine 60jährige Frau, die im Feminismus der 80er und 90er Jahre sozialisiert wurde. Einer älteren Feministin sind andere Dinge wichtig als einer homosexuellen jüngeren Aktivistin und der mitunter andere als einer schwarzen Feministin. Diese Multiperspektivität ist völlig normal. Bei feministischen Diskursen entsteht aber oftmals der Eindruck, dass mindestens eine der Debattenteilnehmerinnen die Meinungshoheit über das, was ihrer Meinung nach Feminismus ausmache, übernehmen und andere Perspektiven ausgrenzen will.

Allein die Benennungen schließen bereits auf eine Bewegung, die wie ein weitläufiger Fluss eine Menge Abzweigungen nimmt, die kaum in der Quelle wiedervereint werden. Folgende Feminismen sind gegenwärtig besonders verbreitet: *Liberaler Feminismus, Konservativer Feminismus, Differenzfeminismus, Radikaler Differenzfeminismus, Sozialistischer Feminismus, Intersektionaler Feminismus, Postkolonialer Feminismus, Queerfeminismus* usw. Der Vielzahl der inhaltlichen und methodischen Schwerpunkte entsprechend, ist es schwierig, gemeinsame Hauptziele zu identifizieren. Denn während beispielsweise der Liberale und Konservative Feminismus sich Gleichheit und Chancengleichheit wünschen, betonen der Radikale Feminismus und der Intersektionale Feminismus etwa die primäre Wichtigkeit, das Feindbild Patriarchat, dessen Wurzeln die gesamte Gesellschaft strukturell durchdringe, zu bekämpfen und die hiermit verbundenen Privilegien (für Männer) abzuschaffen. Vertreterinnen des konservativen Feminismus werden gehäuft von Vertreterinnen des radikalen und postkolonialen Transfeminismus angegriffen, weil ihre Schwerpunkte angeblich nicht divers genug oder *zu weiß* seien. Ein anschauliches Beispiel ist die Debatte um die Harry Potter Autorin Joanne K. Rowling, die eine konservative Feministin ist und deren Aussagen hinsichtlich ihrer Vorstellung von Weiblichkeit und Frausein so verdreht wurden, dass sie als transfeindlich und gar frauenfeindlich bezeichnet wurde. Besonders Vertreterinnen des Queerfeminismus und des Radikalen Feminismus besetzen prominente Positionen und erhalten viel Medienaufmerksamkeit. Dabei fallen sie häufig dadurch auf, dass sie auch anderen Feministinnen ihren Weg des Feminismus aufdrängen wollen. Trotz (oder aufgrund?) seiner teilweise irrationalen und widersprüchlichen Radikalität hat sich der **Radikalfeminismus** in den Medien als dominierende Position des Feminismus durchgesetzt.

Radikalfeminismus

Laut Radikalfeministinnen sind wir noch weit von den glückseligen Ufern der Gleichberechtigung entfernt. Besonders beliebt ist der **sog. Gender Pay Gaps**, wonach Frauen angeblich 21 Prozent weniger als Männer verdienen. Besonders der **Mangel an Frauen in Toppositionen der Wirtschaft oder Politik** wird als Ausweis einer bestehenden Ungleichbehandlung im Alltag – *sowohl bewusst als auch unbewusst* – gesehen. Dass Frauen ein geringeres Interesse an Politik artikulieren, wird bei diesen Einlassungen hingegen selten angeführt. Kritisiert wird darüber hinaus, dass trotz der modernen Beziehungsführung noch immer der Großteil der *Sorgearbeit* und der *Mental Load* im Rahmen der Kindererziehung und Kinderbetreuung von der Frau getragen würden. Dies zeige sich nicht zuletzt in dem Umstand, dass vor allem Frauen Elternzeit in Anspruch nähmen, um sich um die Kinder kümmern zu können. Gerade im Kontext der Coronapandemie wurde außerdem wiederholt in den Medien vor der **Retraditionalisierung der Geschlechterrollen** im Kontext von Schulschließungen gewarnt. Die Medien verbreiteten die Behauptung, dass sich ein Großteil der Väter auf die Arbeit verzogen und die Mütter mit den Kindern zuhause gelassen habe. Wie hier ein durch strenge politische Maßnahmen verursachtes Problem der systematisch und systemisch verursachten Überforderung der Familie und der Gefährdung des sozialen Kitts verdreht und Männern zulasten gelegt wird, ist schon interessant. In diesem Kontext ist ebenfalls fraglich, ob es wirklich so erstrebenswert ist, das politische Ziel zu verfolgen, möglichst viele Mütter schnell wieder in die Berufstätigkeit und damit ihre *Verwertbarkeit für den Arbeitsmarkt* zu erhöhen. Vielleicht sollte die Energie, die das Kind in Form von Liebe zum Finden eines stabilen Selbst- und Weltbezugs benötigt, nicht für wirtschaftliche Zwecke verheizt werden?

Feministische **Phantomdebatten** entfernen den Diskurs von den eigentlichen Problemen und deren Kern: Nämlich, dass es immer schwerer für Familien wird, wenn nur einer der Partner arbeitet – *ob Frau oder Mann* – und dass eine schnelle Wiederbeschäftigung zulasten einer guten Erziehungsarbeit geht. **Verlierer ist dabei im Familienkosmos vor allem das Kind,** nicht die Mutter. Diskutabel ist überdies die weithin artikulierte Ansicht, dass es politisch absolut erstrebenswert sei, Frauen so schnell wie möglich wieder in den Beruf zu integrieren. Abgesehen von einigen Aktivisten und Journalisten ist natürlich fraglich, ob die Mehrheit der Frauen das überhaupt möchte. **Vielleicht sind diese ja sogar gerne Mütter und verbringen lieber Zeit mit ihrem Kind als in ihrer Arbeitsstelle?** Wo sind die Vorteile für Frauen bei einem schnellen Wiedereinstieg in das Arbeitsleben? Wo ist die breite Studienbasis, die diese Argumentation unterfüttern könnte? Allzu gern wird außerdem die mangelnde Beteiligung des Mannes an der Haushaltsführung auch in kinderlosen Beziehungen ins Feld des Geschlechterkampfes geführt – *ebenfalls ohne entsprechende valide empirische Erkenntnisse.* Dies alles – *so der Glaubenssatz der Radikalfeministinnen* – müsse man doch sehen, wenn man nur auch mal die Augen öffnete und genau hinsähe. Missstände und Probleme zwischen den Geschlechtern gäbe es zahlreiche und der Feminismus habe noch viel Arbeit vor sich. Und davor könne man die Augen eben nicht weiter verschließen.

Aus männlicher Perspektive ließe sich erwidern, dass in vielen Bereichen die Ungleichbehandlung von Frauen und Männern tatsächlich weit fortgeschritten ist. **Und zwar zu Ungunsten der Männer**. Aber dazu müsste man zur Abwechslung mal die Feminismusbrille absetzen.

Mancher Feministin schwillt bei derartigen Entgegnungen nicht selten der Hals wie von einem Wespenstich an, insbesondere dann, wenn man angesichts wilder Behauptungen mit den Augen rollt oder Faktenargumente formuliert. Dabei ist der Blick auf die Seite der Männer ebenso wichtig, wenn man einen gleichberechtigten Diskurs führen möchte. Man bekommt als Mann nicht selten den Eindruck, als hätte manche Feministin ein Männerrollenbild vor Augen, das mit den heutigen Entwürfen und erwählten Männerrollen nicht mehr viel gemein hat und aus dem letzten Jahrhundert in den Schoß der feministischen Argumentation gefallen zu sein scheint. Zentrale Argumentationsmuster des Feminismus haben sich in den letzten 50 Jahren nicht nennenswert gewandelt. Das sollte allerdings nicht zu dem folgenschweren Analogieschluss führen, dass sich in der Realität für Frauen in diesem Zeitraum nichts geändert habe und diese so benachteiligt seien wie zu den Zeiten, als sie noch darum kämpfen mussten, ihr Scheidungsrecht und damit ihre rechtliche Selbstbestimmung für sich zu erlangen. Im Gesamten bedienen sich Feministen an Narrativen, die von Gesellschaftsumständen ausgehen, die völlig veraltet sind und argumentieren ausgehend von ihrer Wahrnehmung eines Männerbilds, das in keiner Weise für eine Mehrheit der vernünftigen Männer der Gegenwart Geltung hat. Es wird in diesem Rahmen zu zeigen sein, dass die derzeitigen Auswüchse des radikalen Neofeminismus **der Kernidee der Emanzipation und Gleichstellung von Frau und Mann entgegenstehen** und die einzelne Frau in ihrem Prozess der Emanzipation und des persönlichen Empowerments behindern. Hinzu kommen die Nebenwirkungen des Feminismus: Betrachtet jemals jemand die negativen Konsequenzen, die sich aus den Maßnahmen im Allgemeinen und aus den Narrativen der Rhetorik im Speziellen für männliche Individuen ergeben? Erfahrungen auch aus anderen Ländern zeigen indizienhaft auf, dass Antidiskriminierungsgesetze mitunter einen gegenteiligen Effekt haben. Vielleicht wäre es auch angebracht, mit dem ebenso *polarisierenden* wie *negativen* **Böser-Mann vs. Gute-Frau-Framing** aufzuhören, denn die Folgen für die Selbstwahrnehmung dieser Agitation auf sensible Frauen und Männer sind ungeklärt. Wenn man Menschen nur lange genug einredet, dass sie schuld daran sind, dass die Gesellschaft nicht funktioniert und Ungerechtigkeiten hervorbringt, werden sie es vielleicht tatsächlich irgendwann glauben und zu gekränkten Individuen, die der Gesellschaft erst recht nicht nutzen, sondern ihr im Gegenteil schaden. Darüber hinaus besteht die zentrale Gefahr liberaler Gesellschaften darin, dass eine Ideologie über die Jahre die Meinung der Gesellschaft beeinflusst, weil die Herdentiere und Meinungsmitläufer dazu beitragen, dass Unsinnigkeiten Mehrheiten erlangen können.

Das Wichtigste zusammengefasst

Radikalfeministen sind der Meinung, dass sie in einem Patriarchat leben, also einer Gesellschaftsform, in der Männer die gesamte Macht haben und systematisch bevorzugt werden. Besonders problematisch ist das hieraus resultierende negative Männerbild, das regelmäßig in die Medien getragen wird und sich dabei einzig und allein auf stereotyp schlechte männliche Eigenschaften und Verhaltensweisen konzentriert.

Radikalfeministen behaupten dennoch, dass sie eine Gleichberechtigung der Geschlechter wünschen.

Indem sie aber stets gegen das männliche Geschlecht feuern und dessen spezifische Erfahrungsräume abstreiten, offenbaren sie ihre eigentlichen Ziele.

Der Radikalfeminismus strebt einseitig Privilegien für Frauen an und leugnet, dass auch Männer diskriminiert werden können.

Wie soll die Gleichberechtigung aller Geschlechter aber möglich sein, wenn nicht alle Stimmen gleich wichtig sind?

Betrachtet man das mediale Echo der vergangenen Jahre, dann sind Frauen in dieser Hinsicht privilegierter als Männer, weil Medien ihnen Aufmerksamkeit und damit Bühne und Gelegenheit zur Veränderung geben.

II

25 Gründe warum der Feminismus zu weit geht

Grund 1
Wir leben nicht in einem Patriarchat

Das **Patriarchat** ist *–so die gängige feministische Zeitdiagnose–* ein krankes System, das nur noch mit einem Medikament therapiert werden kann, damit es als Seuche und Unterdrückungsapparat endlich aus dem Gesellschaftsorganismus gescheucht wird, damit ewiger Friede herrsche. Das **Medikament der Wahl** heißt Feminismus und die Frauen Doktoren und deren willige Helfershelfer, die es dem Patient Gesellschaft verschreiben, sind von der positiven Wirkung und einer einsetzenden Linderung überzeugt. Sie versprechen dem Patienten, dass er, wenn er sich nur daranhalte, gesunden werde. Eine andere Option gebe es nicht mehr. Die Krankheit Patriarchat sei schon zu weit fortgeschritten. Also aufgepasst, Freunde! Lest bloß nicht den **Beipackzettel** und informiert euch ja nicht über die entsprechenden Nebenwirkungen. Und fragt auch nicht euren Arzt oder Apotheker, denn sonst erhaltet ihr eine doppelte Dosis für euer Misstrauen oder werdet gleich aufs Abstellgleis der sozialen Verdammung eurer **toxischen Frauenfeindlichkeit** gestellt. Ein Ort, von dem es keine Wiederkehr gibt.

Hinterfragt nicht, sondern lasst es über euch ergehen!

Es gibt keine Alternative. Die anderen wissen besser, was euch guttut.

Also: Augen zu und Mündchen auf! Die Injektion wird gleich eingeflößt.

Und wehe ihr zuckt auch nur mit den Lidern, um den anhängigen Beipackzettel zu lesen.

Zu den Risiken und Nebenwirkungen …

Nachdem der Mensch über 2,5 Millionen Jahre in einem chaotischen, unsteten Klima der Eiszeit als Beutegreifer in Jagdrotten auf die Jagd gegangen war und ein Leben als Nomade führte, bei dem es keine Arbeitsteilung gab, entdeckte der Mensch nach allgemeiner Lehrmeinung im Zuge der neolithischen Revolution vor etwa 12.000 Jahren die Sesshaftigkeit. Möglich gemacht hatte dies das stabiler werdende gemäßigte Klima des *Holozän*. Ackerbau und Viehzucht samt Vorratshaltung standen nun auf der Tagesordnung und der Mensch entwickelte ein vertieftes Verständnis von Besitz. Mit der Sicherheit des Geschaffenen kommt jedoch die Angst. Besitz weckt Begehrlichkeiten und diese schaffen Auseinandersetzungen.

Der Mensch also organisierte seine Aufgabenbereiche neu und da im Zuge der veränderten Lebensverhältnisse die Zahl der Schwangerschaften anstieg, weil Neugeborene nicht mehr jahrelang gesäugt werden mussten, damit

Getreide gefüttert werden konnte, ergab sich eine neue Rollenverteilung. In dieser Zeit entwickelte sich allmählich die Beziehungsform der Monogamie und so kam es an manchen Orten zu einem Ordnungskonzept, das man als Patrilokalität (Wohnsitz (*locus*) des Vaters (*pater*)) bezeichnet. Nach der Heirat lebte die Frau bei der Familie des Mannes, einen Umstand, aus dem Feministen deuten, dass sich hier die eingeheirateten Frauen in die angestammte (fremde) Sippe durch Unterordnung integrieren mussten und somit die Stellung der Frau geschwächt wurde. Die Patrilokalität wird als Grundstein des Patriarchats gesehen.

Der Begriff des Patriarchats meint gesellschaftlich zunächst einmal die hohe gesellschaftliche Stellung und daraus erwachsende Verantwortungsbereiche eines männlichen Patriarchen. Mit dieser groben Verortung ist es noch nicht getan, die Soziologie wird noch etwas genauer und spricht von einer „*Gesellschaftsordnung, bei der der Mann eine bevorzugte Stellung in Staat und Familie innehat und bei der in Erbfolge und sozialer Stellung die männliche Linie ausschlaggebend ist*" (*Oxford Languages Wörterbuch*).

Nun wollen wir einmal überlegen, wie denn eine extreme Form eines männerdominierten Patriarchats aussehen könnte: Zuerst einmal hätten wir eine von Männern dominierte Gesellschaft, in der Rechte und Pflichten total ungleich zwischen den Geschlechtern verteilt wären. In der brutalsten Ausprägung **hätten die Männer alle Rechte und die Frauen alle Pflichten**. In einem Patriarchat, das das weibliche Geschlecht systematisch diskriminiert, würden der Frauen klare Rollen zugeschrieben, beispielsweise

Hausfrau, Mutter und Sexsklavin. Natürlich wäre die Frau zudem der Willkür des Mannes ausgeliefert. Die Werte und Normen dieser Gesellschaft wären eingebunden in übergeordnete Erwartungen und Normen der (Stammes-) Familie und Gesellschaft, die wiederum strikte Regeln für das Verhalten der Frau festlegte. Bei dem Manne würden diese wohlweislich weniger streng ausgelegt. Während beispielsweise bei einer Frau der tabuisierte voreheliche Geschlechtsverkehr einen Ausstoß aus der Gesellschaft nach sich zöge, betrachtete man bei einem Manne dieses eher als Kavaliersdelikt. Während die eine also ihre Ehre befleckte, stieße der andere „nur" seine Hörner ab. Zudem würde der Familiensitz in die Hände und die Verantwortung der Söhne übergehen, während die Töchter in die Röhre sähen und ihnen nur noch die schnelle Verheiratung übrigbliebe, um Versorgungssicherheit zu haben und der Armut zu entgehen.

In einem Patriarchat hat die diskriminierende männliche Obrigkeit ein Interesse daran, die Frau (und Mutter) kleinzuhalten. In einem Patriarchat erhalten Frauen keine oder sehr eingeschränkte Schulbildung und sind daher Analphabetinnen, damit sie nicht in die Lage versetzt werden, sich weiterzubilden oder das sie umgebende System zu hinterfragen. Als Konsequenz haben sie keine politischen Wahlrechte und somit kein Recht auf politische Partizipation. Häufig entfällt in einem patriarchalen Gesellschaftssystem für die Frau die Möglichkeit, außerhalb der eigenen vier Wände zu arbeiten. Ihre zentrale Aufgabe wäre die Reproduktion und Aufzucht von Nachkommen. In einem Patriarchat islamistischer

Prägung wird gegebenenfalls nach Schariarecht eine Teilverhüllung oder gar vollumfängliche Zwangsverhüllung und Ausgeschlossenheit von der Öffentlichkeit erwartet. Außerdem werden spezifische Verhaltensweisen und menschliche Bedürfnisse nicht akzeptiert. Gerade im Unterhaltungsbereich sind Verbote wie das Tanzverbot, Singverbot, Spielverbot etc. denkbar. Man hat es in den 90er Jahren bei den Taliban gesehen und kann es in den 20er Jahren des 21. Jahrhunderts wieder verfolgen. Dass eine Frau ohne Verschleierung singt und in einer Fernsehshow auftritt, ist für einen Taliban jedenfalls undenkbar.

Auch die katholische Kirche ist im 21. Jahrhundert noch ein patriarchales Gebilde, das strukturell Frauen diskriminiert bzw. ausschließt und weit davon entfernt ist, Frauen gleichberechtigte Positionen zu verschaffen. Auch wenn es hier keiner genaueren Darstellung bedarf, kann man der Vollständigkeit halber anführen, dass hier tatsächlich die gesamte Macht in männlichen Händen liegt und die Frauen in der Sakralpflege eine untergeordnete Rolle spielen. *Das „Patriarchat" in nuce: Keine Freiheiten, keine Rechte, keine (nennenswerte Mitbestimmung) kein Schutz, nur Pflichten und Zwänge für die Frau.*

So weit so (un)gut, nur leben wir – *zum Glück!* – **nicht in einem Patriarchat!**

Eine westliche Gesellschaft, insbesondere die offene, tolerante und vielfältige Gesellschaft Deutschlands, ist kein Patriarchat. Hier gibt es keine staatlich oder gesellschaftlich forcierte Diskriminierung von Frauen und es gab in der

Geschichte – *mit Ausnahme der unseligen 12 Jahre NS-Herrschaft* – niemals nur eine herrschaftlich vorgegebene Lebensform, an die sich die Individuen zu halten hatten. Das Gegenteil ist der Fall. Deutschland war niemals ein homogener Staat, vielmehr lebten hier schon immer infolge der geografischen Mittellage in Europa unzählige Minderheiten, die ihre kulturellen Gepflogenheiten mit einbrachten und so auch dazu beitrugen, dass sich ein Vielvölkerstaat entwickelte, der einen prächtigen Schatz an Gebräuchen und Sprachen hervorbrachte. Wer sich informiert, wie viele Minderheitensprachen es in Deutschland gibt, wird sich wundern.

Allein der Umstand, dass Frauen in Talkshows gegen das Patriarchat und die Ungleichwertigkeit von weiblichem und männlichem Leben wettern können, demonstriert, dass wir nicht in einem Patriarchat leben. Denn in einem Patriarchat hätten die Frauen weder öffentliche Plattformen noch das Recht ihre Stimme zu erheben. Ein Blick nach Afghanistan und ähnliche Gesellschaftsformen könnte im Übrigen den Blick dafür schärfen, wie sich denn ein gegenwärtiges Patriarchat gebiert und welche Rolle die Frauen hierin spielen. Vielleicht sollte manche Feministin mal nach Afghanistan pilgern, um dort vor Ort die Formen und Ausprägungen einer patriarchalen Stammeskultur zu studieren. Frauen, die dort auf die Straße gehen für ihre Rechte, die sie in den vergangenen 20 Jahren kennengelernt haben, riskieren ihr Leben und werden Tage später am Straßenrand tot aufgefunden.

Hast du inzwischen schon recherchiert, wie viele Grundrechte Frauen in Afghanistan haben? Ich verrate es dir: *Gar keine*!

Ungeachtet dieser Tatsache stellen sich besonders Genossen aus dem linken und linksakademischen Spektrum wider die Wirklichkeit. Besonders anschaulich findet man dieses Ideenkonstrukt bei den JUSOS, der Jugendorganisation der SPD: *„Wir müssen unseren Feminismus intersektional denken und umsetzen. Denn wir alle haben einen gemeinsamen Feind: das Patriarchat.“*

Man beachte einmal die Begrifflichkeit. Ein Feind ist ein Kontrahent, den man mit allen Kräften bekämpfen will. Das Patriarchat allerdings liegt in Deutschland längst im Sterben, wenn es denn jemals alldurchdringend existiert hat. Sobald die Frauen unabhängig von Männern ihre Sexualität und Fortpflanzung bestimmen und darüber hinaus ihre Empfängnisverhütung und Schwangerschaft kontrollieren können, ohne dass sie hierfür persönliche Konsequenzen spüren, ist die *(All-)Macht der Männer* über die Frauen überwunden. Frauen können ein Kind von einem Mann bekommen, ohne dass dieser etwas davon weiß. **In einer patriarchalen Gesellschaft wäre diese Autonomie und Souveränität der Frau undenkbar.** Sowohl sozial als auch ökonomisch. Das Patriarchat ist im Ganzen ein ungeeigneter Begriff, da er als sprachliches Zeichen nicht das eigentlich Bezeichnete abbildet. Gemeint ist in der Kritik am Patriarchat die allgemein verbreitete Ansicht, dass Macht in der Hand von zu vielen Männern liegt und dass mächtige Männer ihre Frauen schlecht behandeln.

Das Praktische am Patriarchat ist zudem, dass es eine abstrakte Vorstellung und kein konkretes Gegenüber darstellt. Mancher Neofeminist geht noch weiter und wünscht sich gar eine *„Revolution für Frauen"*. Aber wieder ließe sich hier die Nachfrage stellen, was denn genau eine „Revolution für Frauen" sein soll. Und in der Analogie zu historischen Revolutionen drängen sich einem die Phasen der Radikalisierung in den Sinn: Die erste Phase mag noch tugendhaft sein und voller Ideale gegen Unterdrückung gerichtet und für Rechte und Freiheiten einstehen. Aber mit der zweiten Phase, dem Umschwung, kommt es zu einer grenzwertigen Werteverschiebung und Praxis und spätestens in der dritten Phase, man hat es deutlich bei der französischen Revolution gesehen, folgt die Eskalation der Gewalt, der Tugendterror. Und betrachtet man den „Tugendterror" im Kontext der *Cancel Culture*, so scheint die Revolution bereits im vollen Gange.

Es entbehrt nicht eines gewissen Widerspruchs, dass Feministinnen sich fortwährend über Sexismus beklagen, dabei aber selbst sexistische Klischees am Leben halten, indem sie ein Männerbild in mediale Diskurse tragen, mit dem die meisten Männer sich nicht identifizieren können und wollen. Wenn Radikalfeministinnen den *Mann als solchen* als Wurzel allen Übels auf der Welt identifizieren, sind sie schlichtweg *sexistisch*. Und wenn sie dann noch den Mann um seine Hautfarbe erweitern und hieraus schließen, dass der *weiße Mann* ein privilegierter Täter sei, sind sie dazu noch mitunter *rassistisch*. Das Individuum wird in einer derartigen Rhetorik ignoriert und wenn ein individuell angesprochener Mann von seinem feministischen

Gegenüber für das Leid der Welt verantwortlich gemacht wird, dann darf er sich nicht wehren. Als Mann trägt er ohne weitere nötige Beweise eine Kollektivschuld. Und bevor er überhaupt nachvollziehbare Erwiderungen anführen könnte, wird ihm schon präventiv das Mitspracherecht abgesprochen, *weil er ein Mann ist*, denn *Männer hätten lange genug geherrscht – und geredet*. Tolle Begründung, was?

Was ist mit den Armen, Alten, Dementen? Was ist mit den „schwachen" Männern, die häusliche Gewalt durch ihre Frau erfahren und nicht wissen, wie sie sich wehren können und denen man noch weismachen will, sie dürften sich nicht wehren? Was ist mit einem jungen Mann, der einen Unfall hatte und seither querschnittsgelähmt ist und sich nur noch über einen Computer verständigen kann? Ihr seht schon, die Liste ließe sich endlos weiterführen. Man kann manche Dinge nicht einfach so herausposaunen. Pauschalisierungen halten selten einer Prüfung stand. Es braucht in der Regel nur wenige Beispiele, um diese zu falsifizieren. Was bringt uns also diese Pauschalisierung des Mannes als Mittäter im patriarchalen System? Ganz einfach: Indem wir ihn als Teil einer frauenunterdrückenden Männerunternehmung, dem Patriarchat, identifizieren, **entmenschlichen wir ihn**. Er verliert das Recht, ernstgenommen zu werden. Und damit auch das Recht, sich zu wehren. Dieses psychologische Vorgehen kann man ständig in Diskussionen nachverfolgen. Der Radikalfeminismus ist da keine Ausnahme, auch wenn das niemand so deutlich aussprechen möchte. **Das Patriarchat ist die wohl anerkannteste Verschwörungstheorie innerhalb der westlichen Welt.**

Ich gebe es zu: Es wäre doch ganz reizvoll allmächtig oder übermächtig zu sein. Nun bin ich aber weder übermächtig noch Teil eines übermächtigen Männerbundes, der es sich zur Aufgabe gemacht hat, alle weiblichen Menschen zu unterdrücken. Feministinnen schreien in diesem Kontext immer wieder lauthals heraus, dass man als Mann mal lieber schön die Vorhaltungen ertrage und seine Klappe halte. *Man habe über die Jahrhunderte genug angestellt.* Und wenn mir dann eine Bekannte vor anderen Menschen ins Gesicht klatscht, dass auch ich letzten Endes nichts anderes als ein übergriffiger Mann sei, denn *alle Männer* seien übergriffig, naja, darf ich dann nicht angefasst sein? Dann geht es nicht mehr nur ums Prinzip, sondern auch um *mein Ansehen*. Es mag ja sein, dass die Bekannte (viele?) schlechte Erfahrungen gemacht hat, aber wenn wir alle aufgrund unserer schlechten Erfahrungen mit Verallgemeinerungen und Vorurteilen durch die Welt liefen, dann gäbe es nur noch Streit und Unsinn. Meine Kolleginnen empören sich zurecht, wenn manche Männer behaupten, dass Frauen zum Kochen da seien, sie sowieso nicht einparken könnten und außerdem das schwache Geschlecht seien. Aber wenn ein Mann angegangen wird, stört sich keiner daran. Frauen als *das unterdrückte Geschlecht* haben per se das Recht hierzu.

Ernsthaft?

Und ob es den meisten Männern im Nationalsozialismus – *einer ausgeprägten „Männerherrschaft"* – so viel besser als den Frauen ging? Im Zweiten Weltkrieg starben mindestens 5,5 Millionen deutsche Soldaten. Das sind allein **100 tote deutsche Männer pro Stunde**, 2400 tote Männer pro Tag.

Wo war da die männliche Privilegierung? Ob die noch nicht einmal volljährigen Jungs, die in den letzten Monaten des Krieges zur Verteidigung des Landes herangezogen wurden und zermalmt wurden, diese Meinung teilen würden?

Die Vorstellung von einem Patriarchat macht es einer Frau denkbar einfach. Wenn sie manches ihrer Ziele nicht erreicht, dann kann sie flugs bilanzieren, dass sie es nicht erreicht habe, weil es unüberwindbare, tradierte, frauenfeindliche Hindernisse gegeben habe. Und nicht, dass sie hierzu (noch) nicht in der Lage gewesen ist oder einfach Pech gehabt hat. Ob fähige Frauen, die sich anstrengen, um ihre Ziele zu erreichen, diese aufgeregten Patriarchatsjüngerinnen wohl auslachen?

Radikalfeministinnen, die meinen, dass sie in Deutschland in einem Patriarchat leben, belügen sich selbst. Und andere. Und wenn sie dann auch noch Urlaub in Ländern machen, in denen Frauen wirklich unterdrückt werden, dann wird die Heuchlerei vollends *bodenlos*.

Das Wichtigste zusammengefasst

Eine westliche Gesellschaft, insbesondere die offene, tolerante und vielfältige Gesellschaft Deutschlands, ist kein Patriarchat.

Allein der Umstand, dass Frauen in Talkshows gegen das Patriarchat und die Ungleichwertigkeit von weiblichem und männlichem Leben wettern können, demonstriert,

Grund 2
Feminismus fordert einseitige Bevorzugungen für Frauen

Als der Feminismus sich noch dafür einsetzte, dass Frauen und Männer gleiche Rechte haben und gleichgestellt werden sollten, war er eine sinnvolle Bewegung, die die Gesellschaft voranbrachte. **Die Frauen erkämpften sich, was ihnen ohnehin hätte zustehen sollen.** Der Einsatz der Radikalfeministinnen zielt jedoch längst nicht mehr auf eine formale Gleichstellung zwischen den Geschlechtern, sondern er nutzt die Geschlechterkeule als Instrument, um Frauen zusätzliche Privilegien gegenüber Männern zu verschaffen. Moderate Feministinnen betonen gerne, dass der Feminismus selbstredlich nicht bloß eine Bewegung für Frauen ist, sondern Männer ebenfalls unterstützt, beispielsweise in seiner Zielsetzung, dass eine Gleichberechtigung von Frau und Mann endlich erreicht wird. Dieses Ziel ist ehrenwert. *Wenn es denn ernst gemeint ist.*

Auch gibt es noch genug Bereiche, in denen Frauen gegenüber Männern bevorteilt werden. Es ist nämlich ein Denkfehler der Feministinnen, dass Männer Vorbehalte gegen den Feminismus haben, weil dieser die Gleichberechtigung der Geschlechter im Sinn hat. **Männer sind vielmehr kritisch gegenüber Feminismus, weil dieser Frauen bevorzugt, gegen Männer gerichtet ist und Kinder vernachlässigt.** Wie wenige Feministinnen verweisen auf die Nachteile und Diskriminierungserfahrungen von Männern, die einer wahren Gleichstellung und Gleichberechtigung im Weg stehen? Feministinnen reden vor allem über Frauenrechte und über das, was Frauen zusteht. Aber was ist denn mit den Kinderrechten? Was stünde denn eigentlich unseren Kindern zu? Zu Kindern zählen nun einmal auch Jungen. Werden Jungen in unserer Gesellschaft ausreichend gefördert und berücksichtigt? Werden die Bedürfnisse von Jungen ebenso ernst genommen wie die von Mädchen? *Und was ist mit Männerrechten?* Sind die weniger wichtig als Frauenrechte?

Betrachtet man die feministischen Forderungen des letzten Jahrzehnts, dann kommt man mit gutem Grund zu der Annahme, dass es dem Feminismus eben nicht um Gleichstellung geht, sondern darum, das weibliche Geschlecht einseitig zu fördern und in der Summe zu privilegieren. Frauen müssen nicht nur Feministinnen sein. Ebenso können Frauen auch *Andristen* (siehe Kapitel VI), also Männerrechtler, sein. Feministinnen können noch so oft behaupten, dass der Feminismus einzig und allein Gleichberechtigung in allen Bereichen des gesellschaftlichen Lebens anstrebt. Es stimmt schlichtweg nicht. Das grundlegende Ziel der Radikalfeministinnen – *und diese sind im feministischen Diskurs am lautesten* – ist die **Privilegierung der Frau**. Egal wie viele Forderungen des Feminismus umgesetzt werden, die feministische Brille wird jeden noch so kleinen Makel sofort erkennen.

Selbst wenn die Gesamtheit der Frauen in Führungspositionen säße und die Männer in einem Matriarchat untergeordnete Funktionen einnähmen, würde es Feministinnen geben, die eine Bevorzugung des männlichen Geschlechts fänden. Wenn etwa alle Frauen Vollzeit und alle Männer Teilzeit arbeiteten, dann gäbe es genügend Frauen, die sich darüber beklagen würden, dass die Männer sich als Hausmänner zuhause ausruhen würden, während sie selbst arbeiten müssten und die Verantwortung und den damit einhergehenden Druck hätten, dass das wirtschaftliche Überleben gesichert wäre. *Verstehst du schon, die Anspielung, oder?*

Nur weil Männer nicht klagen, heißt das nicht, dass es ihnen besser geht als ihren klagenden Frauen. Nicht zuletzt haben auch durch den Feminismus geförderte Rollenvorstellungen ihnen beigebracht, dass Männer sich nicht beklagen, nein, Feministinnen haben ihnen im letzten Jahrzehnt auch noch verboten, sich zu wehren. Wenn der Feminismus wirklich auf Gleichberechtigung und Gleichstellung zielt, dann muss er beide Geschlechter im Blick haben und zudem noch klare Ziele definieren, die es zu erreichen gilt. Wenn eine Feministin Gleichberechtigung anstrebt, dann muss sie auch Andristen aushalten, die sich für Männerrechte einsetzen und ihrerseits auf Probleme hinweisen, die die feministischen Sichtweisen ergänzen. Vereinfachungen und Stereotype gibt es genug. **Um Gleichberechtigung zu erreichen, braucht es eine Frauenbewegung, die in der Lage ist, eine Männerbewegung anzuerkennen und diese nicht als Feind, sondern als Partner begreift.** Den Mann lediglich als Sündenbock auszumachen, greift zu kurz. Weder ist dieses Vorgehen auf ethisch-moralischer Ebene angemessen noch auf pragmatischer Ebene eine tragfähige Grundlage für die Weiterentwicklung einer modernen Gesellschaft. Der Feminismus sollte aufhören, den Männern die Verantwortung für Ungerechtigkeiten und Ungleichbehandlungen in die Schuhe schieben. Mit dieser Haltung wird der Gegenwartsfeminismus sich niemals wahrhaft emanzipieren und in die Schuhe wachsen, die seine Vorgänger bereitgestellt haben. Statt aktives Engagement zu befördern, ermutigt der Radikalfeminismus Frauen dazu, in ihrer passiven Opferrolle zu verharren und die Anforderungen der Gegenwart nicht anzunehmen. Radikalfeministinnen machen es sich herzlich einfach, wenn sie die Verantwortung von sich weisen und den Sündenbock Mann auf die Schlachtbank rufen. **Das ist kein Empowerment, das ist Selbstlimitierung.** Jeder Mensch kann Einfluss auf sein Leben nehmen. Da macht es keinen Unterschied, ob man als Frau oder als Mann geboren ist. Die Welt ist weder nur schlecht für Frauen noch nur gut für Männer. Sie ist was sie ist, nämlich ein riesengroßes Spielfeld, auf dem es jede Menge Gewinner und Verlierer gibt und auf dem jeder sich verorten muss, ob man will oder nicht. Starke Frauen sind auf den Feminismus nicht angewiesen, um ihre Ziele zu erreichen.

Ebenso wenig ist nachgewiesen, dass der derzeitige Feminismus auch tatsächlich Frauen in ihrem Selbstbewusstsein nachhaltig stärkt und sie in ihrem Streben befördert. Oder ist es eine sinnvolle Handlungsvorgabe, wenn man Frauen eintrichtert, dass sie Männern gegenüber *aus Prinzip* misstrauisch sein sollten und dass es wahre Solidarität nur unter „Schwestern" gebe? Oder ist es sinnvoll, dass man Frauen ein schlechtes Gewissen macht, wenn sie eine „traditionelle Mutterrolle" ersehnen? Wo ist die Ermutigung für Frauen, die ein geringes Selbstwertgefühl entwickeln, wenn Radikalfeministinnen ihnen einhämmern, dass sie als Frauen per se diskriminiert seien. Wo sind die positiven weiblichen Vorbilder, die herausstellen, wie wichtig es ist, dass beide Geschlechter sich respektieren, damit gesunde Beziehungen ohne psychische oder physische Gewalt geführt werden? Wo sind die feministischen Forderungen, die nicht nur das obere Drittel der Führungskräfte in den Blick nehmen, sondern das untere Drittel aller Arbeitnehmer? Wo sind die Feministinnen, die sowohl die schwierigen Lebensverhältnisse alleinerziehender Mütter als auch alleinerziehender Väter problematisieren?

Kurzum: Wo sind die Feministinnen, die sich nicht für ihr eigenes Klientel, den Akademischen Wohlstandsfeminismus, einsetzen, sondern für bessere Verhältnisse von Frauen (und Männern)?

Was, liebe Radikalfeministinnen, hat das Engagement der letzten beiden Jahrzehnte gebracht? Wird auch einmal an die Nebenwirkungen gedacht?

Der ohnehin in unserer Gesellschaft verbreitete Egoismus und Egozentrismus wird durch radikalfeministische Behauptungen noch gefüttert, wenn etwa Frauen eingeredet wird, sie sollten keine Kompromisse machen. Auch nicht mit ihren Ehemännern? Soll eine Frau, die in Teilzeit arbeitet und deutlich weniger verdient als ihr Mann, der eine Vollzeitstelle hat, auf eine Steuerreglung pochen, die beide gleich besteuert, damit sie nicht prozentual höher besteuert wird als er? Selbst wenn dies bei steigenden Lebenshaltungskosten das monatlich verfügbare Gesamteinkommen der Familie weiter schmälert? **Sind feministische Prinzipien wichtiger als familiäre Solidarität?**

Infolge der auch von Feministen geforderten Neuregelungen der Steuerklassen hinsichtlich der Behandlung von Ehepaaren werden es sich immer weniger Menschen leisten können, dass nur noch einer der Partner arbeitet. Beide Partner werden in Folge versteckter Steuererhöhungen, die im Namen des Feminismus als Gleichstellungserfolg verkauft werden, in Vollzeit arbeiten gehen müssen, weil ein Gehalt zukünftig (und häufig bereits jetzt schon) nicht mehr reicht. Ein Großteil der Ehepaare wird dabei unterm Strich verlieren. Aber wenigstens kann dann keiner mehr behaupten, dass der Partner mit Teilzeitgehalt mehr Steuern zahlen muss als der Vollzeitpartner. Ist doch unfair, wenn nicht alle gleich leiden! Und wenn beide in Vollzeit arbeiten gehen müssen und die Großeltern hunderte Kilometer entfernt wohnen, werden die Kinder noch vor dem ersten Lebensjahr direkt in teure Kitas gesteckt, deren Finanzierung weitere Löcher in das Haushaltskonto reißt.

Aber wofür gibt es denn sonst bezahlte Überstunden!

Mehr war wirklich nicht drin? Ist es das wirklich wert?

Wir haben es nun tatsächlich bald geschafft, dass sich beide Geschlechter vor den Knechtschaftskarren der Vollzeiterwerbstätigkeit spannen lassen.

Dabei will doch eigentlich jeder zweite Mensch *weniger* arbeiten.

In naher Zukunft arbeiten beide in Vollzeit, aber leben nur noch in Teilzeit und sind nur noch in Seltenzeit füreinander und ihre Kinder da.

Dieser unheilvolle Nebeneffekt feministischer Propaganda, die von politischen Akteuren instrumentalisiert wird, um unliebsame Vorhaben als Fortschritt zu deklarieren und den Steuerzahler für blöd zu verkaufen, ist auch eine Folge der Verschränkung des feministischen Blicks auf die oberen 10 % des Einkommens unter Männern. Würde der Feminismus seinen Blick nicht einzig und allein auf die gutbezahlten und erfolgreichen Manager, Bänker und Politiker unter den Männern richten, sondern auch schlechtbezahlte und hart arbeitende Durchschnittsmänner berücksichtigen, würden entsprechende Fehlentwicklungen anders erkannt und kommuniziert. Es gibt im Schnitt derzeit noch mehr Männer als Frauen in Toppositionen, umgekehrt gibt es eine Menge Männer unter den absolut Benachteiligten und schlecht Bezahlten, während Frauen sich häufig im gemäßigten, mittleren Bereich befinden. Im Mittel sind

Frauen und Männer gleich erfolgreich. **Warum also nicht einfach mal den Blick auf das untere Drittel richten?**

In unserer Gesellschaft ist es Recht und erste Bürgerpflicht, dass man sich für sich und andere Menschen einsetzt. Hierzu gehört auch die moralische Aufforderung, dass man sich vor allem für diejenigen einsetzt, die benachteiligt werden. In diesen Grundsatz eingeschlossen sind auch Menschen, die ungerechtfertigt angegriffen werden. In *dubio pro reo* ist nicht umsonst eine wichtige juristische Prämisse. Wenn Feministinnen gegen Männer im Allgemeinen feuern und diese zur Wurzel allen Übels stilisieren, dann ist man als einzelner Mann mitgemeint, ganz egal, welche Hautfarbe man hat, ganz egal ob man jung ist oder alt.

Zu wenig Männer nehmen von dem Recht, andere Menschen in Schutz zu nehmen, Gebrauch, sondern suchen angesichts des feministischen Trommelfeuers sichere Stellung, in der Hoffnung, dass sie übersehen werden und ein ruhiges, friedliches Leben führen können. In der Hoffnung, dass die Granaten über ihr Erdloch hinwegsausen.

Manche Männer identifizieren sich mit den Zielen des Feminismus oder passen sich an, in der Hoffnung, dass sie von diesen als *Ally* akzeptiert werden. Zum Lohn werden sie hierfür von Radikalfeministinnen noch für ihr Anbiedern verhöhnt und als Einschmeichler dargestellt. Wiederum viel zu wenige wehren sich, wenn sie sich ungerechtfertigten Anschuldigungen ausgesetzt sehen. Im Öffentlichen wie im Privaten.

Auch infolge der medial transportierten **Kollektivschuld der Männer** denken manche von ihnen, dass an den Vorwürfen wohl etwas dran sein müsse. Radikale Feministinnen haben eine große Bühne, von der aus sie im Dauerfeuer ihre Ansichten in das Gesellschaftspublikum ballern. Zu wenige Menschen, Frauen wie Männer, stellen sich ihnen entgegen und halten sich im Sturm der Entrüstung aufrecht.

Das Wichtigste zusammengefasst

Gleichstellung wird in Gebieten forciert, in denen Frauen unterrepräsentiert sind. Sind Männer allerdings unterrepräsentiert, besteht kein Bedarf. Im Zuge einer angeblichen Gleichstellungspolitik werden Frauen in Gesetzesvorhaben und arbeitspolitischen Maßnahmen einseitig bevorteilt, mit nachteiligen Folgen für beide Geschlechter.

Grund 3
Der Gender Pay Gap ist keine Folge von Benachteiligung

Regelmäßig wird in den Leitmedien die Prognose vorgestellt, dass Männer und Frauen erst in 170 Jahren gleichgestellt sein werden.

Nur mal eben so als Vergegenwärtigung und Illustration: Vor 170 Jahren (also um 1850) ging gerade die

Industrialisierung so richtig durch die kleinbäuerliche und handwerkliche Decke der deutschen Kleinstaaterei und ein Großteil der Menschen *(Frauen wie Männer!)* lebte in prekären und bemitleidenswerten Lebensverhältnissen, wo alle Familienmitglieder arbeiten mussten, damit das Geld zum Leben reichte. Selbst mit Einbindung von Kinderarbeit reichte es selten. Das hat sich heute wesentlich geändert. In der Gegenwart kann man die Grundbedürfnisse auch ohne Arbeit stillen. Die Lebensbedingungen haben sich erheblich gebessert: Mehr Freiheit, keine Kinderarbeit, Frauen und Männer sind gleichberechtigt. Stellen wir uns in Folge des technischen Fortschritts der Computer- und Nanotechnologie den Entwicklungsschritt in 170 Jahren (!) vor. So lange soll es also dauern, bis der minimale Gehaltsunterschied von wenigen Prozent überwunden sein soll, bis es mit der Gleichberechtigung und pauschaler, egalitärer Gleichbezahlung endlich klappt?

In 170 Jahren terraformen wir vielleicht bereits den Mars oder machen uns auf die Reise zu einem anderen Planeten. Oder haben unsere Mutter Erde so ausgelaugt, dass unsere degenerierten Nachfahren einander auf den Kopf kloppen.

Aber worum geht es eigentlich beim **Gender Pay Gap?** Der Gender Pay Gap ist eine wichtige rhetorische Waffe, derer sich der Feminismus regelmäßig bedient, um auf die Ungleichheit und Ungerechtigkeit zwischen den Geschlechtern im Berufsleben hinzuweisen. Man liest in den Medien davon, in Universitätszeitschriften, in Fachzeitschriften, kurzum: überall. Zentrale Vorwürfe sind folgende: Frauen würden schlechter bezahlt als Männer, der Unterschied betrage gar über 20 Prozent, also von jedem verdienten Euro des Mannes blieben der Frau nur 80 Cent, Frauen arbeiteten in schlecht bezahlten Berufen und gelangten seltener in Führungspositionen, sie arbeiteten öfter in Teilzeit und natürlich die beste Behauptung, die den Vogel abschießt: Frauen verdienten angeblich für die gleiche Arbeit weniger als ein Mann. *Ach ja? Ist das wirklich so?*

Kleiner Spoiler: Nein! Natürlich nicht! So etwas kann sich heutzutage kein Arbeitgeber mehr erlauben. Das Bewusstsein ist wesentlich fortgeschrittener als der Feminismus so gerne behauptet. Jede Frau, die weniger als ein Mann für die gleiche Arbeit verdient, hat im Sinne des Antidiskriminierungsgesetzes das Recht dazu, hiergegen zu klagen und dabei eine 99,9% Erfolgsaussicht. Wenn sie das nicht will, ist das ihre Sache.

Der unbereinigte Gender Pay Gap

In einem Bericht des Statistischen Bundesamt über die Verdienste in der Bundesrepublik stellt es u. a. den Gender Pay Gap im Jahr 2021 dar. Weibliche Angestellte verdienen etwa 20% weniger Gehalt als männliche Angestellte. Dieser Unterschied zeigt sich dergestalt, dass ein Mann pro Stunde im Schnitt 19,87€ verdient und eine Frau im Schnitt 15,44€. Der absolute Lohnunterschied ist der unbereinigte Gender Pay Gap, also der rein quantitative Vergleich der Gesamtheit aller Frauen mit der Gesamtheit aller Männer. Bereits dieser Fakt dürfte dem ersten aufmerksamen Leser zu denken geben. Keine Sorge, es folgen noch weitere.

Nun ist das Statistische Bundesamt ja auch nicht von gestern, sondern findet auch einige Erklärungen, die den Unterschied ausmachen und den sog. **Bereinigten Gender Pay Gap** von ca. 6% bewirken. Von den 4,43€ Gehaltsunterschied ergeben sich 46 Cent aufgrund sonstiger Faktoren, 94 Cent durch Führungs- und Qualifikationsanspruch, 1,33 durch Beruf und Branche, 0,13 durch Bildung und Berufserfahrung, sodass noch ein in der Gesamtheit der Geschlechter Gehaltsunterschied von 1,16€ bleibt, der als unerklärter Rest bezeichnet wird.

Aber keine Sorge, lieber Leser, auch dieser Rest kann noch aufgeschlüsselt werden. Kleiner Spoiler vorab: Bei der Erhebung der Daten hat man beispielsweise die Gehälter des öffentlichen Dienstes (über 5 Millionen Beschäftigte) nicht mit in die Betrachtung einbezogen. Aber warum ist das schlimm? Nun, hier verdienen Frauen wie Männer exakt das Gleiche und im Mittel auch ordentlich (40.000 bis 50.000 Brutto). Lässt man dieses Feld ganz einfach weg, dann hat das natürlich erhebliche Verzerrungen der Gesamtheit zur Folge.

Außerdem klingt in der Außenkommunikation ein Lohnunterschied von 6% natürlich nicht so gravierend wie 21%. Was also passiert in der medialen Aufregungsökonomie? Richtig! Man bedient sich in Schlagzeilen des **unbereinigten Gender Pay Gap von 21%**, um das vermeintlich bestehende Problem erheblich aufzubauschen und ein Bewusstsein für ein Problem zu schaffen, das gar keines ist. *Aber warum macht man das?*

Es ist wesentlich interessanter für die zielgerichtete Meinungsbeeinflussung, wenn man mit Zahlen und Aussagen arbeitet, die einem am besten ins eigene Weltbild passen.

Aus methodischer Sicht sollte man die quantitativ erhobenen Daten allgemein <u>und</u> spezifisch analysieren , also mit qualitativen Befunden erklären und beschreiben.

Eine wissenschaftliche Untersuchung wäre einer genauen und präzisen Beantwortung und Erklärung des Problems verpflichtet, eine feministische Journalistin ist das nicht. Warum aber veröffentlicht diese (gar gegen besseres Wissen?) ungenaue, falsche Zahlen? Besagte Journalistin betreibt *Politische Agenda*, inklusive Übertreibung, Skandalisierung, Polarisierung, Framing und Wording mit dem Ziel der Meinungslenkung.

Das Statistische Bundesamt erklärt, dass sich mindestens 75% des Gehaltsunterschieds durch arbeitsplatzrelevante Eigenschaften von Frauen und Männern erklären lassen. Schwächt die Aussage *Frauen verdienen über 20% weniger als Männer* schon erheblich ab, was? Aber das braucht unsere Lieblingsfeministin aus der Linken-Schmuddeltheke ja nicht aufhalten, den Keil zwischen den Geschlechtern weiter zu vertiefen.

Aber bevor wir jetzt weiter auf Feministinnen eindreschen, schauen wir uns Faktoren an, die einen Einfluss auf den Lohn und etwaige Lohnunterschiede zwischen den Geschlechtern haben.

Wir bereinigen den schwammigen Gender Pay Gap und suchen Erklärungen für die Lohnunterschiede. Dabei berücksichtigen wir immer auch die feministische Brille, der Fragestellung verpflichtet: *Handelt es sich hierbei um Diskriminierung des weiblichen Geschlechts?* Man darf gespannt sein.

Faktor 1: Bildungsniveau und berufliche Qualifikation

Bildungsniveau wie Berufsabschluss sind Faktoren, die Einfluss auf die spätere Bezahlung haben. Bekannt sollte sein, dass man im allgemeinen Mittel mit einer höheren Qualifikation einen höheren Lohn hat. In manchen Sektoren des öffentlichen Dienstes etwa zeigen die Zahlen, dass hier 80% der Männer ein hohes Bildungsniveau erreichen, aber nur 42% der Frauen. Hinsichtlich der beruflichen Qualifikation liegt gerade bei älteren Arbeitnehmern ein größeres Gefälle zu Gunsten der Männer vor. *Je jünger* allerdings der Arbeitnehmer ist, umso geringer ist dieser Unterschied bzw., umso wahrscheinlicher ist es, dass dieser Unterschied *zu Gunsten der Frauen* geht. Der Faktor Bildungsniveau ist ein hoch relevanter Faktor für den Verdienst einer Person. Angesichts der Entwicklungen in der Gesellschaft, dass Mädchen und Frauen bessere Schulabschlüsse und Berufsausbildungen als Jungen und Männer erwerben, kann man davon ausgehen, dass hier *für die kommenden Generationen ein Unterschied zu Gunsten der Frauen* ausfällt. Das Ungleichgewicht wird sich zu Lasten der Männer weiter verschieben. In der Arbeitswelt des Jahres 2023 allerdings macht es sich noch zu Gunsten der Männer bemerkbar. Laut statistischem Bundesamt mit 94

Cent, also fast 5% des Gender Pay Gaps. Diese 5% werden aber in den kommenden Jahren wie die Eisberge schwinden. Es ist nur eine Frage der Zeit.

Gleiche Tendenzen gelten auch für Führungspositionen. Derzeit erscheint der Unterschied noch recht hoch. So sind beispielsweise Vorstände in börsennotierten Unternehmen von 36% Frauen besetzt, allerdings verzeichnet man hier jährliche Zuwachsraten von 3%. Rein rechnerisch also dürfte hier eine Parität bereits im Zeitraum bis 2030 zu erwarten sein. Und wem diese enormen Zuwachsraten zu gering sind, der muss entweder noch einmal rechnen lernen oder der hat keine Gleichstellung im Sinn.

Faktor 2: Arbeitszeit (und Überstunden)

Die Lebensarbeitszeit von Männern ist in Deutschland fast vier Jahre höher als die von Frauen. Aber Männer arbeiten nicht nur in Jahren gerechnet länger, sondern sie arbeiten auch deutlich mehr Stunden. Dies liegt vor allem daran, dass Frauen deutlich häufiger als Männer in Teilzeit arbeiten. In der Folge arbeiten Männer im Schnitt 41 Stunden, Frauen aber 32 Stunden pro Woche, was 9 Stunden Differenz pro Woche und 36 Stunden Differenz pro Monat macht.

Der Gender Pay Gap besteht zwischen Branchen, hängt aber auch mit der Verteilung von Vollzeit und Teilzeit zusammen. Faktoren, die in diesem Kontext Auswirkungen auf einen Lohnunterschied haben können, sind schlechter bezahlte Teilzeitstellen in einigen Branchen, kürzere Betriebszugehörigkeiten, Schwangerschafts- und

Elternzeiten, in der Folge geringere Erfahrungswerte und ausbleibende Beförderungen etc. Ein weiterer Aspekt, der nicht ganz unwichtig ist, sind **unbezahlte Überstunden**. Dieser Faktor wird überhaupt nicht thematisiert, wäre aber relevant, denn Männer leisten zwei Drittel der gesamten unbezahlten Überstunden. Diese müssten in den Lohnunterschied einfließen, wenn man es genau nähme.

Betrachtet man die Verteilung der Teilzeitarbeitnehmer, dann wird ein enormes Potenzial für gesellschaftliche Arbeitszeitverteilung deutlich. Nur 6,4 Prozent der Männer, aber fast 66,2 Prozent der Frauen arbeiten in Teilzeit. Nimmt man also die Gesamtheit der Geschlechter, so zeigt sich, dass hier eine Angleichung befördert werden könnte, auch wenn dies sich im Einzelfall nicht so einfach darstellt, wie es gerne behauptet wird. Zwei Erkenntnisse springen ins Auge: Erstens verhindert eine nicht vorhandene *oder bezahlbare* Verfügbarkeit von Betreuungsplätzen für Kinder häufig, dass beide Elternteile zügig nach der Geburt wieder arbeiten gehen können. Auch die Großeltern wohnen im Zuge der allgemeinen Entwicklung oft nicht mehr im gleichen Ort, weshalb Teilzeitbeschäftigung eines Elternteils notwendig ist. Da der Mann teilweise mehr verdient, die Frau häufig aber auch gerne Zeit mit ihrem Baby verbringen möchte, geht er also Vollzeit arbeiten, während die Frau die Betreuung übernimmt und allmählich in Teilzeit wieder anfängt. Zweitens wird häufig gar nicht danach gefragt, ob die Frau überhaupt etwas an ihrer Teilzeitanstellung ändern möchte.

Aber dazu später mehr …

Faktor 3: Verhandlungsgeschick

Ein gönnerhafter Mann sagte einmal zu mir folgendes: *„Im Leben geht es vor allem darum, dass man mit Blendgranaten schmeißen kann"*. Obschon ich die Metaphorik gleich verstand, nahm ich ihm die Aussage nicht ab. Zu diesem Zeitpunkt war er Geschäftsführer einer großen Schlachterei mit über 500 Angestellten. Wer in dieser Branche eine derartige Stelle erreicht, der muss mehr draufhaben, als nur etwas vorzutäuschen. Dennoch illustriert diese Aussage etwas, das mitunter Männer ausmacht und das ich erst im Laufe meiner Zwanziger vollends verstand. Es gibt Momente – *man denke nur an das Aufplustern, wenn eine hübsche Frau den Raum betritt oder an die Vergleiche unter den Kerlen, wer den schwersten Fisch gefangen oder die beste Geschichte zu erzählen hat* – da übertreiben Männer gerne. Was nicht zwangsläufig schlecht sein muss, Frauen haben andere Strategien beim Übertreiben. Befragte man etwa die Gesamtheit der Frauen und Männer, so wäre der Gender Pay Gap noch um einige Prozentpunkte höher. Denn Männer neigen dazu, sich aus Egogründen etwas mehr Gehalt zuzusprechen, um besser dazustehen. In der Komödie American Pie überträgt „Männerexpertin" Jessica dieses Phänomen auf die Paarung: Wenn dir ein Mann die Zahl seiner Geschlechtspartner nennt, musst du sie durch 3 dividieren, bei einer Frau mit 3 multiplizieren. Eine überspitzte Darstellung einer Tendenz, die geschlechterspezifische Strategien offenlegt, um jeweils besser dazustehen. Die Neigung, bei Gehaltsverhandlungen stärker zu pokern und sich hierbei effizienter anzupreisen, ist bei Männern höher ausgeprägt als bei Frauen. Dieses Verhandlungsverhalten ist gerade bei tariflich nicht festgelegten Anstellungen ein Faktor, der durchaus Auswirkungen auf Lohnunterschiede haben kann. Und jetzt noch eine Aussage, die Feministen nicht gefallen wird. Studien implizieren, dass **Persönlichkeitsunterschiede zwischen den Geschlechtern in den Ländern umso größer ausfallen, je stärker die Gleichstellung der Geschlechter erreicht ist.** Je freier und emanzipierter wir sind, umso deutlicher tritt geschlechtsspezifisches Verhalten zutage. Und da Frauen im Sinne des Big-Five-Persönlichkeitsmodells verträglicher sind, geben sie sich in Gehaltsverhandlungen eher mit einem geringeren Gehalt zufrieden.

Faktor 4: Soziale Berufe (typische Frauenberufe) werden schlechter bezahlt als technische Berufe (typische Männerberufe)

Ein wesentlicher Faktor, der besonders gerne Kindern eingetrichtert wird, damit sie Ungerechtigkeiten schnell verinnerlichen, ist der Umstand, dass Frauen in der Regel in Branchen arbeiten, in denen sie weniger verdienen als Männer. Während diese gerne in technischen Berufen arbeiten, betätigen Frauen sich lieber in sozialen Berufen und Dienstleistungsbranchen. Nicht von ungefähr spricht man deshalb von *Frauenberufen* und *Männerberufen*, Zuschreibungen, die besonders gerne von Feministen kritisiert werden und deshalb ständig problematisiert und als soziale Konstrukte dargestellt werden. Eine Behauptung, die dabei in den Diskursring geworfen wird, ist folgende: *Es ist eine Diskriminierung, dass frauendominierte Tätigkeiten schlechter bezahlt werden.*

Aber ist das wirklich so? Kann man aus diesem Umstand diese Schlussfolgerung ziehen?

Es sind die technischen und naturwissenschaftlichen Berufe, die den Wohlstand in Deutschland generieren, der seinerseits den Sozialstaat ermöglicht. Da scheint es doch logisch, dass diese Berufe tendenziell besser bezahlt sind als soziale Berufe. Das hat nichts mit mangelnder gesellschaftlicher Wertschätzung der sozialen Berufen zu tun, sondern mit der Weigerung des Staates, mehr Investitionen in bessere Arbeitsbedingungen und Löhne vorzunehmen. Außerdem könnte man den Klagenden auch entgegenhalten: Ihr wusstet doch, was euch erwartet, hättet ja auch einen anderen Beruf wählen können und es gibt keinen Anspruch darauf, viel Geld zu verdienen. *Vielleicht sollten wir also unser Anspruchsdenken hinterfragen?* Sollte es uns bei Diskussionen über die spätere Berufswahl wirklich nur daran gelegen sein, dafür zu sorgen, dass Frauen und Männer (gleich) viel Geld verdienen? Bei der Berufswahl sollte es eben nicht nur um ökonomische Beweggründe gehen, sondern auch um das persönliche Interesse. Es bleibt doch für unsere Gesellschaft zu hoffen, dass ein Großteil der Menschen ihre späteren Berufe nicht allein aufgrund der später zu erwartenden Bezahlung wählt, sondern, weil sie ihre Betätigung in diesem Feld als Berufung verstehen, die ihnen auch dann und wann Erfüllung beschafft und nicht nur einen gefüllten Magen.

Faktor 5: Chancengleichheit führt nicht zur Ergebnisgleichheit

Feministen können den Gender Pay Gap und die angeblich sich daraus ergebende Gehalts-Segregation noch so sehr betonen, es ist und bleibt NONSENS.

Wir machen mal ein Gedankenspiel: Wir erinnern uns zunächst einmal daran, dass wir in einer liberalen Gesellschaft leben, die dem Individuum die Möglichkeit gibt, jeden möglichen Beruf, vom Tischler zum Bundespräsidenten anzustreben. Eine Theorie, die das schön veranschaulichen könnte, ist die mathematische **Spieltheorie**.

Nun hat also jedes Individuum zumindest formal in der freien Wahl der Berufe Chancengleichheit. Dabei bezeichnen wir männliche Individuen als A und weibliche Individuen als B und beobachten, wie sich diese auf dem Spielfeld der Berufe verteilen. An diesem Punkt könnten wir uns jetzt unsere feministische Brille aufsetzen und Erwartungen formulieren: *Nun, wir glauben, dass beide Geschlechter im Wesentlichen gleich sind und gleich intelligent sind, also müssten sie sich doch gleichmäßig so verteilen, dass beide Hälften des Spielfelds zu gleichen Teilen mit A und B Mitgliedern gefüllt seien. Alle haben die gleichen Chancen und Möglichkeiten, also sollten sie sich doch eigentlich gleich verteilen.* Klingt doch erst einmal logisch.

Jetzt setzen wir unsere feministische Brille ab und sind verblüfft: *Sie wählen!*

Die Individuen verteilen sich nicht wie erwartet ergebnisgleich, sondern sie bilden über das gesamte Feld spezifische Ausprägungen. Vereinzelte Spielbereiche werden von A, andere wiederum von B besonders bevölkert. Was schließen wir daraus? **Mit unserer feministischen Brille haben wir lediglich erwartet, was wir *gern* sehen *wollten*:** Nämlich eine gleichmäßige Verteilung. Dabei haben wir aber einen wesentlichen Faktor weggelassen, der das gesamte Spielfeld prägt: Der *freie Wille des Individuums* ist letztlich für die Wahl des Spielplatzes prägend. Wenn wir jedem Individuum die Möglichkeit geben, zu werden, was es will, dann gibt es notwendigerweise eine breite Streuung und eine Ansammlung von Individuen, die sich prinzipiell ähnlich sind. Wenn A und B komplett gleichwertig und frei in ihrer Wahl sind, dann können sie sich ihren spezifischen Ausprägungen entsprechend entfalten. *Typisch männlich* (A) und *typisch weiblich* (B) sind also Variablen, die wir aus den Formeln nicht einfach in einem feministischen geschlechtergleichmachenden Duktus streichen können.

Wir kommen zu einem vermeintlichen Paradoxon: Chancengleichheit führt nicht zur Ergebnisgleichheit. Im Gegenteil: **Chancengleichheit führt zur Ergebnisvielfalt.**

Offensichtlich streben viele Frauen (und nur einige Männer) soziale Berufe an, obwohl sie auch die Möglichkeit hätten, wirtschaftliche oder technische Berufe zu lernen oder zu studieren, mit denen sie in der privatwirtschaftlichen Hierarchie bis nach ganz oben aufsteigen und hohe Gehälter erzielen könnten. Aber warum geschieht genau das gerade nicht? Die feministische Brille verspricht uns doch etwas anderes! Ganz einfach: Weil die wenigsten Frauen Bock auf 70 bis 80 Stunden-Wochen haben. Zu viel Freizeit ginge flöten. Da Männer auch im Jahr 2023 noch eher als Frauen auf beruflichen Erfolg angewiesen sind, nehmen sie Einschränkungen ihrer persönlichen Freiheit eher in Kauf als Frauen. Die Zufriedenheit aller Individuen wird durch eine freie Berufswahl deutlich erhöht. Der sich vermeintlich zeigende Gehaltsunterschied von Frauen und Männern ist also kein Ausweis von Diskriminierung, sondern der Ausweis von Geschlechtergerechtigkeit!

Diese Feststellung mag vielleicht nicht besonders populär sein und von einigen Diskursteilnehmern *(zu Unrecht!)* als politisch inkorrekt bezeichnet werden, es ändert nichts daran, dass die *Stiftung Nonsenstest* der vermeintlichen Diskriminierung von Frauen in der Entlohnung ihrer Arbeit eine klare Absage erteilen müsste.

Die Aussage, dass der sog. Gender Pay Gap nicht auf Diskriminierung von Frauen beruht, bedeutet nicht, dass ich behaupte, dass *ich* der Meinung bin, dass Frauen weniger Geld als Männer verdienen sollten, sondern *ist* lediglich die Beschreibung einer Tatsache.

Um es noch einmal deutlich zu sagen: *Wenn eine Feministin Ergebnisgleichheit für die Frauen in Bezug auf das Gehalt fordert, dann verlangt sie eben nicht Chancengleichheit zwischen den Geschlechtern, sondern eine Bevorzugung der Frauen und damit eine Diskriminierung der Männer.*

Aber woran mache ich das denn jetzt schon wieder fest? Wie kann ich nur so frech und frauenfeindlich sein, gerade so etwas zu behaupten?

Die Feministinnen, die so etwas fordern, missachten damit eben nicht nur das bis hierhin geschilderte **Gleiche-Bezahlung-Paradoxon**, sondern auch weitere bekannte Fakten.

Männer arbeiten eben nicht nur in Berufsfeldern mit höheren Gehältern, sondern auch in Berufsfeldern, die bei niedriger Bezahlung erheblich höhere Unfallgefahren aufweisen. Feministen zielen aber im öffentlichen Diskurs *nur* auf die Stellen, die elitär und hochbezahlt sind, und nicht auf Stellen im Bergbau oder dergleichen, die hoch-risikobehaftet sind. Es gibt eine Quote für Führungspositionen, aber keine Quote für Arbeitsplätze im Straßenbau. Wenn Feministen außerdem in steter Frequenz bemängeln, dass sich bei Führungspositionen trotz eines jährlichen Wachstums von 3% und mehr noch zu wenig tue, dann wird schnell klar, dass die jungen Feministinnen nicht Gleichheit anstreben, sondern Dominanz gegenüber ihren gleichaltrigen männlichen Wettbewerbern. Die Daten geben ihnen reichlich Munition. Vor allem dann, wenn man sie fahrlässig und oberflächlich betrachtet und losgelöst vom Kontext durch die Medienlandschaft ballert. *Ohne Rücksicht auf Kollateralschäden.* Ich glaube kaum, dass die Anzahl der weiblichen Beschäftigten im Bergbau, Straßenbau oder Hausbau nennenswert ansteigen wird. Diese Berufe sind immens wichtig, sie sind allerorten präsent und extrem kräftezehrend, aber ihnen wird wenig Wertschätzung entgegengebracht. Und wer hat die Häuser gebaut und die Schwimmbäder und die Beauty-Salons, liebe Frauen? Ja, als Journalistin in einem Dreikäseblatt oder als Erzieherin verdient man nicht so viel wie ein Bauingenieur oder ein Bankier. Aber als Maurer und Lagerarbeiter auch nicht … Warum fordert man als starke Frau und Feministin eigentlich nicht Parität in Handwerksberufen? Feministinnen wollen scheinbare das gleiche Gehalt wie ein Bauingenieur haben, ohne die entsprechende Qualifikation oder Arbeitsbelastung auf sich zu nehmen. Ein niederer Beweggrund, kein moralischer Anspruch. Denn Pragmatik siegt auch bei den Feministen über die Ethik.

Die Gehaltsunterschiede hängen in Teilen mit unserem Geschlecht und unseren spezifischen Präferenzen und Verhaltensstrategien zusammen, sie erklären sich aber nicht einzig durch das Geschlecht. Was wäre die Konsequenz, wenn tatsächlich eine Ergebnisgleichheit – *wie von Feministen gefordert* – etabliert würde? Man würde Berufe paritätisch nach Quoten besetzen und dabei auf Regelungen zurückgreifen, wie wir sie aus der Planwirtschaft der DDR noch gut im Gedächtnis haben sollten. Dabei hätte sich das Individuum A oder B diesen Quoten zu beugen, Stellen müssten besetzt werden und Abweichungen von dieser Regel wären weder vorgesehen, noch würden sie toleriert. Wer also als Mann Bauarbeiter werden möchte, wenn männliche Erzieher fehlen, könnte sich diesen Wunsch aus dem Sinn streichen und müsste sich dem Gleichheitsdiktat beugen. **Ergebnisgleichheit brächte hier also nicht Chancengleichheit hervor, sondern Zwang.** Keine positive Freiheit, sondern eine Unfreiheit, in der willkürlichen Zuweisung zu Branchen, in denen Angestellte fehlten.

Eine Willkür der Ergebnisgleichheit, die in Tyrannei mündet.

Die VERMEINTLICHE Ungerechtigkeit des Gender Pay Gap wird durch eine unwissenschaftliche und falsche Auswertungsmethode der statistischen Befunde sowie durch eine manipulative und verzerrende mediale Darstellung verursacht. Ein Gender Pay Gap wäre nur dann schlüssig, wenn dieser untersuchen würde, ob bei gleicher Arbeit und gleichem Stundenkontingent auch die gleiche Bezahlung herauskäme. Man würde sich wahrscheinlich wundern, dass es Branchen gibt, wo es Bevorteilungen auch zugunsten des weiblichen Geschlechts gibt.

Was ist nun mit dem unerklärten Rest von 6% Gehaltsunterschied? Tatsächlich lässt sich der Unterschied nicht auf den letzten Prozent genau erklären. Die Schlussfolgerungen der Gender Pay Gap-Jünger wären aber nur unter der Voraussetzung akzeptabel, wenn hieraus wirklich zu schließen wäre, dass Frauen *aufgrund ihres Geschlechts* schlechter bezahlt und damit diskriminiert würden.

Aber das ist auf die gewählte Weise nicht möglich.

Repräsentativer wären die Befunde, wenn eine Frau, die bei gleicher Qualifikation und Erfahrung eine identische Stellung hat und sich identisch wie ein männlicher Kollege verhält, dennoch weniger als dieser verdient. Das schließt Gehaltsverhandlungen, Auftreten und beruflichen Erfolg mit ein. Befunde wie die geschlechtsspezifische Akzeptanz von Ortswechseln, um besser bezahlte Anstellungen anzutreten, sind hierbei auch noch nicht berücksichtigt. Es zeigt sich in Erhebungen nämlich deutlich, dass Frauen weniger Bereitschaft als Männer zeigen, eine Umgebung, in der der sich wohlfühlen, zu verlassen. Selbst wenn das bedeutet, dass sie Gehaltseinbußen in Kauf nehmen. Der Schwerpunkt dessen, was einem Menschen wichtig ist, beeinflusst logischerweise häufig das eigene Gehalt und das Potenzial, dieses zu steigern. Wenn Anton örtlich flexibler ist und durch einen Umzug einen höheren Lohn erzielt als Birgit, dann ist das nicht unfair gegenüber Birgit. Sie könnte sich ja für das Gleiche entscheiden. *Tut sie aber nicht.* Stattdessen aber nimmt man rein quantitativ unsauber die jeweilige Summe des Lohns nach Geschlecht und vergleicht sie ohne Berücksichtigung von Qualifikation, Arbeitsaufwand, Arbeitszeit, Arbeitsqualität, Überstunden oder weiteren qualitativen Aspekten. Man kann es drehen, wie man will, aber die Methode, wie der vermeintliche Gender Pay Gap zustande kommt, ist schlichtweg unwissenschaftlich. Ohne veränderte Erhebungs- und Auswertungsmethoden ist der Gender Pay Gap unbrauchbar und ein grob fahrlässiges Spaltungsinstrument.

Stiftung Nonsenstest-Urteil: Der Gender Pay Gap ist neben der Patriarchatsthese in den TOP 3 der unseriösesten feministischen Behauptungen, die durch Europa und Amerika auf Welttournee gehen.

Warum also wird der Gender Pay Gap trotz besseren Wissens gebetsmühlenartig immer wieder heruntergeleiert?

Nun, man kann es sich doch schon beinahe denken, ohne Verschwörungstheoretiker zu sein: Weil es im Sinne der Wirtschaft ist. Der wahre Grund für die anhaltende Beliebtheit des Gender Pay Gaps liegt im wirtschaftlichen Interesse der vollen Ausnutzung der Arbeitskraft der Frau für den Arbeitsmarkt. *Es geht nicht um Gleichberechtigung oder Emanzipation der Frau, sondern um die Verwertbarkeit der Frau für den Arbeitsmarkt.* Die Emanzipation hat in den letzten 100 Jahren beide Geschlechter für den Arbeitsmarkt verfügbar gemacht. Vielleicht sollte man sich auch mal Gedanken darüber machen, ob es nicht im Sinne der falschen Genossen ist, dass man sich für steigende Vollzeitstellen für Frauen einsetzt. In die gleiche Kerbe schlägt auch die Behauptung, dass das Steuerrecht die Ungleichbehandlung der Frau fördere, indem der Anreiz, volle Stellen zu schaffen, abhandenkomme, wenn etwa der Besserverdienende steuerlich besser gestellt wird im Rahmen des Ehegattensplitting. Da tendenziell eher Männer Vollzeitstellen haben und somit mehr verdienen als ihre Frauen, behauptet man, dass Frauen benachteiligt werden. Dass hiervon allerdings die gesamte Familie profitiert, wird dabei gerne unter den Tisch fallen gelassen, denn bei manchen ist das Geld nicht so üppig vorhanden, dass man auf die Steuernachzahlung warten kann.

Zudem wird dabei nicht berücksichtigt, dass **85% der Frauen, die in Teilzeit arbeiten, dieses sehr gut finden** und nur eine von vier sich überhaupt vorstellen kann, jemals wieder in Vollzeit zu arbeiten. Stattdessen konzentriert man sich auf die 15 % der Frauen, die gerne Vollzeit arbeiten würden und instrumentalisiert die anderen – *gegen deren*

Willen! – gleich mit, indem man behauptet, dass Frauen ein *Teilzeitproblem* hätten. Die Gründe, warum viele von ihnen in Teilzeit arbeiten, interessieren dabei hingegen nur selten. **Denn dabei würde sich herausstellen, dass die meisten Frauen gut damit zufrieden sind, dass sie eben nicht 40 Stunden arbeiten** *müssen.*

Es gibt wichtigeres im Leben als 40 Stunden und mehr pro Woche zu arbeiten. Das sieht die Hälfte der Arbeitnehmer im Übrigen genauso. Jeder zweite Mensch in Deutschland würde gerne weniger arbeiten – *wenn er es sich denn leisten könnte.* Betrachtet man unter dieser Perspektive den Fakt, dass viele Frauen in Teilzeit arbeiten, dann darf man durchaus annehmen, dass einige von ihnen ihren Männern dankbar sind, dass diese Vollzeit arbeiten und sie nicht. Die Gründe dafür gehen niemanden etwas an, außer diese Frauen und deren Partner.

Statt anderen Leuten mit dem Gender Pay Gap auf die Nerven zu gehen, sollten Feministinnen vielleicht mal überlegen, ob es nicht auch Themen gibt, die für ihre Zielsetzungen vorrangiger wären. Außerdem sollten sie aufpassen, dass sie sich nicht vor den Karren der Wirtschaft ziehen lassen, diesen in Regenbogenfarben anmalen, dabei aber eigentlich nur die Drecksarbeit erledigen, während die Kutschenführer ihnen im Nachhinein Nackenschläge verpassen.

Viel sinnvoller als einen Gender Pay Gap zu **konstruieren,** wäre es einen **Poor Rich Pay Gap** zwischen Arm und Reich darzustellen und zu problematisieren, wie es sein kann, dass so wenige Menschen so viel besitzen und warum immer mehr sich immer weniger leisten können.

Dafür gibt es Erklärungen. Aber statt den Blick auf gesamtgesellschaftliche Probleme zu legen, die den wahrhaft Unterdrückten und Abgehängten helfen würden, konzentriert man sich auf seine eigene Klientel. Abgesehen vom Einkommen wäre interessant zu thematisieren, wie sich das Vermögen verteilt und wie die Politik durch unterlassene Gesetzgebung den Wohlstandsräubern noch dabei hilft.

Aber stattdessen beklagt man sich über den Gender Pay Gap und wird zum falschen Propheten. *Wieso tut sich nichts für die Frauen beim Gesamtverdienst, wieso arbeiten so wenig Frauen in technisch-naturwissenschaftlichen Berufen?* sind nun einmal angenehmere Fragen als *warum gewöhnen wir uns nur an Korruption und Klientelpolitik in Politik und Wirtschaft?* Und wenn es wirklich an der ungleichmäßigen Geschlechterverteilung liegt (*hust hust*):

Warum schafft man keine Anreizprogramme UND Förderprogramme für Männer in sozialen Berufen?

Man spricht immer davon, was man für die Frauen tun kann, damit sie aufschließen können.

Aber was ist mit den Männern in typischen Frauenberufen?

Das Wichtigste zusammengefasst

Im Großen und Ganzen verdienen Frauen insgesamt weniger als Männer. Dafür gibt es viele Gründe, die insbesondere auf individuelle Entscheidungen von Frauen zurückzuführen sind. Zudem wird von Feministen gerne verdrängt, dass Frauen in einer Ehe den gleichen Lebensstandard haben wie ihre mehr verdienenden Männer, denn das gemeinsam erarbeitete Kapital wird nicht nur im Sozialen (Stichwort Kindererziehung), sondern auch im Wirtschaftlichen geteilt.

Grund 4
Frauen werden im Beruf nicht benachteiligt, sondern bevorzugt

Nicht nur hört man häufig, dass geschlechterspezifische Berufe eine Folge der Rollenprägungen des Patriarchats seien, nein, im gleichen Zug darf man sich auch noch anhören, dass Frauen aufgrund ihres Geschlechts im Beruf diskriminiert werden.

Die Argumente sind altbekannt. Aufgrund einer ungleichen Einkommensverteilung und Geschlechterverteilung in Aufsichtsräten und Vorständen wird behauptet, dass es eine strukturelle Benachteiligung von Frauen gebe. Dieses Argumentieren vom Ergebnis her erscheint auf den ersten Blick logisch, ist es aber nicht. Hierbei werden nicht die Faktoren in den Blick genommen, durch die dieses Ergebnis zustande kommt. Es springt ein Mann ja auch nicht deshalb höher als eine Frau, weil er sich durch Doping einen ungebührlichen Wettbewerbsvorteil verschafft, sondern weil er einen höheren Muskeltonus hat. Statt das Ergebnis pauschal zu betrachten, könnte man also differenzieren.

In der Realität sieht es so aus, dass Frauen durch die Gesetzgebung nicht diskriminiert, sondern privilegiert werden, nicht trotz dessen, sondern *weil* sie weiblich sind. Auf der Makroebene der Gesellschaft werden Frauen massiv gefördert, durch zahlreiche Maßnahmen. Zum Beispiel gibt es gesetzliche Regelungen, die mit gutem Grund verhindern, dass Frauen infolge ihrer Mutterrolle etwaige Gleichstellungshindernisse erleben.

Für Väter hingegen gelten diese seltener. Frauen können in der Folge Arbeit und Familie besser miteinander vereinen als Männer. Bei Frauen wird etwa eher akzeptiert, wenn diese in Vorstandpositionen in Teilzeit arbeiten wollen. Was ist das Ergebnis? Infolge dieser Frauen fördernden Gesetze werden sog. *Klassische Rollen* bzw. die *klassische Rollenverteilung* der Familie nicht abgebaut, sondern befördert (könnte man auch als **Gleichstellungsparadox** bezeichnen). Indem also die Position von Müttern gestärkt wird, die Position der Väter aber nicht mitberücksichtigt wird, fördert man das Gegenteil des Gewollten. Denn feministische Politik ist nicht auf Gleichstellung der Geschlechter ausgerichtet, sondern auf eine Besserstellung der gesetzlichen Position der Frau. Ziel ist, Gleichstellung da herzustellen, wo es ihrer Meinung nach bei den Frauen fehlt, Gleichstellungsbedarf für Männer in benachteiligten

Bereichen gibt es in dieser Logik nicht. Im öffentlichen Dienst beispielsweise gibt es selbst in Abteilungen, in denen es kaum (noch) Männer gibt, dennoch anhaltende Bestrebungen, den Frauenanteil zu erhöhen. Von den fünf Millionen Beschäftigten sind 57,3 % Frauen, wenngleich diese mehr Teilzeitstellen als Vollzeitstellen bekleiden. In der Schule ist der durchschnittliche Frauenanteil bereits bei 73,4% Prozent, d. h., dass im Schnitt auf einen Lehrer fast drei Lehrerinnen kommen. Kindergärten und Vorschulen verzeichnen gar einen Frauenanteil von über 90%.

In den Aufsichtsräten deutscher Großunternehmen konnte man sehen, dass der Anteil der Frauen von knapp 22 Prozent im Jahr *2015 – noch vor der Einführung der fixen Frauenquote von 30 Prozent für Aufsichtsräte* – auf über 35 Prozent im Jahr 2020 stieg. Und die Wachstumsraten steigen noch.

Derzeit befindet sie sich bei 3% pro Jahr – *ein gigantischer Zuwachs*.

Ebenso wacker sind die Forderungen nach stärkerer Frauenpartizipation in der Politik. Manchmal scheint man zu vergessen, dass wir gerade erst 16 Jahre unter „(Nicht-) Mutti Merkel" regiert wurden. Außerdem wird außer Acht gelassen, dass auch in der Gegenwart noch weniger Frauen in der Politik aktiv sind, denn politische Teilhabe lag lange nicht im Interessensfeld von Frauen. Konsequenterweise können politische Stellen nicht *stets* paritätisch besetzt sein. Noch immer interessieren sich fast doppelt so viele Männer (31,8%) für Politik wie Frauen (17,3%) und sie informieren sich auch öfter über politische Belange. Wenn 80% derjenigen, die sich politisch engagieren, Männer sind, dann kann man angesichts des Umstandes, dass beide Geschlechter gleich intelligent und gleich fähig sind, nicht erwarten, dass sich gleich viele Frauen und Männer auch in politischen Ämtern einbringen.

Statt eine Diskriminierung von Frauen in Beruf und Politik zu behaupten, könnte man echte Reformen anstreben, die das Arbeitsrecht für *alle* prekär Beschäftigten erleichtern und Belange von Familien angemessen berücksichtigen.

Damit eine Gleichstellung aller Menschen erreicht wird.

Grund 5
Feministinnen wollen keine Geschlechtergerechtigkeit

Mit wie viel Berechtigung die **Sittenwächter** und **Hüter der Gleichberechtigung** ihren (selbst-) gerechten Zielen nachgehen, steht nicht zur Debatte. Dabei werden die Prämissen, auf denen von ihnen angeführte Debatten beruhen, selten hinreichend hinterfragt und sollten zuweilen penibler wissenschaftlich geprüft bzw. einem – unabhängigen – Faktencheck oder zumindest dem hier installierten *Stiftung Nonsenstest* unterworfen werden. Durch die dünne Luft des Diskurses werden eine Menge Scheinargumente gefeuert.

Wie aber kann das (feministische) Streben nach Gleichberechtigung und Geschlechtergerechtigkeit als ein gesellschaftliches Prinzip genutzt werden, das positiv dazu beitragen kann, den gesellschaftlichen Fortschritt zu fördern.

Dies ist keine einfache Herausforderung und es wird nicht einfacher angesichts der multiplen Diversitätsforderungen, die das Band der Gesellschaft auf immer neue Zerreißproben stellen. Gibt es Wege, eine gleichberechtigte Gesellschaft zu schaffen, in der sich keine Mitglieder diskriminiert fühlen? Dieser Wunsch bleibt eine hoffnungsvolle Utopie, denn selbst in einem faktisch egalitären System wird es immer Menschen geben, die sich beleidigt, zurückgesetzt oder diskriminiert fühlen, ob mit oder ohne Berechtigung.

Ein Faktor macht noch keine Fakten: Das Paradoxon der Gleichberechtigung

Die nordeuropäischen Länder gelten im Allgemeinen als die fortschrittlichsten Länder der Welt. Schweden ist den Daten nach das liberalste Land mit dem höchsten Maß an Gleichberechtigung und Dänemark wird regelmäßig als Fortschrittsmarker in den hiesigen Medien herangezogen. In Dänemark sollen einander fremde Menschen sich gegenseitig per App die Zustimmung zum Geschlechtsverkehr bestätigen, damit später nicht der Vorwurf des sexuellen Missbrauchs fallen kann. In beiden Ländern ist der Grad der objektiven, faktischen Gleichberechtigung so hoch, dass ein Großteil der Forscherwelt annimmt, dass in diesen die vorhandenen Unterschiede zwischen den Geschlechtern, besonders bei der

Berufswahl, abnehmen. Das ist aber nicht so. Die Forscher nennen das ein **Paradoxon der Gleichberechtigung**. Eine **Studie von Gijbert Stoet und David C. Georg** erhob, dass nur ein Viertel der Absolventen von Mint-Fächern weiblich ist. Paradoxerweise liegen in diesem Bereich Länder wie Algerien mit einer Abschlussquote von 40% deutlich darüber. Aber wie kann das denn sein? Sind Gleichberechtigung und Geschlechtergerechtigkeit in Algerien deshalb weiter fortgeschritten als in Schweden? Mitnichten! Ein Faktor macht noch keine Fakten! Man muss das ganze Bild schon multifaktoriell und multidimensional betrachten.

Erklärungen für geschlechterspezifische Studien- und Berufswahl

Eine Ursache für die Unterschiede bei der Studienfächerwahl sowie der Ausbildungsbereiche offenbart die **PISA-Studie:** Während Mädchen insbesondere beim Lesen und Leseverständnis gute Ergebnisse erzielen, zeigen Jungen bessere Leistungen in naturwissenschaftlichen Fächern. Tendenziell ist die Mehrheit der Mädchen eher in sprachlichen Fächern begabt und wenn man gemäß seiner Anlagen und Interessen den Beruf wählt, erklärt dies das hohe Frauenaufkommen in diesen Berufsfeldern. Jeder macht am liebsten das, was er auch gut kann. In Ländern mit Gleichberechtigung und guter sozialer Ausgangslage in Form von stabilen Lebensbedingungen entfaltet man sich gemäß seiner Talente und Interessen. Da Jungen eher in naturwissenschaftlichen Fächern gut sind, wählen sie diese vorrangig bei ihrer Berufswahl. Feministisch lesende

Forscher erklären die Berufswahl der Jungen auch mit dem Umstand, dass diese sich eher überschätzten und ihre Leistungen besser darstellten als sie wirklich wären und dass Mädchen im Laufe des Bildungsweges für technische Fächer scheinbar verloren gingen. Hier aber unterlaufen die Forscher infolge ihrer Vorurteile einem Denkfehler, wenn sie annehmen, dass von den objektiven Leistungen doch eigentlich die Hälfte der Naturwissenschaftler und Techniker weiblich sein müssten.

Vielmehr ist es nur scheinbar paradox, da der freie Wille des Individuums und die Entscheidungen, die es trifft, hier zu verkürzt betrachtet werden. Die Erwartungen hinsichtlich des individuellen Verhaltens werden im Rahmen der scheinbar objektiven Geschlechtergerechtigkeit von der **Perspektive der Betrachtenden** maßgeblich beeinträchtigt. Es mag so manche Forderung zwar auf den ersten Blick logisch erscheinen, beim zweiten Nachdenken ist sie es häufig nicht mehr. Denn je mehr Freiheit man einer Gruppe von Individuen zugesteht, umso mehr werden diese sich voneinander unterscheiden und **sich frei im Raum** entfalten. Andersherum ist wohl auch paradoxerweise logisch, dass je mehr Unfreiheit herrscht, umso objektiv ähnlicher werden die Teile. Alle Gefangenen tragen die gleiche Uniform. Man blicke einmal zurück ins vergangene Jahrhundert mit seinen autoritären Diktaturen, in denen formal egalitäre Gesellschaftsgebilde geschaffen wurden, in denen die Menschen sich kaum noch unterschieden und die autoritären Regime die offensichtlichen Unterschiede ausmerzen wollten.

Wo gehen die jungen Frauen nur verloren?

Warum und wo die jungen Frauen verloren gehen, ist eine Frage, die diese Art der Forschung nicht lösen kann. Man findet aber Denkanstöße, wenn man auf individuelle, personale und biologische Unterschiede eingeht. Es wird deutlich, dass Frauen angesichts ihrer Studienwahl weniger interessiert an einem MINT-Studium sind und sich eher ihrer Neigung, sich sprachlich auszudrücken und in Kommunikation mit anderen Menschen zu treten, am Markt verhalten. Frauen lesen lieber Bücher als Männer. Wie viel männliche Buchhändler kennst du? Für Schweden beispielsweise ist belegt, dass Frauen Sorge und Nähe ausleben möchten. Die Berufswahl erfolgt entsprechend der Neigung und nicht ausschließlich, um die bloße Existenz abzusichern. In der sozialistischen DDR gab es keine echte freie Berufswahl. Vielleicht sollte man mit seinen unredlichen Behauptungen bezüglich der Problematik eines geschlechtsspezifisch verteilten Arbeitsmarktes aufhören. Dieser ist– *und das sollte bisher deutlich gezeigt worden sein* – nicht Ausweis der Knechtung des weiblichen Geschlechts, sondern Ausdruck der freien *Wahl der Geschlechter*. Und vielleicht gehen die Schwerpunktsetzungen mitunter ja auch zu Lasten der Männer? Das führt uns zu einer wichtigen Frage, die eine Perspektivverschiebung bei der Suche nach Erklärungen für geschlechtsspezifische Berufe geben könnte. Was ist mit der Geschlechtergerechtigkeit für Männer? Diese sind in sozialen Berufen deutlich unterrepräsentiert. Eine weitere Studie aus dem Gleichberechtigungsmusterland Schweden stellte diesbezüglich heraus, dass wider Erwarten **Männer**

– nicht Frauen – bei der Arbeitssuche benachteiligt werden. Im Rahmen einer groß angelegten Studie der Universität Linköping zeigte sich, dass Männer im Allgemeinen und besonders, wenn sie in von Frauen dominierte Bereiche einzusteigen suchen, eine Ungleichbehandlung zu ihrem Nachteil erfahren. Frauen hingegen erfuhren in männerdominierten Berufen **keine Diskriminierung**. Im Verlauf der Studie wurden 3200 fiktive Bewerbungsbriefe an Unternehmen geschickt und die Antworten überprüft. In gewissen Bereichen des Arbeitsmarktes gab es erhebliche Hindernisse und eine signifikante Benachteiligung von Männern in typischen Frauenberufen (Krankenschwester, Tagesmutter und Vorschullehrer). Besonders diskriminiert wurden Männer, die sich als Krankenschwester und in der Arbeit mit Kindern beworben haben. Ob dies an einem Generalverdacht gegenüber Männern im Umgang mit kleinen Kindern liegt? Das lässt sich so nicht zweifelsfrei sagen, es wäre eine Spekulation. Deutlich wird allerdings, dass Anschlussstudien Gründe herausfinden sollten. Bei den Frauen hingegen zeigte sich keine Diskriminierung in typischen Männerdomänen wie Fahrzeugmechaniker, LKW-Fahrer, IT-Entwickler oder Lagerarbeiter. Im Gesamten zeigte sich bei den Frauen bei gleichen Voraussetzungen und Qualifikationen eine um 5% positivere Antwort, **in typischen Frauenberufen aber bekamen Männer doppelt so viele Absagen wie Frauen**. Auf zwei eingestellte Frauen käme folglich nur ein eingestellter Mann.

Vielleicht haben wir also hier ein Indiz dafür, warum man weniger Männer in sozialen Berufen antrifft?

Als Ergebnis der Studie zeigt sich signifikant **eine Diskriminierung von Männern bei der Einstellung in Frauendomänen** als eine **Erklärung für die Geschlechterverteilung in Berufen.**

Dass Frauen im Bewerbungsverfahren Steine in den Weg gelegt würden, dafür gibt es im Rahmen dieser Studie hingegen *keine* Belege.

Das Problem der Gleichbehandlung

Das Prinzip der Gleichwertigkeit und das Recht auf Gleichbehandlung bedeuten nicht, dass *alle immer* gleichbehandelt werden. Wenn Julian in der gleichen Zeit mehr arbeitet und schafft als Lisa, ist es dann ungerecht, wenn der Chef Julian eine Gehaltssteigerung in Aussicht stellt? Wenn *Michael* besser als *Jenny* verhandelt *(warum auch immer)*, warum soll *Jenny* deshalb unfair behandelt worden sein und den Grund hierfür einzig in dem Merkmalsbereich *weiblich* ins Felde ziehen. Wenn die Verhandlungskompetenz geringer ist, ist der Ertrag eben geringer und dieser eine Konsequenz der individuellen Fähigkeiten und des Handelns. Vielleicht hat *Mia* schlechtere Arbeitsergebnisse, also weniger *geleistet*. Wieso sollte *Mia* dann gleich viel verdienen? Das wäre doch unfair, gerade wenn *Michael* zudem mehr Engagement und Arbeitseinsatz aufweist. Soll das Leistungsprinzip nicht mehr belohnt werden? Was wäre die Folge? Wäre dann nicht letztlich Konsequenz, dass die Auswirkung des individuellen Handelns und damit die Selbstverantwortlichkeit an Bedeutung verlören? Wenn man gleichbehandelt wird, obwohl man viel „mehr" oder eben „weniger“ leistet? Um gleiche Rechte zu ermöglichen, braucht es auch eine unterschiedliche, angemessene Behandlung. Wenn Lutz mit gleichem Alter in gleicher Position, aber anderer Erfahrungsstufe als Lisa arbeitet, dann sind Lohnunterschiede auch Ergebnis betrieblicher Staffelungen. Welche rechtschaffenden Mittelständler produzieren schon noch ungleiche Lohnverhältnisse? Das kann sich heute keiner mehr erlauben. Wer das nicht glaubt, sollte sich einfach mal mit Geschäftsführern von mittelständischen Unternehmen unterhalten. Wenn man nicht den gleichen Grad an Motivation und Leistungsbereitschaft zeigt, ist das in Ordnung, aber dann darf man sich nicht beklagen, dass man nicht die gleiche Vergütung wie Mitarbeiter erhält, die bessere Ergebnisse erzielen.

Radikalfeministische Geschlechterungerechtigkeit

Wie vielen Männern geht es schlecht? Wie viele leiden in diesem System als ausgebeutete Schlachter zu Dumpingpreisen oder in gefährlichen Berufen? Wollen Frauen auch Gleichbehandlung und Parität in diesen Berufsfeldern? Es gibt doch noch andere Dinge, über die man sich definieren kann und Zufriedenheit findet. Arbeit ist ein relevanter Faktor, doch die eigentlichen Marker für Zufriedenheit und ein gelingendes Leben findet man nicht im Beruf, sondern im Privaten. *Naja, jedenfalls die meisten.* Ist es erstrebenswert, als Mutter bzw. Vater ähnlich viel zu arbeiten wie kinderlose Kollegen? Was ist daran erstrebenswert, wenn es finanziell nicht notwendig ist? Die meisten Menschen möchten *weniger* arbeiten, nicht *mehr*. Es gäbe schon ein Umverteilungspotenzial bezahlter Arbeitszeiten und der Sorgearbeit zwischen den Geschlechtern. Aber wäre das fair? Was ist mit den Kinderlosen?

Müsste ein Vater dann nicht auch bevorzugt gegenüber einer alleinstehenden Frau behandelt werden? Hat als solcher doch mehr Münder zu füllen als diese. Werden Männer in den Leitmedien thematisiert, richtet sich das Scheinwerferlicht auf die Privilegierten. Diejenigen Männer, die nicht zum erlauchten Kreis der Gutverdiener und Reichen gehören, fristen ein Schattendasein. 84% der Obdachlosen sind Männer. Wohnungslose Menschen gehören zu den schwächsten und vulnerabelsten Gliedern der Gesellschaft. Schätzungen zufolge sind etwa 400.000 Menschen von Wohnungslosigkeit betroffen. 300.000 davon sind Männer.

Gerade wenn Geschlechtergerechtigkeit im Sinne des Mainstream-Feminismus bedeutet, dass sie auch dort erreicht ist, wo Männer in der Minderheit oder zu ihren Ungunsten benachteiligt sind *(nennt sich sonst auch Diskriminierung)*. Diese einseitige Betrachtung beinhaltet eine inhärente Ungleichbehandlung. Es reicht eben nicht, nur auf Zahlen zu gucken. Und man macht es sich – *auch moralisch-ethisch!* – ein bisschen zu einfach, wenn man sich auf die Bühne stellt und die Zeigefinger auf den vermeintlichen Aggressor *Mann* richtet. Ein grundlegendes Problem dieses Vorgangs ist, dass manche Feministen das **Austauschprinzip überwinden** wollen, indem sie Ergebnisse aus einer Gleichung fordern, in die sie selber keine Variabel eingebracht haben, will heißen: **Sie wollen Dinge erhalten, ohne etwas zu investieren.** Beruflicher Aufstieg erfolgt nun einmal auch heute noch durch gute Arbeitsergebnisse inklusive Überstunden *(und damit eingebrachter bzw. „geopferter" Lebenszeit)* und sollte nicht von Merkmalsbereichen wie Ethnie oder Geschlecht beeinflusst werden. Ein Mann könnte gar im Falle eines nach (Gruppen-)Identitätsmerkmalen präferierenden und damit selektierenden Bewerbungsverfahrens der eigentlich diskriminierte Mensch sein, wenn er kein Merkmal seiner Identität hat (Geschlecht, Migrationshintergrund etc.), durch das er in Bewerbungsverfahren einen faktischen Vorteil hat. Sicherlich kann ein Privileg so manche ungleiche Ausgangsvoraussetzung nicht auflösen – *und umgekehrt.* Es gibt aber „Diskriminierung" oder nennen wir es hier doch lieber Ungleichbehandlung, nicht nur gegenüber Frauen oder Minderheiten. Je nach Kontext, Situation und charakterlicher Prägung wird ein Mensch diese wahrnehmen – *oder auch nicht.* Die Tendenzen in der Gesellschaft, entsprechende Gruppen und Gruppenzuordnungen immer enger vorzunehmen und hieraus Diskriminierungen abzuleiten, sind problematisch. Gemäß der Logik einer immer spezifischeren Ausdifferenzierung könnte man in einer positiveren Lesart irgendwann endlich wieder **beim Individuum ankommen, das in seiner unantastbaren Würde zu verteidigen ist,** insbesondere angesichts seiner Verletzlichkeit durch übergeordnete Gruppen, die es entweder einverleiben oder terminieren. Ich war einmal der irrigen Annahme, dass wir in unserer Gesellschaft auf einem guten Weg seien. Die letzten Jahre haben mich eines Besseren belehrt.

Beim Individuum angelangt, kommt man wieder zum ebenso Banalen wie Basalen, nämlich zu uns als Millionen von Individuen, die einen mächtigen **Gesellschaftsvertrag** miteinander geschlossen und sich auf verbindliche Umgangsformen geeinigt haben. Uns nicht willentlich zu verletzen, uns mit Respekt und Verständnis zu behandeln und den **Fokus auf das Verbindende zu richten** *(was viel mehr unserer Identitätskomponenten abdeckt)* und nicht auf das Trennende *(einzelne externe wie interne Gruppenzuordnungen)*. Eine Gesellschaft, in der jeder gleich tickt, wird sich irgendwann nicht weiterentwickeln und dann vom Boden der Erde getilgt. Gleichbehandlung gibt's nur im Gefangenenlager: Da leiden nämlich alle. Aber Moment mal, auch da wird der ein oder andere doch vielleicht ein bisschen besser oder ein bisschen schlechter behandelt, weil er entweder sich anders verhält oder ganz einfach **Glück** hat. Der Zufall ist nun einmal ein Faktor, den man ebenfalls berücksichtigen muss. Entwicklungen sind dynamisch und Zusammenhänge sind oft nur mit zeitlichem Abstand nachzuvollziehen und zu verstehen.

An der Lebenslotterie kann man nun einmal nichts ändern.

Stellen wir uns mal vor, wir hätten 100% Gleichheit erreicht, auch zwischen Frauen und Männern. Wie sähe unser Alltag aus? Was wäre, wenn man beide Geschlechter pauschal gleichbehandelt? Es gäbe dann ja keinen Grund mehr zu trennen.

Wie wäre es mit gemeinsamen Toiletten?

Das Wichtigste zusammengefasst

Liberale Gesellschaften leben von Multiperspektivität und Vielstimmigkeit. Wäre der Feminismus wirklich eine Bewegung, die auch die Männer mit im Blick hätte, dann würden seine Vertreter wesentlich moderater und offener mit beiden Geschlechtern umgehen. Tatsächlich besitzt der Feminismus als jahrhundertealte Frauenbewegung die Deutungshoheit in Geschlechterfragen und formuliert ganz offen einen Alleinvertretungsanspruch. Der westliche Feminismus konzentriert sich auf Aspekte der Gesellschaft, in denen noch Entwicklungspotenziale vorhanden sind, ohne Bevorteilungen für Frauen, die sich aus der Gesellschaftsstruktur ergeben, anzuerkennen.

Grund 6
Feminismus ist kein Sprachrohr
für alle Frauen

Stellt sich noch die Frage nach dem Repräsentationsanspruch des Feminismus. Wer ist überhaupt dazu berechtigt, *die* Interessen der Frauen zu vertreten? Ist es überhaupt möglich, *die* Interessen *der Frauen* zu vertreten? Angesichts der vielfältigen gegensätzlichen Sichtweisen auf Geschlechterprobleme sind dies zwei Fragen, die auch in feministischen Diskursen verhandelt werden. Der Grad der politischen Agitation und Ausrichtung ist interessant zu betrachten, also vom gemäßigten Feminismus, der faktische Gleichberechtigung beider Geschlechter anstrebt, bis hin zum Radikalfeminismus, der eine Bevorzugung für Frauen verlangt und ein ausgesprochen negatives Männerbild vertritt.

Was also ist Feminismus und wenn ja wie viele?

Eine gängige Kritik am Feminismus ist, dass dieser in Amerika und Westeuropa eine Bewegung für weiße Frauen aus der gehobenen Mittelschicht ist, die infolge ihrer überdurchschnittlichen Bildungschancen ohnehin schon akademische, gut bezahlte Positionen einnehmen und eine privilegierte Stellung für Frauen in der Gesellschaft einfordern. In dieser Kritik schwingen im Subtext folgende Kritikpunkte mit:

1. Ethnie und Herkunft werden im traditionellen Feminismus kaum mitberücksichtigt.

2. Die Belange von Menschen aus bildungsfernen und einkommensschwachen Milieus werden nicht berücksichtigt.

3. Der Feminismus hat seine Ziele schon erreicht, die gegenwärtigen Forderungen sind Anstellerei und Rosinenleserei (der berühmte Griff nach dem Sahnehäubchen).

4. Männerbelange werden nicht berücksichtigt.

5. Der Feminismus benötigt andere Vertreter/Repräsentanten.

Eine Lösung für die ersten drei Kritikpunkte möchte ein intersektionaler Feminismus bieten. Der intersektionale

Feminismus ist ein Nachfolger des schwarzen Feminismus, dessen Schwerpunkt der Kritik sich auf die (behauptete) Unterdrückung von Gesellschaftsmitgliedern nach den Kategorien *Rasse (ein überaus problematischer Begriff!)*, *Klasse* und *Geschlecht* und deren wechselseitigen Beeinflussungen richtet. Wer hierüber mehr erfahren möchte, der sollte einmal den Begriff *Privilegientheorie* und *kulturelle Aneignung* recherchieren. Der intersektionale Feminismus ergänzt die Privilegientheorie um weitere Themen wie Geschlechteridentität und Geschlechterrollen und entwickelt dabei Theoriekonstrukte, die dem Menschenfreund Sorgenfalten in die Stirn brennen.

Der westliche Feminismus befindet sich in einem akademischen Luftschloss, aus dem, einem Elfenbeinturm gleich, Parolen gerufen werden, die vom Pöbel, der auf den Straßen herumlungert, nicht verstanden wird. In wohlbehüteten Verhältnissen aufgewachsen, geht es Feministinnen darum, die Vorteile ihrer Community zu erhalten. Auch Minderheitenvertreter der *LGQBT+* gebärden sich wie eine elitäre Community, die sich selbst als exklusiv und (moralisch) überlegen erachtet und allzu leichtfertig mit Ausschlüssen arbeitet. Dabei scheuen sie auch nicht vor eigenen Gruppenmitgliedern und verwandten Gruppierungen zurück. Im Gegenteil: Wenn Mitglieder der Eigengruppe in der Öffentlichkeit in ihren Ansichten teilweise abweichen und für einen offenen, auch selbstkritischen Austausch werben, werden diese aggressiv angegriffen. Hierin kann man anschaulich das Gruppenphänomen des *Scapegoating* beobachten, dass Abweichler der eigenen Gruppe stärker bekämpft und massiver angegriffen werden als Mitglieder der Fremdgruppe. Sündenböcke sind für den Gemeinschaftssinn und Zusammenhalt der Gruppe wesentlich gefährlicher.

Die Frage, wer wen repräsentieren darf, ist besonders bei Minderheitencommunities präsent und wird hitzig geführt. So wurde im Jahr 2021, dem fünfzigsten Jahr des Bestehens des Boston Prides, verkündet, dass dieser in Zukunft nicht mehr stattfinden würde, da sich Vertreter der QTBIPOC *(da wird einem doch schwindlig!)* nicht vertreten fühlen. Beim PRIDE! Meine Diversen, wo sind wir denn bitte mittlerweile angekommen?! Die Initiatoren des Prides setzen sich 50 Jahre lang für Gleichberechtigung und Anerkennung *aller* Mitmenschen ein und werden dann an den Rand gemobbt. Das ist kein Fortschritt, das ist eine feindliche Übernahme durch eine Konkurrenzunternehmung, die sich ganz schnöde marktwirtschaftlich Marktstellung und Kunden einkassiert. Ist es auch dann noch ein Fortschritt, wenn wir demnächst unter der Regenbogenfahne mit Waffen wedeln?

Wo bleibt der Feminismus für alle? Wo bleibt der Aufschrei europäischer Feministinnen für ihre entrechteten Schwestern in vielen Teilen der Welt, die in ihren Häusern und Wohnungen eingesperrt werden und wie Tiere in Käfigen ausharren müssen? Wo bleibt die Kritik an der Vollverhüllung von Frauen? Während hiesige Feministinnen einerseits halbnackt für ihre Rechte eintreten, setzen sie sich andererseits für das Recht der Frau auf Vollverhüllung (de facto Zwangsverhüllung) ein. Auch so ein feministisches Paradoxon. Dabei kritisieren sie manchmal sogar in einem **unreflektierten „Toleranzreflex"**

Frauen aus radikalislamischen Familien, die sich aufgrund eigener Unterdrückungserfahrungen gegen Fundamentalismus einsetzen. Manche Feministin verhöhnt gar die Schicksale von Frauen, die nach Schariarecht von ihren Männern bestraft werden, indem sie behauptet, dass die Lebensbedingungen für Frauen doch gar nicht so verschieden seien in Deutschland und andernorts. Frauen leben angeblich hier wie dort in einem männerdominierten Patriarchat.

In patriarchal regierten Ländern werden Frauen verhüllt, weil sie angeblich vor den Blicken der Männer geschützt werden müssten und sie dürfen nicht singen, weil ihre Stimmen zu liebreizend für Männer seien. *Und so weiter und so fort.* Es scheint, als würde das Schicksal der afghanischen Frauen die westlichen Feministen nicht sonderlich interessieren. Wo bleibt hier der Aufschrei? Diese Frauen bräuchten Hilfe. Nach einer fast 20jährigen Phase der Bildungspartizipation beschleunigte sich im Jahr 2021 mit dem Rückzug des Westens der Rückfall in die totale Abhängigkeit und Unterdrückung. Wo ist die Unterstützung für iranische Frauen, die inhaftiert werden, weil sie keinen Schleier tragen? Warum machen westliche Feministinnen mit dem Gender Pay Gap immer wieder eine spaltende Debatte auf, um für einen gleichen Verdienst einzutreten *(der de facto schon vorhanden ist)*, statt für jene einzutreten, die keine Grundrechte haben und tatsächlich unter der Geißel einer patriarchalen Männergesellschaft leiden müssen?

In diesem Paradoxon wird deutlich, dass westliche Feministinnen ihre eigene Lebenswelt nicht ehrlich und selbstkritisch reflektieren. Etwa, wenn sie manches Luxusproblem mit einem elementaren Problem einer Frau in einem frauenunterdrückenden Land gleichsetzen und so das Leid, das anderen Frauen widerfährt, relativieren. Wie viele Millionen Frauen auf der Welt leiden wirklich unter patriarchalen Gesetzen, während hiesige Frauen gleiche Chancen und gleiche Rechte haben? Kann man das wirklich gleichsetzen? Ist der Kampf für Frauenrechte in Deutschland wirklich ebenso wichtig wie der mutige Kampf von Frauenrechtlerinnen wie der Friedensnobelpreisträgerin Malala Yousafzai, die in Pakistan aufgewachsen ist und sich für das Recht von Mädchen auf Bildung eingesetzt hat und dafür beinahe von den Taliban umgebracht worden wäre? Ist in einem liberalen Land wie Deutschland der Begriff des Kampfes hier tatsächlich angebracht? In Eritrea erhält nur eines von drei Mädchen Schulbildung. In Afrika und Indien schließt nicht einmal die Hälfte der Mädchen die Grundschule ab. Jede dritte Frau der Welt wird vor ihrem 18. Geburtstag in einer sog. Kinderehe verheiratet. Weltweit erfährt jede dritte Frau häusliche Gewalt. Die Liste ließe sich noch beliebig weiterführen. Ohne hiermit das Leid von Frauen auch in Westeuropa und Deutschland relativieren zu wollen, es gibt Themen, da brennt andernorts die Hütte lichterloh, während Feministen hier mit Streichhölzern zündeln.

Wenn patriarchaler Frauenhass Bestandteil einer anderen Kultur ist, wird im Sinne einer falsch verstandenen Toleranz gerne weggesehen und das Leid der Frau als selbstgewählte Entscheidung umgedeutet. Das Beispiel mit der Vollverschleierung hatten wir ja schon. Es ist schon richtig, dass es patriarchale Strukturen in Deutschland gibt. Diese sind aber häufig in fundamentalistischen Minderheitengesellschaften verankert. Und während in Deutschland Gewalt gegen Frauen bestraft wird, ist diese beispielsweise im Schariarecht gesetzlich legitimiert, erlaubt und je nach Vergehen erwünscht. Da sollte man froh sein, dass wir auf dem europäischen Kontinent Aufklärung und Säkularisierung erlebt haben. Und da darf man dann aber auch nicht wegucken, wenn das Schariarecht unter dem Radar auch in deutschen Gemeinden ausgeübt wird.

Spricht der Feminismus für alle Frauen? *Wohl kaum.* Dieser hehre Anspruch ist niemals zu erfüllen und er wird durch die Aktionen des gegenwärtigen Feminismus der Lächerlichkeit preisgegeben. Geht es den deutschen Feministinnen wirklich noch um die Verbesserung der Lage von unterdrückten Frauen? Zielen sie nicht vielmehr vor allem auf die Verbesserung ihrer eigenen privilegierten Position? Wie viel Prozent der Millionen selbstbetitelten Feministen setzen sich neben der üblichen Laberrhabarberei dafür ein, dass sich Verhältnisse von Frauen verbessern? Wer spendet an regionale Frauenhäuser Geld, damit diese ihre Arbeit machen können? Wer von ihnen nimmt *wirklich* etwas in Kauf? Die wenigsten. Aber warum ist das so? Eine mögliche Antwort ist die Seuche Egozentrismus: Jeder kümmert sich nur um sich selbst. Hauptsache einem selbst geht es gut. *Egoismus* und *Gleichgültigkeit* sind die Knechte der Herren *Kapital* und *Macht*.

Grund 7
Überpräsenz feministischer Themen

Stößt den Radikalfeministinnen im weiten Netz ein Fehlverhalten böse auf, wird sogleich das Kriegsbeil ausgegraben und erst einmal viel Rauch und Lärm gemacht, bis man keinen Durchblick mehr hat. *Aber Moment mal:* Ist das jetzt schon postkoloniale Rhetorik, wenn man Indianermotivik nutzt? *Darf* man so etwas noch schreiben? Feministinnen beschweren sich regelmäßig darüber, dass die Probleme des Feminismus fälschlicherweise kleingeredet würden. Etwa wenn man darauf verweist, dass es durchaus wichtigere Probleme in unserer Gesellschaft gibt als die Frage, ob homosexuelle Lebenspartnerschaften in einem Sprengstoffgesetz bis 2016 nicht gleichgestellt waren. Ein Narzissmus der kleinsten Differenz. Das Nichterreichte wird skandalisiert und als elementare Ungerechtigkeit aufgeblasen. Gender Mainstreaming in Berlin als Vorgabe für Verkehrspolitik und „Diversity- und Queerkompetenz" in Verwaltung und Schulen sind notwendig, damit diese Systeme endlich richtig laufen und wir uns einander besser verstehen und besser aufeinander Acht geben. Dass in Deutschland allerdings erst 5% der Fläche mit Glasfaserleitungen ausgebaut sind, weil Politiker sich von Lobbyisten kaufen lassen, juckt niemanden. Und bevor man Schulen modernisiert, sollte man nun wirklich erst einmal die geschlechtergerechte Sprache protegieren.

Wie viel Zeit, Geld und politische Anstrengungen werden auf Minderheitenthemen gesetzt, anstatt Probleme zu lösen, die ALLE betreffen? Derer gibt es jede Menge. Umwelt-

und Klimaschutz oder ein ethischer Umgang mit Tieren sowie der Erhalt der Biodiversität wären wirklich dringende Themen. Die Dialektik der radikalen Queerfeministinnen ist gefährlich wegen der geringen Relevanz und der Rücksichtslosigkeit, mit der man Diversitätsthemen den Menschen als alternativlose Toleranz aufzwingt. Insbesondere Kinder und Jugendliche werden bewusst und ohne Rücksichtnahme auf die kindliche Anfälligkeit (oder gerade deswegen?) für Manipulierbarkeit angesprochen. Das emanzipatorische Dogma des Feminismus wird zum Vorbild auch für andere gesellschaftspolitische Gruppierungen, die ihre gegenaufklärerische Ideologie der Mehrheit aufzwingen wollen, frei nach dem Motto: *Und bist du nicht willig, so brauch ich Gewalt.*

Was ist mit den Bedürfnissen der MILLIONEN Menschen, die am Existenzminium leben? Die fallen aus dem Raster und werden nicht repräsentiert, haben sie doch genug damit zu tun, irgendwie über die Runden zu kommen und im Winter die Bude warm zu kriegen. Diese Menschen haben keine Stimme. Diese Menschen werden nicht erhört. Dabei bräuchten sie die größte und lauteste Lobby, da ihnen der Zugang zu guten und einflussreichen Berufen am schwersten fällt. Die Menge der unterprivilegierten Menschen nimmt eine viel größere Anzahl als die der Feministinnen und der Queer-Bewegungen ein. Würde für die Mehrheit der Abgehängten und Zurückgelassenen so engagiert Politik betrieben wie für die *Feminismus, Gender und Co. KG,* dann gäbe es einen Fortschritt, von dem die gesamte Gesellschaft profitierte. Aber statt sich für die sozialen und ökonomischen Bedürfnisse der abgehängten, vergessenen Milieus einzusetzen, wird Lobbypolitik für das eigene privilegierte akademische Milieu gemacht.

Dabei zeigt sich häufig ein Überlegenheitsgefühl und Allmachtstreben der Gegenwartslinken, die auf die anderen herabblicken, denen angeblich das intellektuelle und rhetorische Format bei der Umsetzung einer gerechten Toleranz fehlt. Vielleicht sollten Aktivisten mehr gegen Korruption und Bestechlichkeit in der Politik angehen als gegen ein abstraktes Patriarchat, das man im rhetorischen Schattenboxen bekämpft und indem man Phantomdebatten anreißt, ohne dass man wirkliche „Stellschrauben" der Macht und Schaffung von Ungleichstrukturen anfasst. Stellschrauben gibt es unzählige. Korruption, Verflechtung aus Politik, Wirtschaft und Medien, Inkompetenz von Politikern, fehlende Rechenschaftsberichte, Alterungsprobleme, misslingende Integration, Klimawandel. Das alles wären Stellschrauben, wo Geldverschwendung, Ungleichbehandlung und Ungerechtigkeit miteinander tanzen und sich paaren. Wer hier die Schraubzwange mal ordentlich ansetzte, der würde Frauen (und Männern!) *wirklich* helfen. Zur Abwechslung könnte man ja mal, statt alles schlechtzureden, positive Beispiele aufzeigen und über Positives berichten. Dann wäre man auf einem richtigen, gemeinsamen Weg. Vielleicht könnte man ja mal mehr Begegnungsräume und offene Diskussionsräume in Gemeinden schaffen, wo ALLE miteinander kochen und essen, sich austauschen können, sich gegenseitig helfen und unterstützen können.

Es kann gut sein, dass Radikalfeministen sich wirklich

ungerecht behandelt fühlen. Möglicherweise aber nehmen sie die Realität verzerrt wahr und fokussieren sich explizit auf negative Aspekte. In einer Beziehung, in der 95% am Partner stimmt und man die besten Voraussetzungen hätte, um glücklich zu sein, passiert es nicht selten, dass die wenigen 5% über die Jahre in den Vordergrund rücken und man sich unglücklich wieder findet, nur weil man sich auf die negativen Dinge konzentriert und dabei die guten Seiten des anderen übersehen hat. Würde man zudem auf die Forderungen und Bedürfnisse jeder der Untergruppen des Feminismus gleichermaßen eingehen, wo wäre dann die Fairness gegenüber anderen Gesellschaftsgruppen? Warum wird anderen Interessensminderheiten nicht so viel Gehör geschenkt? Wer definiert den Unterschied der Betroffenheit, wenn wir gesellschaftlich doch eigentlich eine möglichst große Schnittmenge aus allen Gruppierungen bilden sollten? Die Welt lässt sich nicht vereinheitlichen, es braucht Vielfalt. Und die Grundlage hierfür ist Chancengleichheit. Dass jeder sich dort einbringen kann, wo er sich und seine Interessen am besten vertreten sieht. Nicht aber, dass der Gemeinschaft die Interessen und Wünschen weniger aufgezwungen werden.

In den letzten Jahren sind die Forderungen des Feminismus zunehmend kleinteiliger geworden. Angesichts der biologischen Unterschiede, die sich u. a. in der Menstruation zeigen, fordern einige Feministinnen Gratistampons und kostenfreie Hygieneartikel für Frauen, denn sie seien durch ihre Monatsblutung besonders benachteiligt. Männer hingegen hätten diese zusätzlichen Kosten nicht zu tragen, was abermals die Ungerechtigkeit zwischen den Geschlechtern offenbare. Derartige Forderungen sind schon ein wenig grotesk, auch angesichts dessen, dass Feministinnen in Genderdebatten nur allzu gerne die biologischen Unterschiede zwischen den Geschlechtern verneinen oder relativieren. Aber da, wo es passt, sollen Sonderbehandlungen vom Himmel fallen. Das Ganze erinnert doch ein wenig an das Märchen von Frau Holle. *Was hätten Sie denn noch gerne, gnädiges Fräulein?* Vielleicht auch noch kostenfreie Friseurtermine, weil die Frauenfrisur doch viel teurer ist? Wenn die werten Damen sich ungerecht behandelt fühlen, dann möchte ich mich jetzt auch mal diskriminiert fühlen! Es ist nämlich ungerecht, dass Männer deutlich mehr Geld für Grundnahrungsmittel zahlen müssen, weil sie infolge ihres höheren Körpergewichts und Muskeltonus ein Drittel mehr Nahrung zu sich nehmen müssen, um gesund zu bleiben. **Ich fordere darum, dass Männer beim Einkauf nur noch 2/3 der Rechnung begleichen müssen,** Frauen aber – *mit Ausnahme der Hygieneartikel* – den vollen Preis. *Meine Damen, ich glaube diese Milchmannesrechnung geht deutlich zulasten der Tamponmädchen.* Es ist doch komplette Banane, wenn man jetzt auch noch mit solchen irrwitzigen Ideen daherkommt. Was sollen solche Vorschläge bringen? Sind wir hier gerade in einem schlechten Bühnenstück? Beide Geschlechter haben aufgrund ihres Körpers Vorteile und Nachteile, die sich unterschiedlich auswirken. Statt einzig und allein gegenseitig mit dem Finger aufeinander zu zeigen, sollte man seinen Finger einfach mal in die eigene Nase bohren. Man würde sich wundern, was da alles zum Vorschein kommt.Wo wir schon einmal dabei sind: Auch heute gibt es noch kein gleichberechtigtes Dating, denn die Mehrheit der Frauen (60%) erwartet *noch immer*, dass der Mann das erste Date bezahlt. So viel zur Selbstbestimmung, Emanzipation und Geschlechtergerechtigkeit. Die hört nämlich bei den Drinks auf.

Grund 8
Gender-Studies-Gehirnwäsche

Seit Jahrtausenden wird das Motiv der Heldenreise in den Erzählungen des Menschen verwendet. Von den Heroen der alten Griechen über die Schöpfungsmythen sämtlicher Kulturkreise zum Leben Jesu und darüber hinaus in den großen Epen der Literatur. Die moderne woke Heldin hat diese traditionelle Bewährungsprobe nicht mehr nötig, sie ist den Männern überlegen – *von Geschlecht her wegen und so weiter!* Dass der Radikalfeminismus und der Diversismus mit dem Prinzip eines wachsenden Helden brechen, verrät viel über die zugrundeliegende (Anspruchs-)Haltung gegenüber der Gesellschaft. Der moderne feminine Held ist zugleich Feministin. Unabhängig davon, in welcher Umgebung und zu welcher historischen Zeit und in welchem Genre die woken Protagonisten die vierte Wand durchbrechen. Infolge ihrer intellektuellen und moralischen Überlegenheit hat die Frau und Feministin das naturgegebene Recht, für den Wandel zum Guten einzutreten und ihre Überlegenheit bei jeder Gelegenheit zu demonstrieren. Obwohl ein mit umfassenden Fähigkeiten ausgestatteter Mensch sich und anderen eigentlich nichts mehr zu beweisen hätte, ist es gerade die feministische Heldin, die immer wieder betonen muss, wie unfair die Ausgangsvoraussetzungen doch sind und wie sie diese dann doch durch ihre Genialität überwunden hat. **Es geht nicht mehr um die individuelle Entwicklung der Heldin, sondern darum, dass sie bekommt, was ihr zusteht.** Und dass sie ihre Erfolge auch jedem noch so kleinen Zwerg unter die Nase reibt. Dass sie auf diesem Weg selber Fehler machen muss, um persönlich zu wachsen, will sie sich und anderen gegenüber nicht eingestehen. Logisch, wer perfekt ist, wie er ist, muss sich auch nicht mehr weiterentwickeln. Der hat die normale Anstrengung nicht nötig. Und aus diese Grunde fällt es auch so schwer, sich mit den modernen Heldinnen zu identifizieren. Das Schicksal des Menschen interessiert, nicht, dass er nur noch sein vorgefertigtes Schicksal wie eine austauschbare Schablone erfüllen muss und dann noch jedem zeigt, wie geil er ist. Niemand mag Aufschneider. Die Gestaltung so mancher woken Heldin verweist denn auch darauf, dass die vermittelte Aussageabsicht derart im Vordergrund steht, dass die Figur in ihrer Gestaltung eine mangelnde charakterliche Tiefe aufweist, insbesondere weil ihr neben ihren Talenten Fehler und Mängel fehlen, die sie zu einen greifbaren, sympathischen Menschen machen. Für Feministinnen mag dieser Typus Frauenfigur ansprechend sein, auch weil sie ihre Ideologie endlich einmal repräsentiert sehen, bei der Mehrheit des Publikums aber werden diese Figuren durchfallen.

Radikalfeministinnen sind ebenso wie alle Menschen als Individuen Träger mehrerer sozialer Rollen und in ihrer **spezifischen Rolle als Feministin Träger einer Ideologie.** Wenn wir uns selbst in unseren erwählten Rollen als Schauspieler auf der Bühne unseres Lebens betrachten, dann macht ein großer Teil der heutigen Radikalfeministinnen nicht nur ordentlich Theater, sondern er spielt auch Theater. Aber wie das? Nun, sie erfüllen in ihrem Auftreten die feministisch tradierte Rollenbiografie und stellen eine Rolle dar, die sie im Kontext ihrer Bewegung gerne darstellen. Vielleicht ist es dem einen oder anderen ja auch schon einmal so vorgekommen, als wirkten nicht alle Feministinnen authentisch in ihrem Handeln. Und Menschen, die nicht authentisch wirken, wirken unaufrichtig. So als spielten sie bloß die Wahrheit einer Figur, die für die Gesellschaftsbühne gerade angezeigt erscheint und die ihnen und ihren Zielsetzungen sozialen Kredit verschafft. Was Authentizität ausmacht, darüber lässt sich freilich streiten. Man wird sich aber wohl darauf einigen können, dass ein authentischer Mensch sein Handeln und Verhalten in Harmonie mit seinem Moralkodex setzt. Menschen, die in Extremen reden, während sie ein gemäßigtes Leben führen, würden wohl kaum als authentisch bezeichnet werden. Eine Umweltschutzaktivistin aus reichem Hause, die für Klimaschutz eintritt, aber ein CO_2 Konto hat, das das einer ganzen Familie aus prekären Verhältnissen ums Vielfache überschreiten dürfte, wäre ein weiteres Beispiel für Doppelmoral.

Was aber soll diese Ausführung über unauthentisches Auftreten so mancher Radikalfeministin? Nun, etliche Vertreterinnen des Neofeminismus versuchen, über sogenanntes Agenda-Mainstreaming möglichst viele Menschen niedrig- und unterschwellig mit ihrer Ideologie zu konfrontieren. Besonders beliebte Instrumente sind hierbei die Besetzung von Posten im Medienbetrieb, das Verfassen von Lehrwerken, Agitation in Film und Fernsehen, Filmen von Dokumentationen und nicht zuletzt die Übernahme von Ministerialposten. Man wird behaupten dürfen, dass feministische Propaganda in weiten Teilen der Medien nachzuweisen ist. Mädchen wie Jungen werden hierbei unbegleitet konfrontiert mit feministischen Behauptungen, die auch darauf ausgerichtet sind, dass Jungen sich für ihre Männlichkeit schämen.

Dass der Feminismus hierbei Vorgaben für das Rollenverhalten entwickelt und fleißig unter das Volk bringt, während er doch Rollenstereotype bekämpfen will, ist schon bemerkenswert. Die traditionelle Familie steht unter medialem Dauerfeuer der radikal-linksidentitären Stimmungsmacher. Es spricht nichts dagegen, dass das klassische Konzept der Familie erweitert wird und dass auch andere Beziehungsformen anerkannt werden. Dazu ist es allerdings nicht notwendig, ein über Jahrtausende bestehendes System, das beispielsweise auf (eine die Beziehung stabilisierende) Monogamie aufgebaut ist, schlechtzureden. Ob die Polyamourösen es einige Jahrzehnte oder gar Jahrhunderte miteinander aushalten, ohne dass sie sich aufgrund von Eifersucht, Neid und Konkurrenz die Köpfe ausreißen, wird überdies erst einmal zu beweisen sein. Dass wir bereits jetzt unter Menschen in ihren Zwanzigern und Dreißigern das verbreitete Problem des „Sich-Nicht-Festlegen-Wollens" haben, ist jedenfalls auch eine Konsequenz der Befreiungspropaganda des *alles geht, nichts muss*. Ob eine Gesellschaft, in der es keine definierten Richtungen und Regeln gibt, wirklich mehr Freiheiten hervorbringt, ist allerdings mit Blick in die

Vergangenheit durchaus zu bezweifeln.

Die Gesellschaftsform, die von Feministinnen und Radikaldiversen am Horizont gezeichnet wird, ist ebenso radikal wie ihre Stifter. Indem sie sämtliche althergebrachten Orientierungspunkte aufweichen und aufbrechen wollen, in ihrer Arroganz, es besser zu wissen als die Abermillionen vor ihnen, demonstrieren sie zunächst einmal eine ungesunde Hybris. Und diese wird ihre Konsequenzen haben. Ein Pullover, der zu heiß gewaschen wird, geht ein. Ähnliches ist es mit einer Gesellschaft, die sich der Gehirnwäsche preisgibt.

Grund 9
Moderne weibliche „Vorbilder"

Im Geiste der neuen Zeit interpretieren engagierte Filmemacher und Erzähler laut Selbstaussagen die vorhandenen Geschichten neu und mutig. Frauenfiguren im zeitgenössischen Film und Fernsehen erfahren einen erheblichen Wandel. Und was dabei nicht passt, wird passend gemacht. Unliebsame Stellen werden gestrichen, Begriffe durch andere, vermeintlich politisch korrekte oder sozial erwünschte, ersetzt. Und nachdem man die Sprache angepasst hat, legt man Hand und Schere an den grundlegenden **Kern der Geschichte** und beschneidet ihn derart, dass er nicht mehr wiederzuerkennen ist. Aus dem willensstarken Mädchen Mulan, das sich im Laufe der Handlung infolge seiner Erfahrungen und Erlebnisse weiterentwickelt und so – *auch mithilfe* *glücklicher Fügungen und einer gutmeinenden Helferfigur –* durchsetzen kann, wird eine Frau, die mit allen günstigen Ausstattungen in das Leben eingetreten ist und sich nun in einer männerdominierten Welt durchschlagen muss, um das zu erhalten, was ihr aufgrund ihrer naturgemäßen Prädisposition und Überlegenheit zusteht. Das Mädchen Mulan vom Lande, das im ursprünglichen Disneymärchen (1998) einen erheblichen Lernprozess durchschreitet und dabei über sich hinauswächst, wird in der Neuauflage (2020) in eine **Superheldin** transformiert, die schon immer zum Führen gedacht war und sich im bösartigen Patriarchat durchzusetzen weiß und ihr Recht erhält.

Ähnliches zeigt sich auch in der Neuverfilmung von Cinderella (2021) mit Camilla Caballo in der weiblichen Hauptrolle. Traditionelle Männerrollen werden zu schwachsinnigen Vertretern einer geistig degenerierten männlich-patriarchalen Ständegesellschaft. Dass ausgerechnet Pierce Brosnan, der in den 90er Jahren den James Bond mimte, sich dafür hergab, einen königlichen Trottel zu spielen, ist tragischer Beweis, dass sich nicht unbedingt alles zum Guten wandelt.

Der Prinz tritt auf als Vertreter eines **neuen Mannes** mit Ohrringen, perfekt gestylten Augenbrauen und New Age-soften Begleitern, die hofschratig „tuntig" ein neues weichgezeichnetes Ideal von Männlichkeit darstellen sollen, indem sie ausgeprägt feminine Gesichtszüge und Gesten vereinen und mit blondierten hochgegelten Haaren und hohen Stimmen durch die Gegend schmachten. **Willkommen im Weichzeichner-Land**. Diese vorbildhaften Männerfiguren geben sich als willfährige Helfer beim Umkrempeln des Gesellschaftssystems, das bis dato die Träume aller Frauen in der Gesellschaft (von Aschenputtel bis zur Königin) mutwillig zerstört hat. Dazwischen stobt und schneidert dauergrinsend Ella (Cinderella) in einer übersteigerten Selbstdarstellung, die einen vorläufigen Höhepunkt erreicht, als sie auf dem Schoß der Königsstatue den König in aller Öffentlichkeit düpiert, ohne dass sie die Konsequenzen erfährt, die es in der Logik des erzählten Märchens vom Disneypatriarchat gäbe – *wenn es denn ein solches wäre*. Der **aufklärerische Impetus** von Ella bricht im Refrain hervor, in dem sie der Welt (und nicht weniger) zeigen will, dass es eine Frau auch zu etwas bringen kann: *You gonna know my Name*. Das zugrundeliegende Leitmotiv erscheint denn auch nicht von ungefähr ziemlich woke: Die Welt ist im (Halb-) Schlaf, sie muss nur *aufwachen* bzw. *erwachen*, je nachdem wie man denn diese **Wording-Kampagne** deuten möchte und wie viel emanzipatorisches Gehalt man hierin erkennen möchte. Tatsächlich wird aber in dieser penetrant nach Aufmerksamkeit und Geltung heischenden Zurschaustellung der eigenen **Bedeutung, Position und Relevanz** in dieser patriarchalen Kampfzone der Prozess einer ungesunden psychischen Überkompensation mehr als deutlich.

So gibt es denn auch reichlich Nachrichten, die im **Subtext** per Panzerfaust dem Publikum entgegengefeuert werden: Sei es der Tanz der Fee, in dem die männliche Fee mit hochhackigen Stiefeln, Glitzerkleid, Paletten, Amulett und Collier einen stereotyp „weiblichen" Tanz aufführt und hierdurch Geschlechterkonventionen aufbricht, während sie Ella ein neues Kleidchen herbeizaubert, oder der Umstand, dass die Fee Ella zunächst einen Anzug zaubert oder eben die schlagkräftige Bassistin auf dem Ball, die am Ende eines Stücks komplett **aus der Rolle fällt** und ein Instrument zerschlägt, während die verdutzten (natürlich ausschließlichen männlichen) Mitglieder konsterniert dreinschauen und dem Zuschauer ausreichend Zeit für **ein kleines Wow** gegeben wird, ehe es mit dem nächsten Stück weitergeht. Gerade an letzterem Beispiel wird klar, dass es den Machern vor allem darum geht, Frauen zu zeigen, die aus der Rolle fallen und **mit allen Konventionen** brechen – nur leider fallen sie dabei auch immer wieder aus der **Kohärenz der Handlung**, welche ohnehin schon arg strapaziert wird. Etwa von Handlungslogikfehlern und einer Welt, die in sich nicht stimmig komponiert ist. Man kann als Autor eine Welt so entwerfen, wie man möchte. Die Freiheit hat man. Aber man muss dabei interne Regeln beachten, die in sich logisch sind, wie z. B. das literarische Grundgesetz einer kohärenten sinnlogischen Handlung und Welt. Man muss nicht gleich das gesamte System zu Brennholz verarbeiten, um es zu überwinden. *Aber das muss einen ja nicht davon aufhalten, es trotzdem zu tun.*

Und wenn das alles nicht gelingt, dann kann man auch immer noch im Schlepptau einer anderen Frau durch die Welt ziehen und das heimische Patriarchat verlassen, denn wie heißt es so schön im neuen Cinderella: *„Manche Legenden werden zur falschen Zeit geboren"*. Eine Aussage, die falscher nicht sein könnte, denn eine Legende bzw. ein legendärer Held prägt die Zeit, in die er hereingeboren wird und er bestimmt auch sein eigenes Glück. Ein Held wird doch gerade dadurch zur Legende, dass er sich gegen jedes Unbill seiner Zeit durchsetzt. *Eine echte Legende wird gerade in der falschen Zeit geboren.*

Dann wieder gibt es **verbale Ausfälle**, die nicht mehr Metaebene oder Subtext sind, sondern einfach nur flach. Etwa folgende durchdachte Aussage von Ella, bei der sich so manche woke Flocke (geschlechtsneutral gedacht) ins Höschen machen dürfte vor Freude*: „Weil alle Welt weiß, dass Mäuse Mädchen sind und Ratten Männer"*. Da bedarf es wohl keines Kommentars.

Den dümmlich-dreisten Männern entgegengesetzt wird die kluge Gwen, Schwester des Prinzen und selbstredlich nicht Thronfolgerin des Königs, die entweder hinter Gemälden spannert oder Szenenspannung und Szenenlogik (sofern vorhanden) durchbricht, indem sie stets an angezeigter Stelle mit Vorschlägen zur Sanierung des Haushaltes oder Infragestellung des Kaufes von Katapulten (*Katapulte?* Während Ella an einer Singer-Nähmaschine arbeitet? Anachronismus, lass grüßen) aufzuwarten weiß und dem geneigten Zuschauer als moderne Frau und Reformerin erscheint. So viel zu einer konsistenten Welt.

Ebenso modern erscheint der sahneschnittenglatte Prinz Robert, dessen Kritik am feudalen System in der Feststellung gipfeln muss, dass er infolge der männlichen Thronfolgerschaft ohne individuelle Leistung sowie ohne persönliche Kompetenz und Eignung König werden soll, um ein Leben, das von Traditionen und Bräuchen bestimmt wird, zu führen, **ohne Rücksicht auf seine individuellen Bedürfnisse**.

Ähnlich ängstlich vor Tradition und Bräuche ist seine Angedachte Ella, die ihm, als er um ihre Hand anhält, im vierten Akt entsagt, indem sie ausdrückt: „**Wenn ich wählen soll, dann wähle ich mich**". Ihre Träume sind wichtiger als die Liebe. Aber was wäre der neue (Film-) Mann, wenn er nicht der neue (Film-)Mann wäre, der am Ende von seinem Thronerbe zurücktritt, um seine Liebste heiraten oder zumindest ein gemeinsames Leben mit ihr führen zu können, denn diese möchte erst einmal als Schneiderin im Gefolge einer anderen Königin durch die Welt touren und gar nicht genau definieren, was das da eigentlich zwischen ihnen ist. Welche Rolle im Folgenden der Prinz dabei spielen wird und welche Bedeutung ihm zugedacht ist, wird nicht näher erklärt. Man könnte als böswilliger Zuschauer jetzt durchaus der Hypothese verfallen, dass dem Prinzen das Schicksal eines Fuckboys im erweiterten Kosmos der Sonne Ella blüht. Der Zuschauer wird am Schluss lediglich von der Fee in ihrer Schmetterlingsgestalt dazu ermahnt, sich den Namen Ella zu merken: **Remember the Name**.

In meiner literarischen und filmischen Sozialisation sind mir in 30 Jahren selten Figuren begegnet, die derart fasziniert von sich selbst und ihrer Geltung in der Welt sind, dass sie es ständig betonen müssen. In Buch und Film spiel(t)en bei starken Figuren selten das Geschlecht eine Rolle. **Starke Figuren sind Figuren, mit denen man sich identifizieren kann.** Sie zeigen in der Regel Menschen, die Stärken haben, die man bewundert und Schwächen, die man nachfühlt. Menschen, die sich ihrer selbst vielleicht auch nicht immer bewusst sind, die aber für größere Ziele kämpfen. Denen es nicht darum geht, ihren eigenen Egozentrismus zu zelebrieren, sondern das Wohl des Ganzen zu beeinflussen – *soweit es ihnen möglich ist.*

Woke-Feminismus und seine Ausläufer haben längst das Kino geflutet und bringen eine Unzahl an Helden hervor, mit denen kaum eine Identifikation gelingt, ob man denn nun eine Frau ist, ein Mann oder irgendeine angenommene Identität dazwischen, und das hat mehrere Gründe. Ein offensichtlicher Grund ist die Tendenz von Studios, beliebte männliche Figuren mit weiblichen Darstellern zu besetzen, ob bei Star Wars, Ghostbusters oder auch bei Dr. Who oder – *noch schlimmer: Batman* – und dann davon auszugehen, dass die Fans ihre alten Lieblinge bereitwillig aufgeben. Anscheinend wissen die Studiochefs es nicht oder sie missachten diesen Umstand absichtlich und das wäre doppelt bescheuert: Menschen mögen vertraute Figuren und sie mögen es überhaupt nicht, wenn ihre Lieblinge auf einmal nicht mehr auf dem Bildschirm auftauchen und stattdessen ein billiger Ersatz feilgeboten wird. Und sie möchten auch nicht, dass um jeden Preis mit Genre- oder Rollenkonventionen gebrochen werden soll. Denn wenn männliche Hauptfiguren durch weibliche Hauptfiguren mit einer **Überdosis Feminismus** und Männerhass ersetzt werden, dann führt das eben zu dem Ergebnis, dass hohe Diversitätsquoten keine hohen Einschaltquoten garantieren. Denn dieser Vorgang hat mit Empowerment gar nichts zu tun. Im Gegenteil: **Etwas vorgeben zu sein, bedeutet nämlich noch lange nicht, es auch wirklich zu**

sein. Da kann man so lange wie man möchte ins Audium brüllen, aber auch das Erhöhen der Lautstärke führt nicht dazu, dass sich die Wahrnehmung beim Publikum ändert. Denn Gedankenkontrolle und -beeinflussung hat selbst das FBI in seinen MK-Ultra-Experimenten der 50er bis 70er Jahre nicht hinbekommen. Und wenn die das nicht können, kann es keiner. Außer vielleicht die Chinesen. Aber von denen bekommt man ja nicht mit, was die in ihren Laborküchen so alles treiben.

Heutige Woke-Feministinnen und Regisseure tun mitunter so, als wären sie die ersten, die (starke) weibliche Hauptrollen zeigen würden, als gäbe es nicht Terminator und als hätte **Ripley** nicht den Männern gezeigt, wie es geht, einem Säure spritzenden Alien den Arsch aufzureißen. Schon lange stehen starke Frauenfiguren *nebenbei* für ihr Geschlecht ein, ohne dass sie es thematisieren müssten, denn sie sind typische Helden, die die Stadien einer Heldenreise durchschreiten und obsiegen. Aber heutige Heldinnen sind entweder perfekt, super stark oder mega arrogant und rüde und fordern fortwährend eine Transformation der Gesellschaft und uneingeschränkten Respekt für sich ein.

Menschen schauen Filme in Erwartung einer guten Handlung, die sie spannungsvoll mitreißt und hoffend auf Figuren, mit denen sie sich identifizieren können, die sie ablenken und unterhalten oder von denen sie abgestoßen sind. Kurz: Wir möchten Helden und Antihelden sehen, die **Emotionen** in uns hervorrufen. Rey aus Star Wars 7 ist ein weiteres Beispiel für eine schlecht gestaltete Figur, die vor allem deshalb fade bleibt, weil man sich mit ihr nicht identifizieren kann, denn Rey ist scheinbar perfekt und kann ohne nennenswertes Jeditraining ihren Antagonisten Kylo Renn (ebenfalls eine auf mehrfachen Ebenen missratene Figur) bereits bei der ersten Auseinandersetzung fertigmachen. So etwas will man aber nicht sehen. Man will einen Helden, der Leiden erfährt und an sich arbeiten muss und sich so gerüstet auf die Kämpfe vorbereitet und *sich die Lorbeeren erkämpft*.

Ultrafeministische Filmemacher erwarten von vorneherein vom Publikum Unterstützung und Anerkennung, allein aus dem Grund, dass sie mit einem feministischen Impetus an die Sache herangehen und es sich als Frau bzw. misophile Person verdienen. Dabei gibt es eine breite Beobachtung, die dem verzweifelten Wunsch der Akteure nach Anerkennung diametral entgegensteht: **Die erstellten neuen weiblichen Charaktere sind schlichtweg nicht gut gestaltet.** Denn wenn eine Superheldin sich in ihrem Egozentrismus **wie ein Arschloch verhält**, anstatt Menschen in Gefahr zu retten, dann wird man als Zuschauer sie auch so wahrnehmen und entsprechend *nicht mögen*. Stattdessen erwarten diese Figuren, dass man vor ihnen auf die Knie geht und ihnen beim Besteigen des Pferdes als Steigbügelhalter dient. Was diese Filmemacher nicht verstehen, ist der einfache Umstand, dass man sich **Erfolg verdienen** muss und dass man Kritik aushalten muss, denn es gibt keine illegitime Kritik. Warum sollte man bitteschön Charaktere bejubeln, die unhöflich, gemein sind und ein ausgeprägtes Ego-Problem haben? Sind sie nur, weil sie weiblich sind, automatisch „Role-Models"? Qualifiziert sich ein gutes Role-Model als Vorbild nicht gerade dadurch, dass es einen starken Charakter hat, eine interessante Persönlichkeit und bei der Problemlösung verträglich mit anderen Figuren umgeht? Die problematisierten Verhaltensweisen derzeitiger Heldinnen entsprechen denen, die man gemeinhin einer „toxischen Maskulinität" unterstellen würde. Wenn man also das Exkludierungsmerkmal Geschlecht weglässt, kommt man zur Wurzel dessen, was es eigentlich ist: **Toxisches Verhalten**. Das zentrale Problem gegenwärtiger (Super-)Heldinnen – *ob Marvel, DC oder Star Wars* – ist, dass sich die meisten Heldinnen auf frappierende Weise ähneln und bei wechselnder äußerer Erscheinung ein und die gleiche Figur sind, mit teils identischen Charakterzügen. Sie sind super stark, **eklatant männerfeindlich** und haben es satt, mit Männern verglichen zu werden (tun es aber ständig selber) und nehmen sich todernst, während männliche Superhelden wie Thor häufig lustige Charakterschwächen haben, die sie sympathisch (und menschlich, da verwundbar) erscheinen lassen. Der Versuch, statt Love Interests realistische Frauenfiguren zu konstruieren, scheint infolge der **Hyperemanzipierung** kaum authentisch zu gelingen. Ein besonders trauriges Beispiel ist Captain Marvel, die unendlich stark ist und sich trotzdem selbst mit den schwächsten Männerfiguren vergleichen muss. Eine echte Heldin wie Ripley hätte so ein schwaches Verhalten nicht nötig. Wer überdies einmal Interviews mit der Darstellerin Brie Larsson anschaut, bemerkt rasch ihre Bissigkeit und Selbstbezogenheit und dass sie gerne ihre eigenen Leistungen ins Zentrum der Aufmerksamkeit richten möchte. *Ganz so wie die feministischen Superfrauen, die sie nur allzu gerne spielt.*

Die feministische Annahme, dass der Woke-Feminismus die einzige Geisteshaltung ist, die **sinnstiftende Vorbilder** aufzeigt, ist schlichtweg falsch. Das Publikum lässt sich nicht einer Gehirnwäsche unterziehen. Irgendwann wird es die entsprechenden Streamingportale verlassen, wenn es von der Entwicklung entnervt ist, dass immer weniger normale Probleme gezeigt werden. Der Woke-Feminismus nutzt die Filmindustrie als **Propagandamedium**, das in unablässig wiederholten Narrativen die böse Gesellschaft als Schuldigen entlarvt, die verhindert, dass Frauen zu ihrem Recht kommen. Dieser filmische Vorgang soll **metaphorisch für den Kampf der modernen Frau** stehen, die sich in der patriarchalischen Gesellschaft durchschlagen muss.

Was wollen diverse Filmemacher eigentlich Mädchen und Frauen vermitteln? Es bleibt nur Raum zur Spekulation: Den Filmmotiven nach soll Frauen das Gefühl vermittelt werden, dass sie bereits alle Fähigkeiten, die sie für ein gutes Leben benötigen, in sich tragen, sich nicht entwickeln müssen, sondern ausschließlich an den Gegebenheiten der Gesellschaft scheitern. Die Fehlersuche beginnt und endet außerhalb des Individuums und nicht in dessen in westlichen Gesellschaften durchaus erheblichem Spielraum. Wie einfach die Welt doch ist, wenn man ein klares Feindbild hat. Und wenn dieses Feindbild ein abstrakter gedanklicher Gegenstand wie das Patriarchat ist, der nicht für sich sprechen kann. Aus diesem Grunde bedürfe es **grenzenloser Loyalität** zwischen Frauen, und man solle nur aufeinander vertrauen und auf Frauen hören. Und natürlich auf Männer pfeifen. Denn die sind – *Ella* *muss es ohne ersichtliche Beziehungserfahrung ja wissen* – in absoluter Mehrheit untreu und nur auf Sex aus.

An der Figur Ella kann man anschaulich nachvollziehen, wie feministische Stereotype funktionieren. Es war einstmals allgemein anerkannt, dass man im Laufe seines Lebens **menschlich wachsen und aus Erfahrungen lernen** muss, um nicht auf einer Entwicklungsstufe stehen zu bleiben und in eklatante Existenzkrisen zu verfallen. Das wird derzeit gänzlich *ad absurdum* geführt. Besonders gravierend ist die im Subtext vermittelte Botschaft, dass man als Frau sich nicht weiterentwickeln oder lernen müsse, sondern es sei die Welt, die lernen müsse, (junge) Frauen zu wertschätzen. Aber das Erkennen der eigenen Schwächen, das Arbeiten an sich selbst und das notwendige Annehmen von Kritik ist eine Grundlage für persönliche Weiterentwicklung. **Es scheint, als wollten woke Feministinnen nicht, dass Frauen ihr volles Potenzial entfalten, sondern, dass sie stattdessen die schlechteste Version von Männern sind** und deren vermeintlichen schlechten Eigenschaften wie Unverträglichkeit und toxischer Aggressivität nacheifern. Wollen woke Frauen eigentlich wirklich (noch) Gleichberechtigung? Oder wollen sie Männer heruntermachen, um sich selbst als perfekte Helden darzustellen, die sie – *wie wir alle* – nicht sind. Es sollte doch eigentlich nicht im Sinne von Woke-Aktivisten sein, ein Bild von Frauen zu vermitteln, dass das Schlechteste im Manne imitiert, anstatt das Beste in der Frau zu demonstrieren. Warum sind moderne weibliche Charaktere so schwach? Sie sind einfach nur **„KLISCHEE"-langweilig!**

Die „Liberale" Community zelebriert sich und den eigenen Grenzüberschritt, wenn es darum geht, festgefahrene Geschlechterrollen infragezustellen. Warum sind dann Leute dieser Community, die sich als open-hearted und open-minded verstehen, so schnell angepisst, wenn man sie auch mal auf die Schippe nimmt und angeht? Denn damit man miteinander gut auskommt, müssen alle Seiten die Bereitschaft mitbringen, dass man auch über sie lachen darf. Und mit ihr! Wenn man sich nur noch mit Samthandschuhen anfassen darf, kommt am Ende nichts Gutes dabei heraus.

In den letzten Jahren hat der Streamingdienst Amazon Studios sich neue Diversity-Richtlinien auferlegt: Es sollen künftig nur noch Schauspieler engagiert werden, deren Identität (Geschlecht, Nationalität, Ethnizität, sexuelle Orientierung, Behinderung) mit den Figuren, die sie spielen, übereinstimmt. Zuvor hatte sich die Oscar-Academy der Filmemacher zu mehr Vielfalt in den Produktionen verpflichtet. Wenn das so ist, dann sollten im Sinne der Vielfalt demnächst nur noch *Mörder* Mörder und *Pädophile* Pädophile spielen dürfen. Dann haben wir doch den Grad der höchsten Authentizität erreicht.

Gute Idee, oder?

Das Wichtigste zusammengefasst

Das Kino wird seit Anbeginn als Propagandamedium zweckentfremdet. Der Verherrlichung der amerikanischen

Grund 10
Ehe und Mutterschaft sind kein emanzipatorischer Rückschritt

Der Erzfeind des Feminismus ist zwar das Patriarchat, aber es gibt auch eine Erzfeindin. Wer könnte das anderes sein als die Mutter. Ja, richtig gelesen: **Die Mutter!**

Noch immer wird die Mehrheit der Frauen Mutter und spätestens mit der Mutterschaft wird die aktive Teilhabe in der feministischen Schwesternschaft drastisch eingeschränkt. Es gilt Windeln zu wechseln, Wäsche zu waschen und gefüttert werden müssen Kind und Mann natürlich auch. Und das alles, während der böse Mann einer Vollzeitstelle nachgeht und sich der Verantwortung für die sogenannte Carearbeit entzieht. Natürlich hält jede Frau für ihren Mann die Bude sauber, damit dieser unter seinesgleichen glänzen kann und stinkende Windeln nur vom Hörensagen kennt. Ihrer Natur gemäß erfüllt die Frau und Mutter ihre Aufgaben im Patriarchat, wie es sich die Herren Männer wünschen. *Genau.*

Verfolgt man auf den einschlägigen Newsportalen entsprechende Essays und Kommentare von Vollzeit-Feministinnen und Halbzeitmüttern, dann bekommt man nicht selten den Eindruck vermittelt, dass sämtliche Errungenschaften des vergangenen Jahrhunderts mit dem Gebären des Nachwuchs eine Rolle rückwärts aus der liberalen Beziehungsstube nehmen und der Mann im Familiengebilde wieder in die **alt tradierte Rolle des Ernährers und Patriarchen** schlüpft, während die Frau, das arme Heimchen am Herde und Kindbett, kaum noch ihren individuellen Bedürfnissen nachkommen kann. Feministinnen werden nicht müde darin, ihre Geschlechtsgenossen tagein, tagaus davor zu warnen, sich als Frau in der Mutterrolle zu verlieren und in die lebenslange Knechtschaft des Mannes (und Kindes) zu verirren.

Manch eine Feministin übt gar den Protest gegen den inneren und äußeren Feind, lässt sich kurz nach Erreichen der Zwanziger vom Arzt sterilisieren und regt sich anschließend noch medienwirksam darüber auf, warum einem denn hierbei Hürden in den Weg gelegt würden. Das sei nur eigene Sache und es ginge die Ärzte auch nichts an. Dass man diesen Schritt möglicherweise zehn Jahre später bereuen könnte, etwa wenn man wider Erwarten doch einen tollen Partner findet, mit dem man nicht nur das Bett, sondern auch die Nachkommen teilen möchte und der einem den Familien-Sinn wiedergeben könnte, daran wird nicht gerne gedacht. Wenn sie es gut findet, diesen Schritt zu gehen, dann soll sie es halt machen. Es ist ja *nur* ihr Körper und sie nicht weniger Frau, wenn sie sich der Gebärfähigkeit beraubt. Sie ist ja keine Gebärmaschine. Die lästige Verhüterei ist dann auch hinfällig. Aber muss es wirklich sein, dass man diesen Schritt als Befreiung abfeiert und in die Emanzipationsnarrative einbettet? *Nein.*

Denn was ist mit den anderen Frauen, die gerne *Mütter* sind?

Oder mit jenen Frauen, die gerne Kinder *bekämen*, aber *nicht können.*

Über 90% der Menschen haben einen Kinderwunsch. Für diese Menschen sind Kinder nun einmal das Wichtigste im Leben. Das Gefühl, wenn man sein Kind zum ersten Mal in den Händen hält, kann man nun einmal mit nichts anderem vergleichen. Die Geburt des Kindes verändert den Menschen und seine Sicht auf die Welt.

Frauen können sich sterilisieren lassen, damit sie Sex ohne Gefahr der späteren Verantwortungsübernahme, Fürsorge und „Carearbeit" haben können oder aus gesundheitlichen Gründen. Wenn du kein Bock auf Kinder hast, ist das kein Problem, du kannst gerne deine Position vertreten, aber mache es anderen nicht madig, wenn sie aus Kindern Erfüllung ziehen. Für die meisten ist das nun einmal der Weg zu einem erfüllten Leben.

Nicht von ungefähr zeigt eine in Bayern durchgeführte Studie, dass **Frauen sich eher durch andere Frauen** (und nicht durch Männer!) stereotypisiert und in Rollen gepresst fühlen, die sie gar nicht einnehmen wollen. Das Traumbild der emanzipierten Vollzeitberufmama etwa besteht zwar in feministischen Fantasien, selten aber in der Realität. Gegen den vermeintlichen (!) Zeitgeist, pochen die bayrischen Frauen auf die Bedeutung der Familie. Interessanterweise schätzen Männer Frauen realistischer ein als Frauen, wenn es um deren Bedürfnis nach Familie und emotionaler Bindung geht. Manches nämlich ist nicht nur ein Klischee, sondern beobachtbare Empirie. Andererseits offenbarte die Studie wiederum eine schlechtere Wahrnehmung von Männern durch Frauen, was andersherum Indiz für stereotype Rollenbilder ist. **Frauen wollen Kinder, Männer aber auch.** Ein moderner Mann verhält sich kaum mehr vermeintlich traditionellen Rollenerwartungen entsprechend. Das ließe ihm seine Frau nicht durchgehen. Denn die trägt bereits seit Jahrzehnten Jeans und hat auch sonst oft genug die Hosen an.

Was also soll das fortgesetzte Schlechtreden der Mutterrolle und von Halbtagsstellen? Man kann nicht nebenbei Kinder bekommen und sofort wieder arbeiten – ein paar Arbeitswütige als Ausnahme dieser Regel gibt es natürlich immer. Und wie ist es um die Wertschätzung und Anerkennung für Mütter bestellt, denen es gelingt, mit ihrem Partner zusammen tolle, gesunde Menschen zu erziehen, die achtsam mit sich und anderen umgehen? Wie oft kann man solche Glücksfälle noch bestaunen? Die Regel ist eher, dass Eltern immer größere Probleme haben, ihren Kindern die wesentlichen Grundregeln beizubringen, auch weil sie nicht die nötige Konsequenz an den Tag legen und Energie neben der Erwerbstätigkeit aufbringen können. Vögel wollen frei sein und fliegen, aber Kinder kann man nicht frei fliegen lassen, ehe sie Grenzen aufgezeigt bekommen haben. Sonst werden sie Tyrannen. Und unter Tyrannen leiden alle Mitmenschen.

Die Mutterschaft ist also – *ob das Frau Feministin nun wahrhaben will oder nicht* – eine der größten gesellschaftlichen Leistungen und verdient Anerkennung, Wertschätzung und Respekt. Und den, liebe Vollblutmütter, lasst euch bitte nicht von Feministinnen, die von sich auf andere schließen, madig machen. Es ist völlig okay, eine gute Mutter zu sein, die nicht (nur) ans Arbeiten denkt. Und es ist auch okay, dass wir geschlechterspezifische Interessen und Sichtweisen auf die Welt haben. Uns ist doch sonst Diversität so wichtig, warum sollten wir bei Frau und Mann aufhören und so tun, als sei hier Gleichförmigkeit wichtig oder gar von Nöten?

Wo berücksichtigt der Feminismus diejenigen Frauen, die offensichtlich nicht an einer feministischen Lebensweise interessiert sind? Frauen, die in Teilzeit arbeiten oder Vollzeit Mütter sind, werden weder angesprochen noch mitgemeint. Wer würde schon Aktivisten unterstützen, die einem unterstellen, dass man als Frau der Frauenbewegung schade und kein gutes Vorbild für junge Frauen wäre. Keine Mutter lässt sich vorhalten, dass ihre Zuneigung und Liebe für ihr Kind vertane Zeit sind.

Es ist zum Schieflachen, wenn man Feministinnen über den *internalisierten Frauenhass* von Frauen schimpfen hört, der angeblich neben dem Patriarchat das zentrale Hemmnis für die Gleichberechtigung sein soll. *Warum?* Weil sie eben genau diesen *internalisierten Frauenhass* zum Ausdruck bringen, indem sie anderen Frauen vorhalten, *falsche Wege* des Frauseins zu beschreiten.

Dabei greifen sie die Mutterschaft an, als zu verkürztes Frausein und Rückfall in traditionelle Geschlechterrollen und bringen in diesem Konkurrenzdenken den öffentlichen *Zickenkrieg* auf ein neues Level. Wer kennt nicht die Bezeichnung *Stutenbissigkeit*, die nur auf Frauen bezogen ist und Konkurrenzverhalten unter Frauen metaphorisch-anschaulich offenlegt. Die Frau ist also nicht nur von *dem Mann als solchen*, sondern auch *der Frau als solchen* bedroht. Was ist daran auszusetzen, wenn man sagt, dass Konkurrenz unter Frauen ebenso wie Konkurrenz unter Männern erst einmal eine genetische Disposition ist, also etwas, das bereits aus der Urzeit stammt und in jedem Säugetier vorhanden ist? Die Weibchen (und Männchen) wollen den Männchen (und Weibchen) gefallen und deshalb die mit sich konkurrierenden Geschlechtsgenossen ausschalten. Nur weil ein Drittel der Männer auch heute noch wert darauflegt, dass eine Frau kochen kann, heißt das nicht, dass hierdurch traditionelle Geschlechterrollen reproduziert werden, sondern dass sie gerne umsorgt werden oder einfach nur gerne essen.

Frau lässt sich ebenso gerne von Mann verwöhnen und bekochen. *Oder nicht?*

Das Wichtigste zusammengefasst

Feministinnen behaupten, dass Vollzeitarbeit der Weg zur Befreiung der Frau aus den männlichen Klauen sei.

Die Mutter als solche ist jedoch nicht das Problem, sondern die Lösung des Feminismus. Denn sie verbringt auch in der Gegenwart noch deutlich mehr Zeit mit ihrem Kind in den ersten Lebensjahren und prägt so zentrale Weltwahrnehmungen und Werte – auch der heranwachsenden Jungen, die im besten Falle zu souveränen Männern werden.

Grund 11
Nackter Aktivismus ist kein feministischer Fortschritt

Nackt Protest – Studentin zieht fürs Klima blank.

Im Spätsommer 2021 konnte man angesichts eines Klimagipfels obenstehende Schlagzeile in Online-Zeitungen lesen. Die Studentin – *eine engagierte Umweltschutzaktivistin* – gab körperlich alles, um ihr Herzensthema in die Köpfe der Menschen zu bekommen. Richtig erraten, es ging ihr natürlich vor allem um den Klimaschutz und *nicht* um die tagelange Aufmerksamkeit, die ihren Brüsten und damit pars pro toto *ihr selbst* international zuteil wurde. Ob sie in das Zentrum der Medienwelt gestoßen wäre, wenn sie ihre Boobies eingepackt gelassen hätte? Wohl kaum. Ziel erreicht! Nur welches?

Eine Meinungspreiserin im Tagesspiegel fühlte sich gar im Freudentaumel zu der Aussage ermutigt, dass hüllenloser Aktivismus und nackter Protest die Gefühle der protestierenden Frauen befreien würden. Ja, geneigter Leser, lies diesen frommen Wunsch bitte noch einmal. Exhibitionismus wird im 21. Jahrhundert zur feministischen Aktion. Wie formulierte es schon Dante Alighieri 1472 in seiner feministisch-göttlichen Komödie: *Ihr, die ihr für Feminismus eintretet, lasst alle Hüllen fallen.*

Aber Moment mal, irgendwo hat sich da doch ein **Logikfehler** eingeschlichen! Wollen Feministinnen nicht dafür einstehen, dass männliche Blicke weniger objektfixiert werden? Wenn ja, wollen sie dieses **Feminismus-Sexismus-Paradoxon** wirklich dazu nutzen, dass sie den Männern so lange nackte Brüste unter die Nase halten, bis diese vor Langeweile wegschauen?

Feministische Aktion oder Exhibitionismus?

Nichtsdestotz oder vielleicht ja auch gerade deswegen werden im Rahmen der inszenierten weiblichen Körperlichkeit Brüste eingesetzt, gänzlich der Logik der Aufmerksamkeitsökonomie folgend. Der Hashtag *Free the Nipples* ist nichts anderes als ein großartiger emanzipatorischer Akt und selbstredend kein Exhibitionismus. Feministinnen protestieren mit bloßen Brüsten gegen nichts weniger als das Patriarchat. Ob dies allerdings ein sinnvolles Vorgehen ist, mit dem feministische Ziele erreicht werden, ist fraglich.

Nun sollte man eigentlich nicht glauben, dass moderne Frauen *Hysterie* und *Nacktheit* als Instrumente eines unterdrückten Geschlechts nötig hätten, um ihre Interessen zu erreichen, denn ihnen stehen sämtliche rationalen, gleichberechtigten Instrumente zur Verfügung und sie sind zumindest in Deutschland und anderen europäischen Ländern Männern gleichgestellt.

Dennoch wird Nacktheit von Frauen zum Protest, zum Widerstand. Hierbei hat sich besonders *Femen* hervorgetan, eine radikal-feministische Gruppe, die sich 2008 in der Ukraine gegründet hat und durch besonders provokative Nacktheitsaktionen große internationale Aufmerksamkeit und auch Anerkennung erhalten hat. Zentrales strategisches Mittel sind die berühmt-berüchtigten **Oben-Ohne-Aktionen**. Die Bewegung fand schnell europaweit Ableger, auch in Deutschland. Das zentrale Dilemma dieser Aktionen fußt im schmalen Grat zwischen feministischer Aktion und bloßem Exhibitionismus. Diese Bewegung zieht Frauen an, die derartigen Aktionismus als Abwechslung vom langweiligen Wohlstandsalltag betrachten und nur zum Blankziehen kommen. Einmaliges Entblößen ist deutlich einfacher als jahrelanger Einsatz gegen sexuelle Ausbeutung und Gewalt. Der **exhibitionistische Thrill des Brüstezeigens** ist bei einer hohen Dunkelanzahl an Aktivistinnen, Protestierenden und Demonstranten nicht zu unterschätzen. Wir Menschen sind nur zu gerne Grenzgänger. Wer einmal bei einem Konzert oder Festival zugegen war, der weiß, dass die Hemmschwelle, sich oben freizumachen nicht so hoch ist, wie man vielleicht in einer Frauen als edle Wesen stilisierenden Weltsicht gerne annehmen möchte und dass die Gründe, sich freizumachen, selten feministisch sind.

Ja, es gibt Männer, die Frauen hinterhergaffen und dabei ein penetrantes, unappetitliches Verhalten zeigen. Die andere Seite dieser Medaille besteht allerdings darin, dass der Kleidungsstil heutiger junger Frauen durchaus offensiv ist. Wer schon einmal in einem Fitnessstudio trainiert hat, wird wissen, was hier gemeint ist. Gerade beim Sport in engen Leggings und körperbetonten, knappen Tops verkörpern Frauen – *ob sie wollen oder nicht* – das Motto des *Sex Sells*, welches sie in Social Media Portale wie Instagram und Tik Tok weitertragen, wenn sie hautengbetonte und spärlich bedeckte Brüste ins Bild halten und dabei noch zweideutige Posen einnehmen. Wer sich da lauthals darüber beklagt, dass manche Männer zu diesen Frauen Kontakt aufnehmen und deren Paarungsbereitschaft erfragen, ist heuchlerisch. So manche Blume lockt durch entsprechende Kleidung, Posen oder Aussagen die Bienen erst zu sich. Leider sind darunter manchmal auch Wespen.

Die Fokussierung auf das Äußere schiebt man dennoch den Männern in die Schuhe. Dafür gibt es gute Gründe:

1. Frauen passen sich noch viel zu häufig den sexistischen Anforderungen unserer patriarchalen Gesellschaft an. Sie können gar nicht anders als dem Mann als solchen gefallen zu wollen und es geht ihnen natürlich auch nicht darum, etwaige Konkurrenten im Wettbewerb um den potenziellen Begatter auszuschalten. Diese Biologische Sichtweise ist nicht zu beobachten, wenn man Paarungsspielchen

zwischen menschlichen Individuen betrachtet. Erst recht nicht bei Frauen. Die kennen egoistisches Balzverhalten nicht. Das ist einzig und allein den Männern vorbehalten.

2. Dass Frauen sich schön herausputzen und nicht gerade mit ihren Reizen geizen, ist natürlich Folge des benevolenten (wohlgemeinten) Sexismus. Dieser tarnt sich auf subtile Art und Weise, etwa in Komplimenten, wodurch Frauen sich deutlich kritischere Gedanken über ihr Äußeres machen. Sie, die einzelne arme Frau, hat keine andere Wahl als sich den gesellschaftlichen Erwartungen bezüglich des Aussehens hinzugeben und sich dem traditionellen Rollenbild zu unterwerfen. Der Göttergatte oder irgendein anderer auf irgendeine andere Art und Weise präsenter Mann bestimmt, was Frau sich bei ihren regelmäßigen Streifzügen durch den Wohlstandsdschungel bei den Modeketten so in ihr Tütchen packt. Überdies ist es der Mann, der der Frau, bevor beide gemeinsam losgehen, sagt, *bitte wechsle mindestens zweimal deine gesamten Kleider, damit du auch wirklich das beste Dress anhast und vergiss bloß nicht die perfekte Schminke.* Kein Mann würde jemals auf die Idee kommen, unten an der Treppe mit den Hufen zu scharren, während sie sich in ihrem Spiegelbild verliert. Und natürlich sind es nur die Frauen, die dem anderen Geschlecht gefallen wollen. Männer würden gar nicht auf die Idee kommen, sich für Frauen hübsch zu machen. Man munkelt, manche von ihnen plustern sich wie eitle Gockel auf, weil es ihnen einfach gefällt, so zu sein.

3. Ist es natürlich nicht so, dass Frauen einfach so aus sich heraus gut aussehen wollen. Alle wollen gut aussehen, nur

Frauen nicht. Sie machen das auf völlig selbstlose Art und Weise für den Mann.

Was? Du glaubst mir nicht?

Macht doch nichts!

Ich mir auch nicht ...

Gerade in der heutigen Gesellschaft, in der man im Zuge der völligen Loslösung von einstigen gesellschaftlichen Normen und moralischen Orientierungen häufig Lust und Triebe mit Leidenschaft und Liebe verwechselt, darf man derartige Wege als aktionistisch bezeichnen. Wir werden nicht allein durch Werbung oder Medien auf unsere Triebe reduziert. Wir beteiligen uns selbst aktiv an diesem Prozess. **Wir reduzieren uns auf unsere Triebe**, anstatt uns auf unsere Gefühle zu besinnen und auf das, was man als stilvoll bezeichnen könnte. Wir verlieren uns in einem wechselseitigen Sexismus, der auf Gegenseitigkeit beruht. Es geht nicht mehr darum, dass man seine Triebe und Sehnsüchte zu kontrollieren lernt und auf angemessene Art und Weise kanalisiert. Es geht darum, dass das öffentliche Kanalisieren, das Zurschaustellen von Hysterie und Körperlichkeit endlich gesellschaftsfähig wird. Was aber passiert, wenn wir diesen Weg weitergehen? Wohin wird das noch führen? Leben die Paarungsspielchen nicht davon, dass man das Interessante verhüllt und nur nach und nach den neugierigen Blicken preisgibt? Ist es nicht so, dass manche Ansichten nur manchen, ausgewählten Personen gezeigt werden sollten? Sollte das Intime nicht intim und

Privates Privatsache bleiben? Ist es nicht so, dass Männer UND Frauen sich so verhalten sollten, dass nicht jemand anders gefährdet oder belästigt wird? Ob man es glaubt oder nicht: **Auch Männer können sich belästigt fühlen.** Und nein, das ist kein männliches Hirngespinst.

Manche mögen es als Fortschritt ansehen, dass Brüste und Pobacken förmlich aus Tops und Shorts quellen und dass bereits Fünftklässlerinnen in Leggings und bauchfrei herumlaufen. Man kann das aber auch problematisch finden. Ich würde jedenfalls meiner elfjährigen Tochter nicht erlauben, so herumzulaufen. Was für den einen gelten soll, muss auch für den anderen gelten. *Unabhängig vom Geschlecht.* Alles andere sind **Doppelte Standards.**

Dass die hier aufgezeigte Perspektive auf Nacktproteste nicht an den Haaren vorbeigezogen ist, auch wenn sie Feministinnen nicht gefallen mag, zeigt sich anschaulich an der Gründungsgeschichte und (anfänglichen) Organisationsstruktur von Femen. Kitty Green, eine australische Dokumentarfilmerin, zeichnete für den Film „Die Ukraine ist kein Bordell“ verantwortlich und begleitete Femen für eine ganze Weile. Dabei erkannte sie schnell, dass an **der Spitze der Organisation nicht etwa eine Frau, sondern ein Mann stand.** Nach und nach wurde deutlich, welchen erheblichen Einfluss der Mann namens Swjatskij auf seine „Mädchen“ hatte, die er selbst in der Dokumentation als *schwach* und *charakterlos* bezeichnete. Nicht von ungefähr waren die protestierenden Aktivistinnen von Hand verlesene gutaussehende Frauen, denn schöne Frauen erhöhen die Aufmerksamkeit. Schönheit wurde zum Kriterium, um größtmöglichen Erfolg zu erzielen. Die antisexistische Marke Femen gründete auf der Schönheit der weiblichen Körper.

Wer das nicht glaubt, kann ja mal entsprechende Recherchen vornehmen.

Da hat der Kuckuck doch tatsächlich der Elster ein Ei ins Nest gelegt. Aber warum nur? Naja, vielleicht, weil er es konnte, weil sie ihn ließ und weil es kaum einen größeren Antrieb als **Macht**, genauer gesagt **Macht über andere** gibt. Und die Aktivistinnen gaben ihm Macht.

Als Kitty Green Swjatskij fragte, ob seine Motivation bei der Gründung von Femen das Frauenaufreißen gewesen sei, bestätigte er diesen Eindruck. Tatsächlich glich sein Umgang mit Frauen den schlimmsten Albträumen jeder Feministin und jeden Menschenfreundes. Der Patriarch Swjatskij befand, dass seine Aktivistinnen unterwürfig und rückgratlos seien, kein Wunder, ließen sie sich widerspruchsfrei Beleidigungen wie „Schlampe" von ihm gefallen. Der raue Ton war bei Femen gang und gäbe. Die Feministinnen, die nach außen so selbstbewusst für Frauenrechte eintraten, ergaben sich ihrem Patriarchen. *Schon bitter.* Erst recht dann, wenn Aktivistinnen ihr Abhängigkeitsverhältnis zwar erkennen, hieran aber nichts ändern wollen. Psychische Abhängigkeit ist nun einmal nicht so schnell zu überwinden. Wohlgemerkt, dies war nicht „das Patriarchat" als abstraktes Ideengebilde, als weltweite Männerverschwörung, sondern dies war *ein Patriarchat*, das tatsächlich Bestand hatte und eine reelle

Hierarchie aufwies, in die sich die feministischen Frauen als einem Mann untergeordnet wahrnahmen und bewusst und willentlich fügten. Vielleicht sollten Radikal-Feministinnen lieber erst einmal mit ihrem bzw. einem reellen Patriarchat aufräumen, bevor sie gleich eine weltweite Verschwörung herbeirufen. Oder herbei*sehnen*? Man könnte es auch im Sinne von Jordan Petersen folgendermaßen formulieren:

Vielleicht sollten entsprechende Organisationen erst einmal den Dreck aus ihrem Zimmer fegen, bevor sie gleich das gesamte Menschheitshaus aufräumen wollen.

Femen: Eine feministische Organisation mit einem männlichen Patriarchen an der Spitze.

Grotesk.

Darüber hinaus zeigt sich eine besondere Doppelmoral in der feministischen Körperlichkeitsrhetorik, wenn zwei Frauen das gleiche Verhalten mit unterschiedlichem Ziel zeigen. *Die eine* entblößt sich im Namen des *Feminismus*, *die andere* im Auftrag des *Kapitals*. Erstere als Feministin, die sich entblößt, um gegen die Objektivierung von Frauen zu protestieren und dabei herausstellt, dass Frauen keine Schlampen sind. Zweitere als gutaussehendes Model, das sich in einen sexy Bikini einer großen Modemarke räkelt und darum von Feministen als Sexobjekt betitelt wird. Zwei Frauen tun das Gleiche, aber je nachdem, wie sie ihr Verhalten begründen, sind sie entweder *Heldinnen* oder *Antiheldinnen*. Die Feministin wird ob ihres emanzipatorischen Aktes gefeiert, das Model wird abgefertigt als Komplizin, die sich den Männerwünschen ergeben hat und ihren Teil dazu beiträgt, dass das Patriarchat bestehen bleibt.

Dieses Beispiel veranschaulicht eine ganze Menge über die Macht der *Sittenwächter*.

Und deren *Heuchlerei*.

Wo wir beim Stichwort Heuchlerei sind: Der feministische Radiosender *Feminist Frequency Radio* verhandelt häufig Geschlechterthemen. Den Vogel schießen die drei Damen ab, als sie ihre eigene Doppelbödigkeit nicht erkennen, wenn sie sich über die unrealistische Darstellung von Frauen in Videospielen beschweren, dann aber ein Logo haben, auf denen sie selbst äußerst unrealistisch dargestellt werden, nämlich deutlich attraktiver als sie tatsächlich nach den gängigen gesellschaftlichen Konventionen sind. Warum müssen die drei, die sich als Vorbilder für Frauen wahrnehmen und um Frauenbeachtung kämpfen, ihre Pfunde kaschieren und ihre Gesichter retuschieren, damit *gerade sie* den kritisierten Schönheitserwartungen der Gesellschaft entsprechen?

Man kann sich schon über sexualisierte Darstellungen beschweren, aber dann die gleichen Methoden anzuwenden, das ist peinlich. Und *heuchlerisch*.

Eine Bekannte, die sich selbst als Feministin inszeniert, überraschte mich eines Nachmittags bei einer munteren Bierrunde mit folgender Aussage: *„Solange ich in dieser kack sexistischen Gesellschaft lebe, nutze ich den Sexismus der Typen* *aus. Kann ich wenigstens noch meinen Vorteil ziehen, dass ich in so einer sexistischen Gesellschaft lebe."*

Als ich mich erkundigte, was sie denn damit meine, berichtete sie, dass sie vortags leicht bekleidet mit einem weit ausgeschnittenen Top zum TÜV gefahren war. In ihrer Vorstellungswelt war hierdurch gewährleistet, dass das Auto die Prüfung der Fahrtüchtigkeit eher bestehen würde, wenn sie mit einem weiten Ausschnitt den Mechanikern schöne Einblicke verschaffen würde. Ihrem Lachen nach war sie überzeugt davon, dass sie damit dem Patriarchat eine verpasst hatte. Ganz pragmatisch gesehen könnte man auch sagen, dass sie ihren Körper eingesetzt hatte, um sich einen Vorteil zu verschaffen.

Aber das wäre dann nicht feministisch revolutionär, sondern sexistisch reaktionär.

Das Wichtigste zusammengefasst

Nackter Aktivismus erregt viel Aufmerksamkeit. Das ändert nichts daran, dass es sinnvollere Wege gibt, als mit nackten Brüsten zu protestieren.

Grund 12
Frauen der Vergangenheit waren nicht schwach

Wenn man Radikalfeministinnen so reden hört, könnte man meinen, dass es in der Vergangenheit keine selbstbestimmten Frauen gegeben habe. Meine Großmutter erwarb während der Kriegswirren der 40er Jahre eine hohe formale Bildung, zunächst in einem Mädcheninternat und dann als Studentin von Fremdsprachen. Nachdem sie bei einem Stahlbetrieb als Übersetzerin tätig war, ging sie 1953 für ein Jahr nach Madrid, wo sie in der Auslandsvertretung der Firma arbeitete und das mit einigem Erfolg. Ihrem Chef hatte sie Jahre zuvor noch eine Kündigung auf den Tisch geknallt und ihm auf die Frage, was ihr denn an der Firma nicht passe *„Sie"* geantwortet. Seinen Umgang mit den Sekretärinnen hatte sie als unmenschlich empfunden. Da flogen nämlich schon einmal Beleidigungen wie *Menschenmistvieh* durch den Raum. Verdutzt ob des Chuzpe antwortete dieser „dann werde ich mich ändern" – und tat es.

Nur ein Jahr blieb meine Großmutter in Madrid, da sie kurz vor der Abfahrt ein Brief von meinem Großvater erreichte, der sein Interesse an ihr nach langem Zögern endlich bekundete und sie zu bleiben bat. Sie ging dennoch. In diesem Jahr flogen scharenweise Luftpostbriefe hin und her, bis beide eine große Bauernhochzeit feierten. Nicht wenige unkten, wieso sie denn als „Hochstudierte" einen Bauern heiraten wolle. Andere meinten, sie als Akademikerin könne doch wohl keinen Hof führen. Es war jedenfalls eine Liebeshochzeit – *da war man sich einig* – und eine

Partnerschaft, die auch den Traumata der Kriegsgeneration standhielt.

Meine Großmutter wurde 97 Jahre alt und sie hatte wahrlich kein einfaches Leben, ein Leben, das von Arbeit geprägt war und doch saß sie bis zuletzt in gerader, aufrechter Haltung am Stubentisch, wischte dann und wann ihr Haar aus dem Gesicht und plauderte gerne darüber, wie die Sitten sich doch ändern. Meine Oma führte einen Hof mit einem traumatisierten Mann, erzog vier Söhne, molk am frühen Morgen die Kühe, bereitete das Essen auch für die Mitarbeiter und die familiär wie freundschaftlich verbundenen Heuersleute zu. Sie war eine starke und souveräne Frau, die sich mit einem Kriegs- und Gulagversehrten Mann an der Seite in den Wind der Zeit stellte und aufrecht blieb. Obwohl sie ein zurückhaltendes Leben führte, weil sie nicht gerne im Mittelpunkt stand, war sie dennoch selbstbewusst und souverän. Sie musste viel Last tragen und sie hat ihr Schicksal ertragen, ohne sich andauernd zu beklagen. Es hätte ja auch nichts an ihrer Situation geändert. Sich einzureden, wie schlimm alles ist, hilft niemandem. Meine Großmutter hatte wohlweislich Besseres zu tun: Die tägliche Arbeit musste besorgt, die Kinder erzogen werden und die Krankheit des Mannes ließ sich durch Klagen nicht lindern. Und so trug sie meinen Großvater durch manche schwere Stunde, wenn er selbst keinen Boden unter den Füßen fand.

Wenn ich heutige Feministen über ihre Situation klagen höre, wie sie sich ungerecht behandelt und diskriminiert fühlen, wie sie sich als zurückgesetzt erachten in einer männlich dominierten Gesellschaft, die noch immer zu wenig Rücksicht auf die Frauen nimmt, dann denke ich an die starken, tollen Frauen aus meiner Familie. Wie haben diese bloß die Lebenswehen ihrer Zeit überstanden, ohne zusammenzubrechen?

Feministen der sog. Vierten Welle des Feminismus, die in den Jammerchor des letzten Jahrzehnts einstimmen und Behauptungen **im Klagediskurs** unhinterfragt internalisiert haben wie die Muttermilch, schauen zurück in Geschichtsvergessenenheit und konzentrieren sich auf kurze Zeitabschnitte, wie die – *zugegeben* – männlich dominierten 50er und 60er Jahre, die sicherlich nicht repräsentativ sind für die Beziehungen zwischen den Geschlechtern der letzten 1000 Jahre. Hierbei werden Frauen wie meine Großmutter, die ich für ihre (mentale und physische) Stärke bewundert habe, von 20jährigen Feministen als schwach und unterdrückt bezeichnet und festgestellt, dass diese zu bemitleiden seien. Das hätte meine Oma am wenigsten gewollt und das wird ihr sicherlich nicht gerecht.

Gerade die „Trümmerfrauen" gehören in Deutschland zu den standhaftesten Frauen der jüngeren (und älteren) Geschichte, da sie buchstäblich aus Ruinen einen neuen Staat schufen und aus den Trümmern die Steine lasen, die sie gemeinsam mit ihren (häufig traumatisierten oder verwundeten) Männern – *wenn diese überhaupt den Krieg überlebt hatten* – und Kindern zum Wiederaufbau ihrer zerstörten Häuser nutzten. Auch scheint kaum logisch, dass Männer vor 80 Jahren ihre Frauen weniger liebten.

Ob wir heute, die wir deutlich mehr Rechte und Privilegien und ein komfortableres Leben führen, wirklich glücklicher oder zufriedener sind? Trotz der friedlichen Bedingungen, die in der Gesellschaft (noch) vorherrschen aufgrund des allgemeinen Wohlstands? Vielleicht sollte man also mal die Gründe für seinen Unmut in sich suchen und nicht immer außerhalb oder in den Umständen der Gesellschaft. **Wir sind nämlich keine Geiseln, sondern freie Bürger** – was viele vor uns nicht waren.

Und nach uns vielleicht nicht mehr sein werden, wenn wir nicht aufpassen.

Das Wichtigste zusammengefasst

Ob ein Mensch stark oder schwach ist, ist einzig und allein Folge seines Charakters und seiner Erfahrungen, nicht aber seines Geschlechts. Aus diesem Grunde gibt – und gab es stets – viele starke Frauen wie Männer.

Grund 13
Herabwürdigen gemäßigter Feministinnen als TERFS

Unsere Gesellschaft hat einen hohen Grad an Liberalität und Flexibilität erreicht, indem wir das Recht haben, unsere biologischen Voraussetzungen zu verlassen und unser biologisches Geschlecht operativ ändern können. Wer als Mann geboren wird, aber sich als Frau fühlt, muss nicht sein ganzes Leben im falschen Körper leben. Daneben können wir uns unabhängig von unserem biologischen Geschlecht ein eigenes soziales Geschlecht (Gender) zuschreiben. Das alles vom Grundgesetz geschützt, also von der höchsten staatlichen Ebene und unter dem Schutz und der Autorität einer demokratischen Verfassung. Wir werden damit zu einem neuen Schöpfer unseres Selbst. Nicht nur metaphorisch betrachtet oder als Lebensaufgabe verstanden, sondern ganz faktisch. Wir transformieren uns in ein anderes Geschlecht, wandeln das Naturgegebene um und realisieren dabei das Ideengebilde, dass das Naturgegebene als das Seiende nicht zwangsläufig unser Dasein bestimmen muss.

Wir können die Prämisse, mit der wir ins Leben starten, umkehren. Die technischen Mittel erlauben es uns. In den Jahren von 2012 bis 2021 haben sich in Deutschland etwa 2155 Menschen dazu entschieden, ihr Geschlecht umzuwandeln.

Das ist keine leichtfertige Entscheidung. Sie verlangt erhebliche Anstrengung und Überwindung und man kann es den Betroffenen vielleicht nicht nachfühlen, doch aber ansehen, dass sie zu kämpfen haben. Muss es deswegen jeder gut finden, wenn man diesen Schritt geht?

Nein.

Genau genommen sollte es keinen weiter interessieren als jene, die zum näheren Umfeld gehören und die den Menschen in diesem Prozess begleiten und unterstützen.

Leider gibt es Menschen, die sich darüber lustig machen, die beleidigend sind, die psychisch oder physisch übergriffig werden. Weil sie mit sich selbst nicht fertig werden, richtet sich ihr Augenmerk auf andere Menschen, auf denen sie meinen herumtrampeln zu können.

Eine gewisse Anzahl an Idioten gibt es leider in jeder Gesellschaft. Aufgrund dieser allerdings der Mehrheit zu unterstellen, dass diese diskriminiere – *bewusst oder unbewusst* – ist eine pauschalisierende Unterstellung, die den Kern des Problems so sicherlich nicht trifft. Außerdem ist es ungerecht denjenigen gegenüber, die einfach zur Masse dazugezählt werden, obschon sie erhebliche Empathie für die Ziele von Transsexuellen haben, mit ihnen liiert sind und sie unterstützen. Diese Menschen werden mit all jenen über einen Kamm geschert. Ganz schon **unfair**, oder?

Und **pauschal-verurteilend** noch dazu.

Die Kritik des Queerfeminismus richtet sich vor allem gegen die so bezeichnete *Heteronormativität*, ein binäres Geschlechtskonstrukt, das in *weiblich* und *männlich* kategorisiert und angeblich keine Zwischenstufen kennt. Tatsächlich wissen hinreichend gebildete Mitmenschen, dass insbesondere in der griechischen Antike bereits die Beschäftigung mit Hermaphroditen rege betrieben worden ist.

Dazu sei angemerkt, dass auch die pauschale Gegenüberstellung von sog. Cis-Sexuellen (Heterosexuellen) und Trans-Sexuellen eine Binarität darstellt, erst recht dann, wenn Betroffene zwischen *den Normalen* und *uns Trans-Menschen* unterscheiden und den Vorwurf der Binarität nutzen, um ihrerseits binär schematisierende Aussagen zu treffen wie: *Heteros haben kein Problem, nette Menschen kennenzulernen.* Davon abgesehen, dass diese Aussage schlichtweg Nonsens ist, da alle Menschen, unabhängig von ihrer Sexualität und Geschlechtsidentität Identitätskonflikte im Inneren mit sich herumschleppen und das Finden wahrer Freunde ein großes Problem ist, zeigt genau diese Aussage, dass eben auch Hetero-Menschen nicht anerkannt werden können. Etwa durch enttäuschte Trans-Menschen oder durch Feministinnen, die den Mann als solchen unter Generalverdacht stellen. Dass sich heterosexuelle Menschen und Männer aufgrund solcher Äußerungen verteidigen und diese nicht stehen lassen, ist kein Prozess der *„Selbstviktimisierung der Privilegierten"*, wie Feministinnen gerne behaupten, sondern eine individuelle Reaktion auf schwachsinnige und schlichtweg falsche Vorwürfe.

„Ertragt mal das, was wir durch euch ertragen müssen!", liest man regelmäßig in Leserkommentaren. Entschuldigt bitte, aber derart pauschale Aussagen kann man so nicht stehen lassen. Es tut mir leid für diejenigen Menschen, die es ohnehin schon nicht einfach haben, wenn sie seit Jahren mit ihrer Geschlechtsidentität hadern und für sich keinen Punkt in dieser Gesellschaft finden, von dem aus sie sich verorten können. Wie hart das sein muss, kann ich mir nur vorstellen. Das bedeutet allerdings nicht, dass das ganze Leben und die gesamte Gesellschaft scheiße sind. So funktioniert das Spiel nicht. Mit solch einer Einstellung

könnte man ja gar nicht mehr das Haus verlassen. Wer möchte schon mit der Einstellung durchs Leben gehen, *dass alle Menschen scheiße sind?* **Was kann ich als Individuum dafür, dass ein anderer Mensch schlechte Erfahrungen gemacht hat, wenn er sie nicht mit mir gemacht hat?** Sorry, Freunde, aber diese Pauschalisierungen bringen uns nicht weiter. Man muss diese Vorfälle schon konkretisieren und belegen können. Wie soll man sie denn sonst verorten?

Auch Aussagen wie *„nur bei Personen, die gendern, bin ich als Transperson in Sicherheit" sind* wenig hilfreich, denn diese Aussage beinhaltet gleichzeitig einen Vorwurf, eine Vermutung und eine Sprachvorgabe. Nun soll ich gendern, damit jemand anderes sich in seiner Komfortzone bewegen kann und ich in Sicherheit bin, dass er mir nicht den Vorwurf an den Kopf klatscht, dass ich faschistoid sei? So funktioniert das Spiel nicht. Wenn wir nur noch so reden dürften, dass wir niemandem weh tun, dann kämen wir kaum mehr über das Essen und Wetter hinaus. Wenn ich dann auch noch die Entwicklungen in der Filmindustrie verfolge, die in der Aussage *„Cis-Frauen können keine Trans-Frauen"* spielen, gipfeln, kann ich nur noch den Kopf schütteln, denn diese Aussage ist gleich auf mehrfachen Ebenen falsch. Etwa *auf beruflicher Ebene*: Doch, können sie, und zwar richtig gut, denn es sind professionelle Schauspieler. Auch *auf sprachlicher Ebene* ist diese Aussage simpel zu falsifizieren, das Modalverb können, das sich entweder auf die Kompetenz richtet (hier gänzlich falsch) oder auf einen Tabucharakter (sittlich falsch) ist komplett unangemessen. Das führt zur *moralisch-ethischen Ebene*, wer denn entscheidet, was jemand anders dürfe oder nicht und das zur *philosophischen Metaebene* zum Komplex, wer entscheidet, welche Selbstzuordnung als ausreichend gegeben ist, dass jemand als Transsexuelle Person sich dafür qualifiziert, eine Transsexuelle Person zu spielen. Etwa ein intersexueller Mensch, der sich temporär als Trans bezeichnet? Oder ein Transsexueller, der noch nicht operiert ist oder eine transsexuelle Person, die vollständig umgewandelt ist? **Wer hat das Recht hier zu entscheiden, wer was repräsentiert?** Warum sollen denn biologische Frauen keine Transfrau spielen? Es geht doch lediglich um die Authentizitätsfiktion und ob der Schauspieler die Rolle glaubhaft darstellen kann. Wer bin denn ich als Zuschauer, dass ich das Geschlecht *(in der Logik dieser Trans-Feministinnen)* klar zuordnen kann? In dieser Logik wird den Schauspielern ihre berufliche Qualifikation schlichtweg abgesprochen.

Sie demonstriert außerdem auf anschauliche Art und Weise die Doppelmoral und Hybris der aufschreienden Querfeministinnen, Sittenwächter (und Sittenrichter) und solche, die anderen vorschreiben, was diese (nicht) dürfen oder (nicht) tun sollten. Wir brauchen nicht noch mehr Moralapostel, wir brauchen Macher und ernsthafte Menschen, die für sich und andere Verantwortung übernehmen und sich gegenseitig helfen und beistehen. Und nicht noch mehr radikale Fundamentalisten, deren moralischer Kompass komplett verdreht ist.

Als Beispiel für eine authentische und ehrlich erzählte Biografie und Geschichte sei hier das Beispiel Caitlyn Jenner genannt, die in ihrem vorherigen Leben als Mann

Bruce Jenner als Olympiasieger und danach als Vater in der Realityshow Keeping up with the Kardashians bekannt wurde. In der Dokumentation *Untold: Caitlyn Jenner* berichtet sie persönlich und klar über ihre eigenen (Irr-)Wege und Fehleinschätzungen und ihren Kampf mit sich und ihrer geschlechtlichen Identität. All das geschieht in einem nachdenklichen Ton und nicht in einer Aufschreihaltung. Hier geht es um die Lebensgeschichte eines Menschen, die nicht schrill, sondern ruhig und sachlich als individuelle Geschichte, ohne Argwohn oder Bitternis, erzählt wird und ohne anderen die Schuld an ihrer Situation und den Schwierigkeiten, die sie im Leben hatte, zuzuweisen. Wenn Caitlyn über ihr vorheriges Leben spricht, dann spricht sie über sich als Bruce und sie ist stolz über das, was Bruce erreicht hat, der mit Disziplin und Willen die Goldmedaille im Olympischen Zehnkampf gewann. Und bei all dem spürt man den Sound der Erleichterung, das Gefühl, als Frau endlich ganz im Leben angekommen zu sein.

Die Frage, was eine Frau ist und was eine Frau zur Frau macht, entbrennt wiederkehrend im feministischen Diskurs, bei dem konservative Feministinnen, die einen traditionellen Feminismus vertreten, mitunter wie Hexen auf dem digitalen Scheiterhaufen verbrannt werden. Bekanntestes Beispiel ist die Harry Potter Autorin Joanne K. Rowling, die für ihr humanitäres Engagement respektiert und gewürdigt werden sollte, weil sie mehrere hundert Millionen Euro ihres Vermögens für wohltätige Zwecke gespendet hat. Ungeachtet ihrer Verdienste auch für Amnesty International wurde sie zum Feindbild der

Transfeministinnen, die sie in wiederkehrenden Shitstorms als Frauenhasserin und Transhasserin bezeichneten, weil sie u. a. folgenden Satz twitterte: *„Mein Leben wurde dadurch geformt, dass ich weiblich bin, ich glaube nicht, dass es hasserfüllt ist, dies zu sagen.“*

Harry Potter Schauspieler distanzierten sich deshalb von der Frau, der sie ihren Erfolg und Ruhm (und damit auch Einfluss auf ihr eigenes Engagement für Frauenrechte) zu verdanken haben. Emma Watson etwa twitterte, dass sie Transmenschen liebe und äußerte Ablehnung gegenüber Rowling. Es ist unverständlich, wie innerhalb feministischer Diskurse humanistische Autorinnen wie Joanne K. Rowling als Sündenböcke gebrandmarkt und gehatet werden, für Aussagen, die eben *nicht* transfeindlich sind, sondern darauf verweisen, dass biologische Frauen und Transfrauen nun einmal biologische Unterschiede aufweisen. Wer seinen Blick auf bestehende patriarchale Gesellschaftsformen richtet, der wird erkennen, dass Frauen *(und nur als Frauen geborene Frauen)* vor allem aufgrund ihrer Reproduktionsorgane unterdrückt werden. Transfrauen hingegen leiden unter anderen Diskriminierungserfahrungen. Wer diesen Unterschied nicht anerkennt und traditionelle Feministinnen deswegen niederschreit, der hat weder den Unterschied von Geschlecht und Genderkonzepten verstanden, noch kapiert, dass Frauenfeindlichkeit ein gravierendes Problem so mancher Gruppierung des Radikalfeminismus ist. Wer die Unterschiede leugnet und der Gleichmacherei verfällt, der wird die individuellen und vielfältigen Probleme der betroffenen Menschen weder erkennen noch zielführend die Umstände ändern können.

Das Wichtigste zusammengefasst

Forderungen nach Diversität dürfen nicht zu Abwertungen anderer Lebenswege führen. Viel zu schnell schmeißen Aktivisten mit verurteilenden Zuschreibungen wie „Frauenhasser" oder „Transhasser" um sich. Es mag vielleicht Konsens darüber geben, dass mehr als zwei Gender zu identifizieren sind. Das ändert nichts an der Tatsache, dass es zwei biologische Geschlechter gibt.

Grund 14
Transsexualität im Sport und die Fairnessfrage

Aus deiner Schullaufbahn könntest du folgende Karikatur kennen: Ein Lehrer sitzt vor einer Schar wildgewürfelter Tiere (Elefant, Hund, Affe, Pinguin, Robbe und Goldfisch) und er sagt: *„Damit es gerecht zugeht, bekommen alle die gleiche Prüfung: Klettern Sie auf den Baum!"*

Was der Karikaturist auf metaphorische Art und Weise darstellt, ist die irrwitzige Vorstellung, dass man zur Gleichbehandlung einer Gesellschaft gleichwertiger Individuen diese auch tatsächlich gleich behandeln müsse. Eine verrückte Idee, die man aber derzeit tagtäglich um die Ohren gepfeffert bekommt. Was bei dieser egalitären Behandlung herauskommt, darauf verweist die Karikatur letztlich überspitzt und doch akzentuiert ganz deutlich: **Wenn alle um der Gleichbehandlung willen**

gleichbehandelt werden, dann etablieren wir ein zutiefst unfaires System.

Ein Literaturprofessor strebt keinen Kugelstoßwettkampf mit einem Spitzensportler an und genau so wenig möchte ein Maurer mit einer Lehrerin sich darin messen, eine heterogene Klassengemeinschaft didaktisch und methodisch zielführend zu unterrichten. Andersherum wird die Lehrerin wohl kaum eine Wand gerade mauern können. Ähnliches gilt indes auch für die Bedingungen im Spitzensport. Es hat schon gewisse Gründe, warum es Frauen- und Männerwettbewerbe gibt. In der Logik der Gleichbehandlung könnte man meinen, dass einfach alle wild durchmischt gegeneinander antreten und dies hätte in einigen Disziplinen einen gewissen Charme. Bei ernsten Wettkämpfen jedoch fällt dieses System wie ein im besoffenen Kopf erbautes Kartenhaus zusammen, dessen Fundament ein schmieriger und von Kippenasche befleckter Kneipentisch ist. Gleichbehandlung bedeutet nicht, dass man auch tatsächlich gleichbehandelt wird, sondern, dass man ausgehend von spezifischen Bedingungen einen fairen Wettbewerb schafft, der es allen Individuen ermöglicht, hieran zu partizipieren und hier und da auch Erfolgserlebnisse zu erzielen – vorausgesetzt natürlich, dass man sich engagiert und anstrengt.

Wenn also der Einsatz für Gleichberechtigung zu einer unreflektierten Gleichmacherei führt, dadurch, dass transsexuelle Frauen in Frauenwettbewerben teilnehmen, kann man mit Fug und Recht der Ansicht sein, dass das Prinzip eines fairen Wettbewerbs nicht mehr gewährleistet ist. Man muss sich deswegen auch nicht als transfeindlicher Mensch bezeichnen lassen. Dass wir gleiche Rechte haben, heißt nämlich nicht, dass wir auch gleichbehandelt werden sollten, ganz im Gegenteil. Gerade bei Heranwachsenden sind die individuellen Bedingungen unbedingt zu beachten und ein Schüler, der einen hohen IQ hat und ohne Probleme jedwede an ihn gestellte Aufgabe bearbeitet, muss anders gefördert und gefordert werden als ein Schüler, der eine Lernschwäche hat. Man lässt die Rollstuhlfahrerin ja auch nicht die Treppen hochklettern.

Ein fairer Wettbewerb ist eben nur dann erreicht, wenn die Vergleichbarkeit der Anforderungen des Wettbewerbs gegeben ist.

Der zugrundeliegende Trugschluss ist folglich nicht ganz trivial und besteht darin, davon auszugehen, dass die formal gleiche Behandlung ein gültiges Auslesekriterium ist, gerade dann, wenn sie aus einheitlichen Anforderungen besteht. Eine fromme und sicherlich gut gemeinte Haltung, obschon sich in der Praxis zeigt, dass es eben nicht identische Ausgangssituationen und Bewertungskriterien gibt. Es sei denn, man würde alles, was nicht passt, marginalisieren und ausmerzen, was in der Vergangenheit die übelsten Auswüchse angenommen hat. Absolute bzw. totale Gleichbehandlung befördert Unrecht. Es kommt nicht darauf an, dass wir alle den gleichen Wettbewerb haben und identisch behandelt werden, sondern dass wir *faire Bedingungen* haben. Das nennt man dann zurecht **„Chancengleichheit"**. In der Schule ergibt sich hieraus eine individuelle Lernzieldefinierung, denn Menschen kommen eben nicht mit den gleichen Anlagen auf die Welt und sie erhalten im Prozess des Aufwachsens auch nicht die gleiche Förderung.

Gerade im Sport ist das Prinzip der „Chancengleichheit" keine triviale Sache, insbesondere dann, wenn Verfechter des Transfeminismus fordern, dass Transathleten gleichberechtigt an allen Wettbewerben teilnehmen sollten. Denn gerade, wenn eine Transfrau im Körper eines Mannes an Frauenwettbewerben teilnimmt, wird das Prinzip der sportlichen Chancengleichheit dem Prinzip der gesellschaftlichen Gleichberechtigung geopfert.

Transfrauen erzielen bei Frauenwettbewerben weit überdurchschnittliche Erfolge, weil sie einen körperlichen Vorteil haben. Man ist kein ewiggestriger Biologist oder Traditionalist, wenn man die biologische Wahrheit ausspricht, dass es in sportlichen Wettbewerben Ursachen für die männliche Überlegenheit bei der körperlichen Leistungsfähigkeit gibt. Diese liegen vor allem begründet in Hormonhaushalt, Körperbau, Beweglichkeit, Muskulatur, Herz und Lunge sowie Koordinationsvermögen. Die Diskussionen um die Anerkennung dieser Unterschiede werden seit 50 Jahren, jedoch im Zuge der Stärkung der Rechte von Transsexuellen in den vergangenen Jahren ausgeprägter geführt. Angesichts sportlicher Wettbewerbsgerechtigkeit darf es jedoch kein Kriterium sein, wie ein Sportler sich fühlt, sondern **die Sportler, die in einer Wettbewerbsgruppe gegeneinander auftreten, müssen gleiche Voraussetzungen** haben. Diese Voraussetzungen ergeben sich aus biologischen Kriterien, wie beispielsweise dem Hormonhaushalt. Aber warum ist das denn jetzt so wichtig? Das bisschen Testosteron kann doch nicht den Unterschied machen?! Doch, kann es, weil männliche Sexualhormone Auswirkungen auf das Muskelwachstum haben. Nicht umsonst ist der Muskeltonus beim durchschnittlichen Mann deutlich höher als bei der durchschnittlichen Frau. Natürlich gibt es immer Ausnahmen von der Regel. Bodybuilderinnen etwa stecken einen Durchschnittsmann, der selten trainiert, in die Tasche. Aber stellt man dann neben die Bodybuilderin wiederum einen Bodybuilder, der ebenso hart trainiert, wird der Unterschied zwischen den Geschlechtern sofort wieder sichtbar. Ebenso treten bei Wettbewerben aus gutem Grunde behinderte und nicht behinderte Athleten im Regelfall nicht gegeneinander an. In dieser Konsequenz ist es nur fair, dass zu Frauenwettbewerben auch nur Sportlerinnen zugelassen werden, die den definierten prototypischen Voraussetzungen entsprechen. Würden sich alle transsexuellen und intersexuellen Sportlerinnen bei Frauenwettbewerben anmelden, dann darf man prophezeien, dass es nur noch wenige Athletinnen mit dem biologischen Geschlecht Frau auf das Siegertreppchen der Frauenwettbewerbe schaffen. Dass Frauen bei Frauenwettbewerben keine Chance mehr haben, kann nun wirklich nicht im Sinne der Sache der Frauen sein. Das wäre dann eine Diskriminierung der biologischen Frau. Nein, das ist hier jetzt kein Transhass, sondern einfach eine Position, die sich **für Chancengleichheit** ausspricht.

Stattdessen wäre es ja vielleicht sinnvoll, darüber nachzudenken, Wettkampfkategorien für diverse Athleten einzuführen. Das zentrale Problem liegt ja nicht darin, dass man transsexuelle Athleten nicht anerkennen möchte, sondern, dass Frauen und Männer einer jeweils eigenen Wertung mit unterschiedlichen Herausforderungen unterliegen. Wie gerecht wäre es da, wenn ein intersexueller oder transsexueller Athlet bei männlichen körperlichen Voraussetzungen die weiblichen Erleichterungen in Anspruch nähme? Die Diskussion darüber, welcher Athlet in welchem Wettbewerb antreten darf, führt darüber hinaus zu einem weiteren Problem: Gibt es so viele transsexuelle und intersexuelle Athleten, dass man gar das Kriterium *Geschlecht Frau – Mann* durch abstraktere, medizinische Daten ersetzt? Es gäbe ja Merkmale wie den Testosteronspiegel, den man skalieren könnte. Die Frage ist natürlich, ob man das überhaupt will und ob nicht der Sport bei allem guten Willen dadurch an Attraktivität einbüßt? Warum macht man nicht einfach mal für einen Testzeitraum neben Frauen und Männern eine Gruppe Diverse auf?

Eine weitere Möglichkeit wäre natürlich auch, dass man ein Vorgehen wie beim Golf wählt, wo man zwischen der Leistung aufteilt und ein sogenanntes Handicap anführt. Aber auch hier wird zwischen Männern und Frauen getrennt. Man kann die ganze Diskussion drehen und wenden, wie man will, aber eine Art Einheitsbehandlung mit einheitlichen Anforderungen und radikaler Gleichbehandlung über die Geschlechtergrenzen hinweg hätte krasse Benachteiligungen für weibliche Athleten zufolge, die man bereites in etlichen Medienberichten nachverfolgen kann.

Das Wichtigste zusammengefasst

Ändern sich die Voraussetzungen, hat das zwangsläufig Konsequenzen. Geschlechtergerechtigkeit führt nicht automatisch in ein gerechtes Gesellschaftssystem.

Grund 15
„Geschlechtergerechte" Sprache ist nicht geschlechtergerecht

Diskussionen um geschlechtergerechte Sprache sind nicht neu. Ende der 70er Jahre wurde als Reaktion auf die Frauenbewegung der Zeit eine UN-Konvention zur Beseitigung jeder Form der Diskriminierung der Frau beschlossen, 1987 veröffentlichte die UNESCO Leitlinien zur geschlechtsneutralen Sprache. Seither hält sich die fehlerhafte Annahme, dass das generische Maskulinum vor allem das Männliche hervorhebe, da etwa bei Formulierungen wie *ich gehe zum Arzt* nur Männer repräsentiert seien und die Sichtbarkeit von Frauen eingeschränkt würde. So zumindest die Behauptung, die bisher noch in keiner seriösen Studie bestätigt werden konnte. Sprache wird von Sprachfeministen als Diskriminierungsinstrument betrachtet, das die Ungleichbehandlung der Frau im Gesellschaftlichen auch im Sprachlichen manifestiert. Das Ziel der Genderer ist es, dass all jene, die sich nicht eindeutig einem biologischen Geschlecht zuordnen können (oder wollen), sichtbar werden.

In der Debatte zeigt sich allerdings ein ganz wesentliches

– *ethisches* – Dilemma: Dürfen öffentliche Stellen und Betriebe das Gendern vorgeben, selbst wenn dieses ideologisch motiviert ist und krasse Widerspruche zur Grammatik des Deutschen aufweist? Wer darf festlegen, dass es eine Verpflichtung werden soll? Sollten die Öffentlich-Rechtlichen gendern? Was ist wichtiger? Sprachliche Korrektheit und Verständlichkeit sowie effektive Kommunikation zwischen Sender und Empfänger oder behauptete sprachlich „politisch korrekte" Haltung? **Sollte eine Minderheit das Gendern gegen den Mehrheitswillen durchsetzen?** Laut Politbarometer sind 71% der Befragten gegen „gendersensible" Sprache. Auch eine Befragung von Infratest DIMAP zeigt zudem eine Zunahme der Ablehnung: Standen im Jahr 2020 noch 56% geschlechtergerechter Sprache negativ gegenüber, so lehnten 2021 bereits 65 % der Befragten diese ab. Mit zunehmender Verbreitung der Gendersprache steigt die Ablehnung. Bei beiden Geschlechtern dominiert die Ablehnung, auch wenn diese bei Frauen etwas geringer ausgeprägt ist. Dies mag auch in dem Umstand geschuldet sein, den Anfang 2021 bereits Sahra Wagenknecht problematisierte: Gendersprache nämlich ist „diskriminierend, indem sie die Sprache der Mehrheit der Bevölkerung als überholt und rückschrittlich abqualifiziert". Dennoch wünscht sich nur ein Drittel der Befragten ein Verbot der gendergerechten Sprache, wie es etwa in Frankreich anberaumt wurde. Scheint die Gesamtheit der Deutschen wohl toleranter zu sein als die „innovative" Minderheit.

Über die Sprache will man die Einstellungen beeinflussen. Denn es bleibt nicht bei freiwilligen Angeboten, sondern wird in Universitäten und Stadtverwaltungen (z. B. Hannover) oder sogar im Außenministerium verpflichtend. So etwas nennt man **Sprachlenkung.**

Mitmenschen gendern in vorauseilenden Gehorsam, um böse Kommentare und soziale Ausgrenzung von sich abzuwenden. Aber kann man Sprache überhaupt von ihrer Verletzungsgefahr befreien? Kann man sich sicher sein, andere nicht zu verletzen? Wann beginnt man verletzend zu sein? Wie kann kontrastive Diskussion möglich sein, wenn absolute Positionen eingenommen werden? Man kann es nicht jedem recht machen, jemand wird sich immer an etwas stören, das ist Teil des Prozesses. Es gibt keine Lösung, die die Kommunikation aller vereinheitlicht, das geht nur in einer Diktatur, die von allen Beteiligten Unterwerfung einfordert. Darf die Minderheit derart Einfluss auf die Mehrheit der Menschen nehmen? Gibt es eine moralische Verpflichtung, dass sich die Mehrheit der Minderheit beugt? Denn wie hat es Elke Heidenreich formuliert: *„Jeder will unbedingt mitgeachtet und mitbedacht werden."* Es gibt aber kein Recht auf unverletzte Gefühle. So schmerzhaft dieser Umstand auch sein mag, das kann man nicht verlangen, dazu verlangt das Leben einem Menschen im Laufe der Zeit zu viel Leid und Schmerz ab. Ebenso nimmt ein LGBTQ+-Aktivist ja auch für sich in Anspruch und wissentlich in Kauf, ältere Mitmenschen zu verletzen, wenn er sie z. B. als alte, weiße Männer verhöhnt und sich über ihr rückschrittiges, aus der Welt gefallenes Weltbild lustig macht. Auf jeden Rücksicht zu nehmen ist schädlich. Tatsächlich wird niemand diskriminiert, beleidigt oder zu einem Hassobjekt, weil er nicht gegendert wird. Selbst etwas nett Gemeintes und in diesem Sinne Gesagtes kann verletzend sein, beispielsweise, wenn man einem Menschen helfen will und dieser das als Eingriff in die Privatsphäre deutet und davon angefasst ist. Deutungsspielraum gibt es in menschlicher Kommunikation zur Genüge! Menschliche Kommunikation ist einfach nicht freizubekommen von Uneindeutigkeiten.

Das Problem der verletzten Gefühle scheint vielmehr ein persönliches Problem zu sein, kein allgemeines, das repräsentativ für eine Mehrheit der Menschen steht. Es sei denn, dass einem völlig irrelevant und ohne Not Gefühle anderer aufgezwungen werden und man in seiner persönlichen Freiheit eingeschränkt wird. Es stört ja auch niemanden, dass die Bezeichnungen *Mädchen* und *Jungchen* als Verniedlichungsformen grammatikalisch sächlich sind. **Das grammatikalische Geschlecht ist nun einmal etwas anderes als das biologische Geschlecht** (ganz ebenso wie das „soziale" Geschlecht). Bei Berufsbezeichnungen geht es um den Funktionsträger und nicht um das Geschlecht: (Die) Lehrer unterrichten, Ärzte heilen, Gärtner bauen Pflanzen und Blumen an. Welche Relevanz soll das Geschlecht hierbei haben? **Tatsächlich fördert eine allgemeingültige Bezeichnung, die alle meint, die Gleichheit mehr als umständliche Formulierungen, die vordergründig jedes Geschlecht berücksichtigen.** Erst durch die Unterscheidung wird Diskriminierung gefördert, nicht verhindert!

Wenn alle gleichwertig sind und gleichbehandelt werden sollen, warum bedarf es dann Unterschiede, die die einzelnen sprachlichen „Einheiten" voneinander trennen? Warum müssen die Unterschiede hervorgehoben werden, wenn es doch um das Verbindende gehen sollte? **Gleichheit wird nicht durch das Betonen der Unterschiede bewirkt, sondern durch die gleichwertige Behandlung.** Vertreter des Queerfeminismus behaupten, dass nur noch Fabel-Bezeichnungen wie Cis-Gender politisch korrekt seien, die alternative Aussage „ich bin weiblich, hetero" aber könne als diskriminierend gewertet werden. Woher denn? Wieso? Wollen diese Aktivisten den Sprachgebrauch vorgeben? Ist es nicht eher diskriminierend, jemand anderen in seiner Meinungsfreiheit einzuschränken?

Bedarf es wirklich Agenturen, die Einrichtungen aufklären, wie man sensibel kommuniziert und die Leute mit zig verschiedenen Arten des Genderns überfordern? Auch kirchliche Verbände lassen sich nicht lumpen und buchen Fortbildungen und Seminare, in die sie viel Geld und Zeit investieren, um den Forderungen *der Gendergerechtigkeit* zu entsprechen. In vorauseilendem Gehorsam, denn man möchte ja mit der Zeit gehen und sich später nicht sagen lassen, dass man rückschrittig eingestellt sei, gar rückwärtsgewandt agiere. So schreitet man in schnellem Schritt rückwärts nach vorn, ohne es zu ahnen. Im Glauben, dass man progressiv sei und dem Fortschritt der Gesellschaft diene. Selbst Gott bleibt dabei nicht mehr unangerührt. Etwa wenn manch einer die Bezeichnung *Gott** oder *Gott+* vorschlägt. Ohne Verständnis oder Achtung auch für die (sprachliche) Tradition. Auf diesem Wege verlassen wir im Sprint das, was von tradierten (religiösen) Lehren übrig ist und etablieren einen neuen (a)moralischen und (de) moralisierenden Universalismus, der in Anspruch nimmt, das Ganze zum Guten zu wenden. So ist mit dem Gebrauch von Pronomina (technisch-futuristisch-klingend-inklusive) oder der Verzicht solcher (rhetorisch-stilistischer Rückfall in infantile Stadien des Schriftspracherwerbs) nach Ansicht der Mainstreamideologen zum Fortschritt schon erheblich viel getan. Dabei wird eigentlich nur der Infantilisierung der Sprache weiter Vorschub geleistet. Fraglich ist auch, ob Ressourcen im Außenministerium wirklich richtig und sinngemäß eingesetzt werden, wenn man einen Augenmerk auf geschlechtergerechte Sprache setzt. Vielleicht sollte man doch wieder seinen Schwerpunkt auf Außenpolitik richten und auf jene, die auf internationale Hilfe angewiesen sind.

Sprache ist ein Baukastensystem. Die deutsche Sprache ist ein absolut offenherziges System, das insbesondere bei den Komposita die tollsten Sprachverbindungsrealisierungen *(merkste was?)* ermöglicht. Gleiches gilt auch für das sogenannte generische Maskulinum, an das jegliche Nachsilben angehängt werden können und das somit eine Grundlage für etliche Gesprächsanschlüsse zulässt und somit so offen ist, wie ein grammatikalisches Wort und Genus bloß sein können. Es ergibt ja auch gemäß der pragmatischen Sprachökonomie Sinn, wie in einem Baukastensystems den kleinsten Stamm als Grundform anzusehen und mittels eines Genus-Suffix Geschlechter zu bezeichnen. Es gibt überdies feminine Tierbezeichnungen wie *Katze* und *Biene,* die auch biologisch männliche Wesen mitbezeichnet. Was ist das bloß für eine bösartige Diskriminierung meines Katers!

Selbst verursachtes Chaos

An dieser Stelle ließe sich zudem anmerken, dass erst durch die Doppelformen (Schülerinnen und Schüler) die allgemeine sprachliche Repräsentation Schüler, die sexusneutral ist, als männlich charakterisiert wird. Dabei werden mit der sexusneutralen Bezeichnung „Schüler" (als Plural ebenfalls!) *alle* angesprochen (eben nicht nur Frauen und Männer, sondern auch Diverse!). Auf pragmatischer Ebene hat die Grammatik bereits ein System etabliert, das sprachökonomisch ideal, in sich kohärent und sexussymmetrisch ist. Erst indem man das Sexusneutrale umdeutet und in fortgesetzten Framingkampagnen umformt, wird es zunehmend als *einzig männlich konnotiert wahrgenommen*. **Man schafft folglich erst ein Problem, das man zu lösen vorgibt.** Nun ist dieses Problem aber in der Welt. Was also tun? Um die soeben qua Genderbestrebungen gestörte Symmetrie zwischen den Geschlechtern der sprachlichen Repräsentation wiederherzustellen, nutzt man **Abstrakta** (*Redepult* statt *Rednerpult*). Neologismen und Wortschöpfungen erwecken den Eindruck einer **technokratischen Behördensprache**, die in ihren Abstrakta und unlogischen, grammatikalisch sinnlosen Interpunktionskennzeichnungen zunehmend unpersönlicher und unübersichtlicher wird. Die *Gendersprechstifter* oder soll man sagen *Gendersprechstfifter*innen* oder *Gendersprechstiftenden* erfinden immer neue Formen. Was ist denn nun die sozialverträgliche Variante, die sich im Rahmen des fortschreitenden Prozesses der Sprachentwicklung durchsetzen wird? Welche hat die Chance als grammatikalisch korrekt und pragmatisch sinnvoll eingestuft zu werden? Wer hat die fachliche Autorität, darüber zu entscheiden?

Das **generische Maskulinum** taugt jedenfalls, so nach Überzeugung der Aktivisten, nicht dazu, stamme es doch aus einer Zeit, als Frauen gesellschaftlich und beruflich stark marginalisiert waren. So jedenfalls die Behauptung. Ganz wissenschaftlich prüfbar ist das natürlich nicht. Das Schöne für die Verfechter dieser Position ist, dass es so im Ungefähren bleibt, weil es schlichtweg nicht mehr überprüfbar ist. Auch wenn die Genderforschung sich diesen Punkt gerne so hindrehen möchte. Die Berufsbezeichnung Arzt jedenfalls ist eine neutrale Benennung des ausgeübten Berufs, bei der es sprachlich überhaupt nicht um das Geschlecht, sondern um die fachliche Qualifikation der diesen Beruf ausübenden Person geht. Extrabezeichnungen für Frauen, Männer oder Diverse sind nicht notwendig in der grammatikalischen Sprachlogik und auch nicht im pragmatischen Nutzerverhalten. Gemäß dieser geschlechtsoffenen, androgynen Lesart umfasst das generische Maskulinum alle Geschlechter, es meint schlichtweg jeden. Wer das abstreitet und mir unterstellen will, was ich nicht denke, meine oder ausdrücke, dessen Intoleranz- bzw. Faschismusvorwurf wirkt wie ein Bumerang auf ihn selbst zurück. Tatsächlich stellen faktenbasierte Studien zur Verwendung und Akzeptanz des generischen Maskulinums ein Desiderat. Entsprechende Stichprobenstudien aus dem deutschsprachigen Raum zeigen eine hohe Akzeptanz durch die Mehrheit der Nutzer.

Sonderzeichen in deutschen Wortgefügen wie Sterne oder Doppelpunkte oder Unterstriche oder Partizipkonstruktionen (Studierende statt Studenten) werden häufig nicht ernstgenommen, weil sie nicht präzise sprachliche Repräsentationen des eigentlich Bezeichneten sind. Denn ein Studierender ist eben nicht zwangsläufig ein Student, aber ein Student ist und bleibt ein Student. Man kann Bücher studieren, ohne ein Student zu sein. Jürgen von der Lippe hat diesen Sachverhalt durchaus plakativ verballhornt: Ein Bäcker ist nur in der Backstube ein *Backender*, auf der Toilette ist er ein …

Sprachblüten der Gendersprache

Sollten vielleicht nur noch grammatikalisch neutrale Formen wie *Gäst*innen* verwendet werden? Oder sollte man neutrale Formen auch gendern? Das *Opfer* wird zum/zur/zu (welcher Artikel passt dann?) *Opfer*in* oder *Opf*in* und der Plural dann *Opfer*innen* oder *Öpf*innen* oder *Opf*innen?* Sollte man das Neutrum gar ganz aus der Sprache streichen, weil es keine sächlichen Geschlechter in der Realität (oder das, was wir dafürhalten) gibt? Oder kommt gleich jemand um die Ecke und sagt: *Ich liebe meinen Auspuff, er hat ein sächliches Geschlecht, sonst könnte ich zweifelsohne doch keinen Geschlechtsverkehr mit ihm haben?* Muss man Neutrumformen auch gendern, damit niemand gekränkt werden kann, der sich als Sache, z. B. als Kampfhubschrauber versteht? Sollte man das Neutrum bei Bezeichnungen von Menschen ganz streichen? Sollte man *Mädchen* auch gendern und gar *Mädch*innen* schreiben? Warum nimmt man nicht einfach nur noch die Neutrumformen für alles?! *Das Frau, das*

Mann, das Elefant. Klingt doch super!

Wenn man schon dabei ist, kann man außerdem alles streichen, was in der Sprache auf ein dahinterliegendes biologisches Geschlecht weisen könnte. Und was ist mit transfluenten Männern? Sollte man um derentwillen auch die Männer gendern? Zu: *Der Mann*in/Der Männ*in* und im Plural dann: Die *Mann*innen* oder Die *Männ*innen*? Und was ist mit *Frau*in* und *Frau*innen*? Wieso kommt da nicht gleich auch noch der Gendersuffix dran? Gibt doch auch transfluente Frauen, die sich von der ausschließlich femininen Form diskriminiert fühlen und gemäß des Diskriminierungsgesetzes vor Gericht treten. Wie man sieht, betören die potenziellen Sprachblüten, die die Gendersprache noch für uns bereithalten könnte, bereits alle Sinne des Verfassers. So ist das eben, wenn man eine postmoderne technisierte Sprache schraubt mit Mitteln, die auf beliebige Art und Weise veränderbar sind und weder definiert noch reguliert werden. Wird mächtig bunt der Strauß der Sprache und wenn wir es so weitertreiben, dann können wir irgendwann vor lauter Klecksen gar nichts mehr sehen und verstehen. Aber wen stört das schon? Bei Kommunikation geht es – *wer wüsste das nicht* – vorrangig darum, dass man sich nicht verletzt...

Gendersprache ist nicht barrierefrei

Die Rechtschreibreform von 1996 hatte das Ziel, die Rechtschreibung einfacher zu machen und überflüssige Sonderformen und Regelungen abzuschaffen; auch um den Sprachnutzern den Spracherwerb zu erleichtern. Durch die Gendersprache wird die Sprache unverständlicher (insbesondere Gesetzestexte), barrierebehafteter und komplizierter nachzuvollziehen. Auch die künstliche Sprechpause irritiert. In Bezug auf Menschen, die Deutsch als Zweite Fremdsprache lernen und sich ohnehin schon einem anspruchsvollen Sprachsystem entgegensehen, das nicht noch komplexer werden sollte, stellt die Gendersprache eine weitere Hürde dar. Gerade die Vielzahl an Gendervarianten macht es noch komplizierter und unübersichtlicher. Für kurzsichtige Menschen und sehbehinderte Menschen ist Gendern nicht barrierefrei. Es liest sich schwer, denn die Wortgrenzen und grammatikalischen Zuordnungen sind nicht immer zweifelsfrei voneinander zu unterscheiden. Auch wenn man schlecht hören kann, wird es schwierig. Ganz zu schweigen davon, dass nicht alle Programme die entsprechenden Zeichen korrekt oder gar barrierefrei wiedergeben können. Das ist eine Tatsache, die selten berücksichtigt wird. Dabei sind doch Menschen, deren Sinne erhebliche Einschränkungen haben, in besonderem Maße benachteiligt bei der gesellschaftlichen Teilhabe. Was ist mit denen? Hat die mal jemand gefragt? *Doch*, das sind berechtigte Fragen, denn behinderte Menschen richteten die meisten Beschwerden über Diskriminierung an die Antidiskriminierungsstelle. Sonderzeichen in Wörtern sind überdies schlecht vorzulesen, sie stören den Lese- und Redefluss und entsprechen schlichtweg nicht der deutschen Sprachnorm bei Wortbildungsprozessen, sie sind nicht mit den Regeln konform und stellen einen Verstoß gegen die inhärente Sprachrichtigkeit dar. Auch der Rat für deutsche Rechtschreibung sprach sich im März 2021 gegen die vorgeschlagenen Genderkennzeichnungen wie Asterisk

(Genderstern), Unterstrich (Gender-Gap), Doppelpunkt oder weitere verkürzte Formen mehrgeschlechtlicher Wendungen im Wortinneren aus.

Gendersprache ist schädlich beim Spracherwerb

Die Uneinheitlichkeit der Vorschläge sorgt für Verwirrung der Sprachnutzer, sodass bereits jetzt zig Sonderformen nebeneinanderstehen und jede woke Redaktion sich für eine Variante entscheidet, die ihr mehr zusagt. So etwas nannte man früher mal Willkür. **Diese Vorschläge liegen der irrigen Annahme zugrunde, dass man biologisches Geschlecht und sprachlichen Genus miteinander gleichsetzt**. Ein **Übertragungsfehler**, den man ansonsten im Sinne seiner diversen Weltanschauung doch allzu gern den Ewiggestrigen, Traditionalisten und Intoleranten vorwirft, wenn man etwa deutlich hervorhebt, dass biologisches Geschlecht (also das, mit dem man ins Leben hineingeworfen wird und das nun einmal eines der Naturgesetze des Lebens ist) und soziales Geschlecht (Gender, also die individuelle Wahrnehmung des eigenen Geschlechts als Teil der individuellen Identität) nun einmal auch nicht gleichzusetzen sind!

Das grammatikalische Geschlecht weicht ab vom biologischen Geschlecht, also das Zeichen (das Mädchen) für das Bezeichnete (junge weibliche Person). Es ist auch nicht ganz unredlich, noch einmal zu betonen, dass viele feminine und maskuline Wörter etwas bezeichnen, das in der bezeichneten Realität kein biologisches Geschlecht hat. **Grammatikalisches Geschlecht und biologisches**

Geschlecht sind schlichtweg nicht gleichzusetzen, wenn auch häufig eine Übereinstimmung besteht. Eine Generalisierung wäre nur dann sinnvoll und nötig, wenn feminine und maskuline Wörter tatsächlich *immer* weibliche und männliche Wesen klar voneinander trennen würden und hier der behauptete prinzipielle Unterdrückungsmechanismus von Sprache als patriarchales Machtdurchsetzungsinstrument sich offenbarte.

Beim **Gendersternchen** wird die Kennzeichnung des Femininums vom Wortstamm getrennt. Dabei kommt es ziemlich häufig vor, dass die männliche Form hier grammatikalisch fehlerhaft gekennzeichnet bzw. nicht mehr repräsentiert ist: *Pädagog*in*. Ist das nun ein neuer Beruf? Was ist mit den männlichen Pädagogen. Gleiches gilt für *Ärzt*in/Ärzt*innen*. Hier ist keine männliche Form enthalten. Das stellt nicht nur einen grammatikalischen Fehler dar, sondern eine Diskriminierung der männlichen Ärzte, da diese sich in diesen Sprechstolperformen nun bei aller Fantasie nicht mehr wiederfinden können. Aber egal, lasst uns demnächst nicht mehr zur Bäckerei gehen, sondern zur *Bäcker*innenei.*

Gegenwärtige Entwicklungen: Gender-Mainstreaming und Framingkampagnen

Obschon die Mehrheit der Bevölkerung keine Gendersprache will, zwingt die aktivste Minderheit dieser ihre Partikularinteressen in mehrheitsfähigen, politischen und gesellschaftlichen wie kulturellen Einrichtungen sowie mittels mehrheitsschaffenden Instrumenten wie Medien und Bildungseinrichtungen auf. Wer in diesem Zuge nicht entsprechende Sprachdogmen übernimmt, wird kritisch beargwöhnt. Aus diesem Grunde befördern Einrichtungen den Gender-Mainstream, indem sie ihre Programme „sprachlich" diversifizieren und Angebote schaffen, deren Nachfrage nicht der freie Markt regelt, sondern die aktivste Minderheit, die einen künstlich aufgeblähten Markt schafft. Man erinnere sich an den Spruch: Demokratie ist die Herrschaft der aktivsten Minderheit. Unternehmen sehen sich dazu gezwungen, Gendersprache zu nutzen, damit sie nicht von Möchtegern-Moralisten mit elendigen Diskussionen von der Arbeit abgehalten oder gar Kaufboykotte von Aktivisten gefordert werden.

Universitäten etablieren autoritäre Vorgaben, die das Nichteinhalten der Gendersprache mit Punktabzügen sanktionieren. Auf diese Weise dringt Gender-Mainstreaming in die Mehrheit. Nicht aus authentischer Überzeugung, sondern aus nachvollziehbarer Angst. Über den Weg der Sprache soll die Art, wie wir denken, systematisch und systemisch umprogrammiert werden *– ohne die Nebenwirkungen dieser Toleranztherapie zu berücksichtigen.*

Das Ganze erinnert an eine Krebstherapie, die auf gut Glück das diagnostizierte Gewucherte im Organismus bekämpfen soll, indem sie den Patienten den Schnabel vollgießt, ohne vorab zu wissen, ob es wirkt, wie es wirkt und ob der Patient die Behandlung unbeschadet übersteht, diese überlebt und einen Nutzen davon hat. Was aber sicher ist: Auf dem Beipackzettel des Medikaments stehen erhebliche Nebenwirkungen. Wer wie ein Pestdoktor mit Jauche spritzt, wird selten nachhaltige Gesundung initiieren. Man sollte sich stattdessen fragen: Wie kann man ein System optimieren und den Verursacher ermitteln, ohne dass man anderen eine Pauschalschuld zuspricht, während man sich selbst aufgrund der eigenen Gesinnung und der Lippenbekenntnisse einen Persilschein ausstellt.

Man sollte ja auch nicht als Schüler jeden Tag einen Weg von fünf bis zehn Kilometern mit dem Auto fahren und dann auf einer FFF-Demo gegen die alten, weißen Umweltsäue der Gesellschaft protestieren. *Manche machen es aber trotzdem.*

Wie nennt man das, wenn man die Sprache nach politischen bzw. weltanschaulichen und ideologischen Aspekten ändern will? Ach ja: Framing. Was ist Framing in der Kommunikation? Fast alles. **Mit Framing-Kampagnen will der Agitierende Begriffe und Debatten so prägen, dass sich die eigene Weltanschauung möglichst mehrheitsfähig zur Anschlusskommunikation anbietet und so sich durchsetzt.** Gleiches gilt für damit einhergehendem Wording. Sprachfeminismus ist ein Beispiel hierfür.

Warnung vor der Tretmühle

Wie schön wäre es, wenn Wertschätzung wieder mehr Einzug in den allgemeinen Umgang miteinander fände. Denn diese Entwicklung ist weitaus kritischer als manch einer vermuten würde. Man möge sich an dieser

Stelle denken, was geschähe, wenn die sprachlichen Abwertungsprozesse weiter Einzug in die Sprache hielten. Abwertung (inhaltlich wie sprachlich) anderer ist zum Volkssport geworden. Selbstüberhöhung mittels Abwertung anderer spielt hierbei eine entscheidende Rolle. Der Diskurs wird dabei immer emotionaler, unsachlicher geführt. Es zählen nicht mehr die Argumente, sondern engstirnige und wenig durchdachte Meinungen, die von in Selbstgerechtigkeit badenden Fundamentalisten als einzige Wahrheiten verkauft werden.

Paradoxerweise wird das Individuum im Zuge des Sehnens nach absoluter Selbstentfaltung und absoluter Selbsterfahrung in den kommenden Jahren in eine entindividualisierte Konsummasse eingehen, die endlos manipulierbar ist. Absolute Selbstentfaltung und Selbsterfahrung werden einem Gefühl der Fremdbestimmtheit weichen. *Ich, ich, ich* und *meine Bedürfnisse* sind das Dogma der jüngsten Vergangenheit. Diese Beschränkung auf das Eigene führt zwangsläufig zu einer Vermassung, da es kein verbindendes Gemeinschaftsgefühl mehr gibt.

Sprachpolitik ist Symbolpolitik. Betrachtet man die Wirklichkeit als ein ausschließlich im Sinne des Konstruktivismus erstelltes sprachliches Konstrukt, das dekonstruiert werden kann (nach Belieben? Zur Beliebigkeit?), dann kann man selbst Naturgesetze als reine Konstrukte ansehen, weil man sie ja nur beobachtet und letztlich konstruiert. Manche (Mit-)Begründerin des Queer-Feminismus streitet die biologischen Geschlechter gänzlich als reine Konstruktionen unserer Gesellschaft ab. In diesem Sinne ist alles Materielle nur Illusion. *Willkommen im Nihilismus!* Geradezu grotesk werden die Sprachblüten von feministischen und diversorientierten „Forschern", wenn diese vorschlagen, dass man zukünftig mit der Endung *-ens* gendern könne. Sicherlich stellt dieser Vorschlag nur ein Gedankenspiel dar, aber dass wir bereits so weit gekommen sind, dass wir überhaupt darüber diskutieren, mit welchen bizarren Konstruktionen wir unsere Sprache zerfleddern können, sagt viel über unsere Gesellschaft aus und über die Zeit, in der wir leben. Dass diese Ideen auch noch breit und ernsthaft diskutiert werden, ist Ausdruck einer sinnentleerten Lebensweise, die es gerne in Kauf nimmt, dass sie sich neben dem Lebenssinn auch noch der Sprache beraubt. Hätten wir nur noch die Endung *-ens*, dann verlöre die Sprache sämtliche Sinne. Wir wollen doch in einer Gesellschaftskette miteinander verbunden sein, in der die einzelnen Glieder erkennbar und unverwechselbar sind.

Schätzungen zufolge leben laut Aussage der Deutschen Gesellschaft für Transidentität und Intersexualität 20.000 bis 80.000 transsexuelle Menschen in Deutschland. Das sind 0,0025 bis 0,01 % der Menschen in Deutschland. Wie viele von ihnen fühlen sich durch die deutsche Sprache diskriminiert? Rechtfertigt dieser geringe Bevölkerungsanteil diesen extremen Eingriff in die deutsche Sprache? Repräsentative, seriöse Studien sind hierzu nicht zu finden. Es gibt außerdem nicht wenige Transsexuelle, die das generische Maskulinum bzw. generische Androgynum bevorzugen und die vermeintliche Geschlechtergerechte

Sprache ablehnen. Sind sie doch normale Menschen und keine Aliens. Wenn man jeden (auch sprachlich) repräsentieren möchte, dann repräsentiert man am Ende gar nichts mehr. Binäre Systeme haben ihre Berechtigung. Sie erlauben das Bilden von Synthesen. Um diese Mitte, die verträgliche bzw. aussöhnende Position zwischen zwei Extrempunkten oder auch Extremen zu bilden, benötigen wir den Gegensatz von These und Antithese. Sie sind aus diesem Grunde zunächst einmal das, was sie sind und nicht wertend. Die wertende Komponente kommt hierbei erst mit dem Betrachter, dann aber beizeiten mit voller Wucht hinzu. Wenn ein Mann sich als Intersexueller vorstellt, dann ist er zwar äußerlich ein Mann, innerlich und habituell aber ein androgyner Mensch (Mann&Frau). Gleiche Toleranz wäre auch hinsichtlich der Sprache zu wünschen, wenn etwa das **generische Maskulinum zwar auf den ersten Blick als „männlich" daherzukommen** scheint und deshalb auch so bezeichnet wird, in Wahrheit aber **vielmehr ein generisches Androgynum** ist, in dem beide biologischen Geschlechter und alle Gender gleichermaßen (mit-)gemeint sind.

Man kann zwei biologische Geschlechter mit drei grammatikalischen Geschlechtern repräsentieren. Wären die Nutzer doch bloß so tolerant wie ihre Sprache.

Das Wichtigste zusammengefasst

Die sog. Gendersprache schafft erst das Problem, das sie zu lösen vorgibt. In Folge der indoktrinierten Begriffe kommt es zu Bedeutungsverengungen und -verschiebungen von zuvor klar definierten Personenkennzeichnungen.

Sogenannte „Geschlechtergerechte" Sprache ist nicht gerecht, da sie erst den Fokus auf das Geschlecht legt, das im sog. Generischen Maskulinum keine Rolle spielt. Das generische Maskulinum verhält es sich wie ein generisches Androgynum und beinhaltet jedes Geschlecht. Aus diesem Grunde könnte man es auch Generisches Androgynum nennen.

Wer für geschlechtergerechte Sprache ist, sollte Gendersprache nicht verwenden, sondern das generische Maskulinum.

Grund 16
Männer können sehr wohl diskriminiert werden

Radikalfeministinnen fordern totalen Beistand von ihren Geschlechtsgenossen, denn in ihrer Überheblichkeit missachten sie, dass ein Großteil der Frauen diesen nicht geben möchte, weil sie in einer stabilen, glücklichen Beziehung mit einem Mann leben und eine stärkere Bindung zu diesem haben als zu einer fremden Frau. Radikalfeministinnen gehen dennoch davon aus - *in einer Selbstbeschneidung ihrer Identität auf das Geschlecht* - dass einzig der Fakt, dass beide das Frausein miteinander verbindet, dafür sorgt, dass Frauen überall und jederzeit miteinander solidarisch sein wollen, sollen und müssen.

Was für ein Unsinn! Anruf für dich, Frau Radikalfeministin, willkommen in der liberalen Gesellschaft! Wir sind schon noch selbst in der Lage für uns zu entscheiden, mit wem wir uns aus welchen Gründen auch immer solidarisieren möchten. Was logisch und selbstverständlich in unserer Gesellschaft ist, will so mancher Radikalfeministin aber nicht einfallen. Es ist auch viel zu schön, sich einfach einzureden, dass der Mann *ab jetzt* an allem schuld ist. *Moment: schon immer war.*

Obwohl manche Journalisten und Meinungsmacher es anders verlauten lassen: **Männer können diskriminiert werden**, nämlich als individueller Mensch, als Person in unterschiedlichen Lebenswelten und Erfahrungshorizonten. Wenn jede 11. Person Opfer von sexueller Belästigung am Arbeitsplatz wird und Frauen zwar 13% fast dreimal häufiger als Männer (5%) belästigt werden, heißt es eben nicht, dass nur Frauen Unrecht erfahren oder sich gegen Übergriffe und Grenzüberschreitungen wehren müssen. Männer werden wie Frauen durch Stereotype benachteiligt. Dies sind beispielsweise Pauschalismen wie *„Männer dominieren ihre Frauen“*, die von Radikalfeministinnen immer wieder geframed werden und so in den Köpfen der Menschen zementiert werden. Unsere Gesellschaft benötigt aber keine weitere Polarisierung, sondern Bereitschaft zum Dialog und gegenseitiges Verständnis. Dass Ungleichbehandlung keine *maskuline Einbahnstraße* in Deutschland (und Europa) ist, zeigte sich bereits 2015 im Randstad Arbeitsbarometer. Männer (20%) fühlten sich gleichermaßen häufig am Arbeitsplatz benachteiligt wie Frauen (19%). Wenn Radikalfeministinnen von ihrem

Standpunkt sich selbst bemitleiden, erinnern sie einen an Menschen, die keine Gefühle kennen außer Selbstmitleid und Verächtlichkeit gegen andere. Und wenn man dann noch ihre typische Argumentation durchleuchtet, dann wird einem noch schwindliger, denn **Selbstmitleid und Verachtung für andere in Kombination ergeben eine toxische Mischung.**

Im Jahr 2019 gab es insgesamt 3580 Beratungsanfragen bei der Antidiskriminierungsstelle, was einem Schnitt von 10 Anfragen pro Tag macht. Die überwiegende Anzahl der Antragsteller waren Menschen mit Behinderungen. **In Deutschland gelten fast 10% der Menschen als schwerbehindert. Wie viel Repräsentation erhalten behinderte Menschen in den Medien?** Und was ist mit den Selbstmorden? Männer begehen 76% aller Suizide in einem Durchschnittsalter von 57,9 Jahren. Sind das diese *überprivilegierten weißen alten Männer, von* denen alle sprechen? Und was ist mit Gefängnisinsassen? In Deutschland gibt es 51.000 Insassen. Nicht einmal 3000 von ihnen sind Frauen (6%). Und was ist mit den Obdachlosen? Drei von vier Obdachlosen sind Männer. Aber in den Medien und Pressemitteilungen von Bundesländern lesen wir Schlagzeilen wie *Jeder vierte wohnungslose Mensch ist weiblich.* Ist das richtig? Und warum stört es eigentlich die Mitmenschen eher, wenn zwei Männer sich in der Öffentlichkeit küssen, als wenn es zwei Frauen tun? Und warum ist die Lebenserwartung der Geschlechter eigentlich so unterschiedlich? Reichen diese Aufzählungen, um einen ersten Eindruck davon zu bekommen, dass auch ein Mann Diskriminierung und Leid erfahren kann?

Grund 17
Benachteiligung von Jungen in der Schule

Das katholische Arbeitermädchen vom Lande war in den 60er Jahren in der Bildungslandschaft der Bundesrepublik eine geflügelte Wendung, die kurz und prägnant Bedingungen aufzeigte, die Einfluss auf den Bildungserfolg eines Heranwachsenden hatten. Sie beinhaltete vier wesentliche Komponenten, nämlich: *1. Ländliche Region, 2. Schichtzugehörigkeit, 3. Religion* und *4. Geschlecht.* Mittels dieser Formel sollte exemplarisch aufgezeigt werden, dass die Chancen auf Bildungserfolg mit jedem der zutreffenden Merkmale abnähmen. An dem generellen Manko hat sich in Deutschland leider auch 60 Jahre später im Jahr 2023 nichts geändert. Noch immer bestimmt das soziale Milieu den Bildungserfolg. In der Gegenwart allerdings hat sich das Bild der benachteiligten Schüler gewandelt. Bildungsverlierer sind spätestens seit den 2000er Jahren nicht mehr die Mädchen, sondern die Jungen. Diese werden, das zeigen zahlreiche Studien, in ihrer Sozialisation benachteiligt. Eine gleichberechtigte Bildungsteilhabe sowie ein geschlechtsunabhängiger Zugang zum Wissen der Gesellschaft wird nicht flächendeckend umgesetzt. Zu Lasten der Jungen. Auch wenn es so mancher Großstadtfeministin vor ihrem Apple Macbook bei einem fancy Café Latte aus einem dieser billigen braunen

Plastikbecher in einem hippen Berliner Szene-Café nicht auffallen will: **Jungen sind DIE Bildungsverlierer**. Zudem zeigt sich, dass vor allem die Komponente der Milieuzugehörigkeit in besonderem Maße wichtig ist. Wer in einem bildungsfernen und finanzschwachen Milieu aufwächst, der hat nun einmal geringere Chancen als jemand, der in einem bildungsaffinen und finanzstarken Umfeld aufwächst. In der heutigen Zeit müsste die Wendung vielmehr folgendermaßen lauten: *Der Junge mit Migrationsintergrund aus der Großstadt.* Es mag niemanden überraschen, dass unser vollkommen veraltetes und föderal angestaubtes Bildungssystem zahllose „Bildungsverlierer" hervorbringt und Menschen, die die Schule ohne einen Abschluss verlassen. Die absolute Mehrheit davon ist männlich.

Mädchen schneiden in der Schule deutlich besser ab. Dies liegt aber nicht etwa daran, dass Mädchen schlau (oder stets fleißiger) bzw. Jungen dumm (oder stets fauler) sind, nein, es liegt auch darin begründet, dass eine systemisch bedingte Benachteiligung von Jungen in Kindergarten und Schulen zu konstatieren ist, die sich weiter verschärft.

Es war ein langer Weg vom *katholischen Mädel auf dem Land* zum *Jungen in der Großstadt.* Verwundern sollte einen diese Entwicklung allerdings nicht. Wer einen genaueren Blick auf die Bildungslandschaft richtet, der wird schnell erkennen, dass wir dort nicht gerade in einer geschlechterneutralen Zone umherwandeln, sondern in einem **Matriarchat**. Männer sind in Kitas, Kindergärten und Grundschulen eine bedrohte Spezies. Wenn Jungs auf ihren Sitzen hin und her rutschen und nervös mit den Füßen trippeln, dann werden sie gerne dafür gescholten. Ihr Verhalten wird sanktioniert. Ihnen wird ADHS diagnostiziert und einige von ihnen werden mit Tabletten ruhiggestellt. Mädchen dagegen sitzen eher still auf dem Platz, tuscheln unauffälliger und zeigen sozial erwünschtes Verhalten. So wird von der Vielzahl der Lehrerinnen als männlich deklariertes Verhalten eher sanktioniert und auch bei gleichem Erfüllen der geforderten Kompetenzen erhalten Jungen häufig schlechtere Noten. Es ist nicht übertrieben, wenn man in der Folge eine systemisch und systematisch bedingte Benachteiligung des männlichen Geschlechts im Schulwesen feststellt. Wer ergreift die Stimme für die Jungs, wenn ihnen Unrecht widerfährt? Eine erwachsene Frau, die von ihren Kollegen am Arbeitsplatz belästigt wird, ist theoretisch alt genug, um sich zu wehren oder sich Hilfe suchen zu können. Aber was macht ein kleiner Junge, der infolge seines Alters noch nicht in der Lage ist, die Diskriminierung, die er erfährt, zu erkennen oder adäquat zu artikulieren und sich zu wehren oder nach Hilfe zu suchen? Erst recht, wenn er keine positiven erwachsenen männlichen Vorbilder im näheren Umfeld hat. **Sollte nicht gerade die Schule ein offener Ort des Denkens sein**, in denen die heranwachsenden Menschen mit Wissen gefüttert und mit Problemen konfrontiert werden, um hieraus ihre eigenen Schlüsse zu ziehen und sich damit auch aus den Fesseln einer perspektivisch verschränkten Erziehung befreien? Ein Lehrer sollte kein Moralist oder Erzieher sein, der seine (Weltverbesserungs-) Ideen in den Geist stopft, er sollte ein Vermittler sein, der den

Geist für sämtliche Ideen öffnet und Schüler darin fördert, sich gegenüber ideologischer Bevormundung und Überformung mündig zu erweisen.

Das Wichtigste zusammengefasst

Die absolute Mehrheit der Erzieher, Pädagogen und Mitarbeiter im Erziehungs- und Schulwesen ist weiblich.

In Bildungsmaterialien werden vor allem weibliche Diskriminierungserfahrungen behandelt, männliche werden ausgeklammert.

Mädchen haben bei gleicher Intelligenz bessere Noten als Jungen.

Jungen haben weniger gleichgeschlechtliche Bezugspersonen auf ihrem gesamten Bildungsweg.

Wo bleiben spezielle Förderprogramme für männliche Bewerber, damit ein Gleichgewicht auch im Bildungswesen erreicht wird?

Grund 18
Ungleichbehandlungen in der Arbeitswelt

Im Wahlkampf des Jahres 2021 zeigte sich in der Personal-besetzung des grünen Kanzlerkandidaten, dass der Parteivorsitzende Robert Habeck zugunsten von Annalena Baerbock aufgrund des Geschlechts von einer Kanzler-kandidatur abgesehen hat. Laut Bundesverfassungsgericht resultiert aus der Pflicht zur „Beseitigung bestehender Nachteile" (GG) allerdings kein Anspruch auf die Herstellung von Ergebnisgleichheit. Konsequenz des Ganzen: Der Gleichstellungs-grundsatz verpflichtet zur Gleichstellung für beide Geschlechter. Praktiken wie bei den Grünen, wo Gleichstellung bedeutet, dass bei vier Bewerbern auf zwei Plätze die einzige weibliche Bewerberin gemäß der Quotenregelung einen Platz sicher hat, wenn die anderen drei männlich sind, *(ungeachtet anderer Auswahlkriterien wie z. B. Kompetenz)* mögen als geschlechtergerecht verkauft werden, haben aber erhebliches Diskriminierungspotenzial. Gleichstellung bei den Grünen bedeutet darüber hinaus, dass bei Führungspositionen der Spitzenplatz immer von einer Frau besetzt sein soll. Diese starre Quotenregelung stellt sicherlich keine Gleichberechtigung oder einen offenen, liberalen Wettbewerb um Posten dar. Denn für den individuellen Mann kann die Quote zur faktischen Benachteiligung werden. Selbst hier gibt es Schlupflöcher, die durch so machen Irrsinn des Zeitgeistes erst entstehen. So konnte ein männlicher Politiker etwa bei den Grünen sich trotz des Parteistatuts aufstellen lassen, indem er im Zuge der Kandidatur verkündete, dass er zwar ein biologischer Mann (Geschlecht) sei, sich aber als Frau fühle (Gender) und sich mit seiner Frau in einer lesbischen Beziehung befände, die infolge der biologischen Voraussetzungen Kinder hervorgebracht habe. *Du hältst das für Schwachsinn?* Nein, nein, es ist wirklich so passiert! Nachdem die Kandidatur des Mannes, pardon: der Frau, erfolgreich war, verkündete der Mann, er habe sich nur aus Jux und aus Prinzip als Frau aufstellen lassen, um die ausufernden Genderdebatten, die derartige Kakophonien verursachen, zu karikieren. Ein wahrlich dadaistischer Protest!

Die Benachteiligungen, die Frauen gerade im Bereich der Erwerbsmöglichkeiten in der Vergangenheit hatten, werden so nicht wiedergutgemacht. Sie sind mit nichts wieder gut zu machen. Stattdessen wäre es besser, daraus zu lernen. **Ein neues bzw. reflektierendes Unrecht gleicht das vorangegangene Unrecht nicht aus.** Zwei Mal minus wird nicht plus. Es verstärkt nur die Ungerechtigkeit, weil wir es heute besser wissen sollten und besser machen könnten. Das Frauenstatut der Grünen bricht mit den Grundsätzen einer wahrhaftigen Gleichstellung. Tatsächlich zeigt sich, dass Frauen überproportional aufsteigen und dass das Prinzip der Bestenauswahl durch soziale Faktoren ersetzt wird. Mitunter werden dabei die Anforderungen, in einen Beruf zu gelangen, für Frauen (nicht nur im körperlichen Bereich oder in männerdominierten Berufen) erleichtert, so geschehen etwa an der Medizinischen Universität Wien beim Eignungstest für Frauen. An der Uni Nürnberg gibt es eine spezielle Förderung für Frauen (ein sog. Professorinnenprogramm), wovon Männer ausgeschlossen sind, somit haben Frauen hier bessere Chancen als Männer. Auch an anderen Universitäten werden Frauen bei akademischen Auswahlverfahren bevorzugt behandelt. Amerikanische Studien von *Williams und Ceci* deuten darauf hin, dass **Frauen eine doppelt so hohe Chance hatten, bei einer Bewerbung auf den ersten Platz gesetzt zu werden**. Das Prinzip der Gleichbehandlung wird zugunsten einer rasch steigenden Frauenquote verabschiedet, sodass sich für die derzeitige Generation Männer eine Benachteiligung zeigt.

Der Fakt einer „Unterrepräsentation" von Frauen in einigen Berufen rechtfertigt keinen einfachen Blick auf die Ursachen. So sind etwa von über 200 Gender-Professuren in Deutschland nur 10 von Männern besetzt (0,5%). Sind deshalb Männer dort mit einer himmelsschreienden Ungerechtigkeit konfrontiert? Oder haben sie ganz einfach keine Lust und Interesse in diesem „Wissenschaftsgebiet" zu forschen? Zudem zeigt sich in der Haltung, dass eine geringere Quote von Frauen in einigen Berufen hauptsächlich durch Diskriminierung zustanden komme, ein fehlendes Verständnis für geschlechtsspezifische Interessen, die sich durch zahlreiche, voneinander unabhängige internationale Studien mit differenzierenden Studiendesigns klar zeigen. Diese offenbaren auch, **dass je diskriminierungsfreier eine Gesellschaft ist, desto ausgeprägter sich Unterschiede der Geschlechter offenbaren**. Betrachtet man zudem den Umstand, dass von 60,4 Millionen Wahlberechtigten bei der Bundestagswahl im Jahr 2021 mit 31,2 Millionen die Frauen gegenüber Männern (29,2 Millionen) in der Mehrheit waren, erkennt man, dass sie in der Tat erhebliche Einflussmöglichkeiten haben.

Ein weiterer Aspekt, der gerne vernachlässigt wird, jedoch mit einigem logischen Nachdenken selbst zu erkennen ist, ist eben jener, dass sich ein Frauenanteil erst mit der Zeit vergrößern kann. Wenn also Feministen über jährliche Zunahmeraten von 3% klagen, dann haben sie diesen Prozess nicht verstanden. Man kann ja nicht einfach alle Männer aus ihren Positionen schmeißen und durch Frauen ersetzen. Jedenfalls nicht, wenn man an das Prinzip einer liberalen Gesellschaft glaubt und verstanden hat, dass eine radikale Revolution selten ihre Ziele erreicht, wohl aber zerstörerische Geister hervorruft, die unkontrollierbar im Namen der Tugend und Moral wüten. **Dass der Vorwurf der Diskriminierung von Frauen unsinnig ist, zeigt auch der Fakt, dass die Erfolgsquote der weiblichen Bewerber höher ist als ihre Bewerbungsquote**. Das Gefährliche einer solchen Dichotomie ist, dass all jene Grauzonen, die nicht sofort zu erklären sind, automatisch in die negative Kategorie eingeordnet werden und eben nicht als neutrale Information gewertet werden, die es noch zu entschlüsseln gilt. Ein weiteres seit über 50 Jahren in der Forschung beobachtetes Phänomen ist zudem der Umstand, dass Frauen eher von Männern als von ihren Geschlechtsgenossinnen in der Arbeitswelt gefördert werden. Wie kommt denn dieses **Frauen-fördern eher nicht Frauen-Paradoxon** zustande? *Stutenbissigkeit?*

Vornehmlich weibliche Gleichstellungsbeauftragte

Neben der Frauenquote gibt es Frauenbeauftragte bzw. Gleichstellungsbeauftragte, die am Bewerbungsverfahren beteiligt sind und beratende Funktionen in Betrieben einnehmen. Es gibt allerdings trotz Gleichstellungsgebots keinen Männerbeauftragten. Tatsächlich sind auch Stellen von Gleichstellungsbeauftragten in der Regel von Frauen besetzt. Selbst in sozialen Berufen wie dem Lehramt (wo je nach Schulform ein Frauenanteil von 60-95% herrscht), gibt es immer mindestens eine weibliche Gleichstellungsbeauftragte, aber nicht einen männlichen Gleichstellungsbeauftragten. Was man hieraus schließen darf: Frauenbelange stehen im Mittelpunkt der Betrachtung und haben Vorrang, selbst dann, wenn nur einer von 100 Kollegen ein Mann ist. Umgekehrt scheint es nicht im Sinne der Gleichstellung zu sein, dass auch Männer von geschlechtsgleichen Vertretern repräsentiert werden und sich für Männerrechte einsetzen. Die außerdem im Subtext mitschwingende Denkweise, dass Frauen scheinbar besser geeignet dafür sind, auch die Männer mitzurepräsentieren, ist nicht von der Hand zu weisen. Deutlich wird dies auch, wenn man selbst in einem sozialen Beruf arbeitet: Die Belange von Mädchen und Frauen werden häufig und ausgiebig thematisiert. Wo aber die Jungen und die Männer bleiben, fällt unter den Tisch der Gleichstellungsbeauftragten, denn die Patriarchen haben *es eh gut genug im Patriarchat.* Jetzt sind erst einmal die Frauen dran. *Achso, okay.*

Folgen der Frauenquote und Frauenbevorzugung

Wenn das Geschlecht ein primäres Selektionsinstrument ist, wird in Teilen fachliche Qualifikation zum Preis einer vermeintlichen Inklusion mit einhergehender Gefahr inkompetenter Fachkräfte und Führungspositionen geopfert. Zudem steigt mit dem Druck der Frauenquote auf die Dax-Konzerne die Gefahr, dass hochqualifizierte männliche Bewerber sich nicht mehr für das obere Management aufstellen lassen. Frauenquote und ausgezahlte Boni werden teilweise miteinander verknüpft, was de facto eine monetäre Erpressung darstellt. Arbeitsrechtlich wird die Frauenquote damit zum Instrument der Bevorzugung des weiblichen Geschlechts. Konsequenterweise werden Unternehmen mit Quotenzielen für High Potentials des männlichen Geschlechts unattraktiver. Zur Quotenerfüllung werden Managementpositionen in Teilzeit besetzt, um die Vereinbarkeit von Familie und Beruf für weibliche Führungskräfte zu gewährleisten. Männliche Bewerber, die solche Forderungen stellen, fallen in der heutigen Arbeitsfeld dagegen in der Regel noch häufiger aus dem Raster. Hier kommt den Männern aber bereits der Fachkräftemangel zu Hilfe.

Ein anschauliches Beispiel der politischen Agitation zur Feminisierung von Arbeitsbereichen ist die Einstellungspraxis der Pariser Bürgermeistern, die öffentlich mit ihrer Diskriminierungspraxis gegenüber Männern prahlte, indem von 16 Stellen nur fünf mit Männern besetzt worden scicn – *ein klurer Verstoß gegen die Paritätsregel.* Konsequenterweise regte sich im Sinne der Gleichstellung Widerstand und die Bürgermeisterin wurde zu einer Strafe von 90.000 Euro verurteilt. So weit so gut. Als wäre es aber das Normalste der Welt, kündigte die Bürgermeisterin an, dass das Bußgeld aus der Stadtkasse bezahlt werde. Diese Bußgeldbegleichung verdeutlicht doch gerade, dass es eben nicht um Gleichheit vor dem Gesetz geht. Denn jeder andere Bürger müsste sein Bußgeld schon selbst begleichen. Aber eine Bürgermeisterin der französischen Hauptstadt, die im Namen der Geschlechtergerechtigkeit vorsätzlich das Gesetz beugt, für die gelten andere Regeln. Manche sind eben gleicher als andere. Das Gesetz wurde im Juni 2020 bezüglich der Vergabe öffentlicher Posten abgewandelt, sodass künftig keine Strafen mehr für unausgewogene Besetzung bei staatlichen und hoheitlichen Stellen erhoben werden können. Welche Lehre kann man hieraus ziehen? **Ausgewogenheit besteht scheinbar auch dann, wenn nur Frauen beim Erreichen lukrativer Posten gefördert werden.** Eine ernst gemeinte und aufrichtige Gleichberechtigung sowie formale Gleichstellung der Geschlechter aber darf keine Frauenbevorteilung – *weder in Theorie noch Praxis* – beinhalten. Es kommt hierdurch zu einer erheblichen Diskriminierung einer jungen Generation von Männern, die offensichtlich die Strafe für das (vermeintliche) Fehlverhalten der Vorgängergenerationen erhält. Der Moralkodex wird überdies ad absurdum geführt, wenn die Stadtkasse das Bußgeld bezahlt und nicht die Bürgermeistern selbst, die ihre private persönliche Agenda mit in ihr Amt – *Neutralitätsgebot?* – trägt. Sie wird jedoch – *wie alle Politiker* – aus der privaten Haftung genommen. Die Steuerzahler bezahlen die Strafe, nicht die Verursacherin. Letztlich, so ließe sich überspitzt formulieren, bezahlen die Diskriminierten ihre Diskriminierung. *Lustig, oder?*

Auch dass der Staat Regeln, wie eine paritätische Einstellungspraxis vorschreibt, dann aber für sich selbst beansprucht, diese nicht beachten zu müssen, wodurch das Prinzip der Gleichberechtigung ins Groteske überführt wird, ist einfach nur lächerlich und macht so manchen „Reformer" der ideologischen Agenda verdächtig.

Dass die Zugehörigkeit zu einer Gruppe (Geschlecht/ Minderheit o. ä.) die Qualifikation schlägt, zum Preis angeblich gerechter Quoten, ist ein Rückschritt der aufgeklärten Idee der Gleichheit hin zu einer Tribalisierung, wo Recht und Stellung zu einer Zugehörigkeit von einer bestimmten Gruppe abhängen. Das führt in eine „Gruppen-Gesellschaft", die in der klaren Gruppenzuweisung *gerade* Diskriminierung hervorruft. Die Frauenquote ist auf mehrfacher Ebene kein gelungenes Konzept. Sie verstößt bei falscher Handhabung gegen das Gleichstellungsprinzip, indem sie Frauen bevorzugt. Auch für Frauen selbst ist die Frauenquote nicht mehr als ein überflüssiges Stützrad, das im Grunde eine **sexistische, antifeministische Haltung der Feministen** offenbart und damit eines der zentralen Paradoxien des Feminismus offenbart, das **Schwache-Starke-Frauen-Paradoxon**: *Wir sind starke Frauen, wir brauchen euch nicht, aber wir brauchen Förderung, denn alleine schaffen wir es nicht.*

Das wiederum führt zu dem zentralen Paradoxon jeglicher Prämisse des Feminismus: Indem man Förderprogramme für Frauen schafft und Bevorzugungsprogramme entwickelt, behandelt man sie nicht wie gleichberechtigte Erwachsene, sondern wie zu bevormundende Halbstarke, die noch nicht auf einer Ebene mit den Männern angekommen sind.

Dieses Feminismus-Gleichberechtigung-Paradoxon kann man auf weitere Probleme des Feminismus beziehen. Beispielsweise, wenn es um angeblichen wohlmeinenden Sexismus von Männern gegenüber Frauen geht. Benevolenter, wohlmeinender Sexismus tritt nach Ansicht von Feministen immer da auf, wo Männer Frauen bevorzugt freundlich und höflich behandeln. Dies sei kein freundlicher Akt, sondern Ausdruck eines unterschwelligen Sexismus, der die höhere Stellung des Mannes impliziere.

Schauen wir uns das ganze Mal an einem persönlichen Erlebnis an: Im Laufe eines Arbeitstages kommt es öfter mal vor, dass ich einem Kollegen die Tür aufhalte – *und umgekehrt natürlich auch*. Ich habe allerdings eine Kollegin, bei der ich das nicht mehr mache, selbst wenn ich wüsste, dass sie ihr ins Gesicht knallt. Denn als ich vor geraumer Zeit extra auf sie wartete, um ihr die Tür aufzuhalten, weil sie einen Stapel dicker Bücher und einige Tüten mit sich schleppte und das Auto zuschließen ihr ausgesprochen schwergefallen war, erwartete mich als Reaktion kein Dank, sondern ein schnippischer Kommentar, dass ich mir so ein Verhalten sparen könne und sie das schon alleine schaffe. Ich war in der Situation so perplex, dass ich eine Weile mit geöffneter Tür und geöffnetem Mund dastand, ehe ich mich meinem ursprünglichen Ziel widmete. Noch Stunden später fragte ich mich, ob die nach ihr hereinkommenden jungen Frauen, die ihren Ausspruch mitbekommen hatten, wohl ihre Ansicht teilten oder nicht. Das letzte, was man als Mann möchte, ist das Gerücht, dass man ein Sexist und Chauvi sei. Erst recht dann, wenn man als Mann in einem Betrieb arbeitet, in dem mehr als 70% der Belegschaft weiblich ist und es keine Repräsentation der Männer gibt. Was dieses Erlebnis offenbart, ist außerdem eine Überempfindlichkeit und Übersensibilität so mancher feministischer Aktivistin, die nur allzu häufig im Übergeneralisierungs-Zerstörungs-Modus mit der Sexismuskanone durch die Landschaft ballert.

Ich freue mich übrigens, wenn mir jemand die Tür aufhält.

Der pauschalen Unterstellung eines benevolenten Sexismus möchte ich widersprechen. Diese Verhaltensweise ist eine Folge des Galanteriegebots gegenüber Frauen, das seine Tradition in der mittelalterlichen Ritterlichkeit hat. Die mittelalterliche adelige Frau (mhd.: vrowe) – *und das zeigt insbesondere der Frauen verehrende Minnesang* – war eine hochgestellte Persönlichkeit in der adeligen Gesellschaft. Wenn der Ritter sich ihr höflich und ehrerbietend gegenüber verhielt, dann ganz einfach aus dem Grund, dass er den angemessenen Respekt vor ihr (und ihrer *sozialen Rolle*) hatte. Er verbeugte sich dabei mitunter und erniedrigte sich symbolisch, um sie zu erhöhen. Eine typische Geste, die in diesem Kontext zwar geschlechtsspezifisch erfolgte, aber auch in geschlechtsunabhängigen Kontexten verbreitet war. Man denke nur an die Verbeugung gegenüber Fürsten oder weiteren höhergestellten Personengruppen.

Das unselige Instrument Frauenquote führt auf verschiedene Weise zu Unfrieden und Uneindeutigkeiten. Wenn ein Mann einen Job nicht erhält, sondern eine Mitbewerberin, kann er sich und anderen weismachen, dass sie diesen nur habe, weil sie eine Frau – *eine Quotenfrau* – sei. Selbst dann, wenn sie ihm haushoch überlegen ist bei der Präsentation des beruflichen Profils und der individuellen Leistungen im Unternehmen. Ebenso kann eine Frau sich nicht hundertprozentig sicher sein, dass sie den Job aufgrund ihrer Qualifikation bekommen hat, selbst wenn es noch so deutlich vom Vorgesetzten kommuniziert wird. Das Unterbewusstsein treibt fortwährend sein Unwesen und es wird mächtig geframed und gefüttert mit der Behauptung, dass *Frauen von Männern unterdrückt seien*. Die Frauenquote selbst ist eines dieser Monster, das den Frauen durch seine bloße Existenz eintrichtert, dass sie auf es angewiesen seien. Außerdem kommt es im Zuge der Quotierung auch dazu, dass ein Mann einen Aufstieg nicht erhält, selbst wenn er bessere Qualifikationen und Arbeitsergebnisse vorweisen kann. Dies ist gar kein abwegiges Szenario. Dax-notierte Unternehmen sind darauf angewiesen, bestimmte Quoten zu erreichen. Quoten helfen denen, die sie ausnutzen wollen, also eben nicht den hochqualifizierten, motivierten High Potentials, sondern dem Mittelmaß. Man könnte ja auch einmal darüber nachdenken, ob der Aufstieg vielleicht einfach an mangelnder Befähigung oder besseren Mitbewerbern scheiterte. Und die Verantwortung auch mal bei sich suchen. Bescheuerte Chefs gibt es auch ohne diese Quoten genug und Anerkennung und Wertschätzung sind nicht immer in dem Maß gegeben, wie es wünschenswert und wichtig wäre.

Die Frauenquote hat im Gesamten ein entmündigendes Potenzial. Was soll denn aus unserer Gesellschaft werden, wenn wir die Menschen in Kategorien wie Geschlecht und Ethnie einsortieren und ihnen eintrichtern, dass sie aufgrund dieser Gruppenzugehörigkeit Opfer seien und gegenüber den anderen, den Privilegierten, massiv benachteiligt seien? Was geben wir ihnen damit mit auf dem weiteren Lebensweg? Erstens weisen wir ihnen damit – *bewusst oder unbewusst* – die Schuld zu, dass das Leben kein Paradies, sondern zuweilen ein Ritt durchs Fegefeuer ist. Zweitens suggerieren wir ihnen, dass sie keine Verantwortung dafür tragen, wenn sie scheitern und nicht so recht klarkommen. Selbstverantwortung wird so nicht gefördert. Sie bekommen seit ihrer Kindheit ein Erklärmuster verklickert, das ihnen dabei hilft, ihre Loser-Rolle nicht nur zu akzeptieren, sondern aktiv zu füllen und zu leben. Drittens vermitteln wir ihnen, dass sie vom Wohlwollen anderer Menschen abhängig sind, um voranzukommen. Sollen wir unsere Kinder und uns wirklich zu Kuchenlesern erzielen, die damit zufrieden sind, wenn einige sich in ihrer Gier den Kuchen einverleiben und ein paar wenige Stückchen herunterstoßen, um die sich der Pöbel schlagen darf? Mit diesen Instrumenten und Argumenten entfernen wir uns nur immer weiter vom Weg der individuellen Verantwortung. Frauen sind per se diskriminiert, Männer privilegiert. Deshalb müssen Frauen bevorzugt behandelt werden und deshalb können Männer hierbei nicht benachteiligt oder diskriminiert werden. *Ist das wirklich euer Ernst?* Welch kindische Betrachtungsweise. Haben (moderne) Frauen nicht mehr drauf? **Merkt ihr nicht, dass derartige Aussagen sexistisch gegenüber beiden Geschlechtern sind?** Was ist das für eine Milchmädchenargumentation. Werden Radikalfeministinnen uns Männer denn noch dulden, wenn wir ausschließlich niedere Arbeiten für sie verrichten?

Gleichbehandlung der Geschlechter? Fehlanzeige!

Ein wichtiger Aspekt, der im Rahmen von Gleichstellungsbestrebungen außerdem wichtig wäre, wäre eine allgemeine Elternförderung anstatt einer spezifischen Männerdiskriminierung in der Arbeitswelt und in der wissenschaftlichen Forschung

Ein Artikel aus Forschung und Lehre 1/2016 zeigt für den Bereich der Wissenschaft, dass wenn sich eine alleinstehende Frau und ein Familienvater auf eine Professur bewerben, die Frau mit einer Quote von 3:1 bevorzugt wird – *ein deutliches Indiz für eine Benachteiligung von Vätern*. Zählt es beim Mann etwa weniger, dass er eine Familie zu versorgen hat als bei einer Frau? Beim Auswahlverfahren zeigen sich die ach so liberalen woken Auserwählten und Feministinnen so fortschrittlich wie die Menschen vor hundert Jahren, als gingen den modernen Mann die Kinder nichts an. *Schön, dass es doch auch noch Kontinuitäten gibt...* Wichtig wäre stattdessen eine elternfreundliche Reform, die beide Geschlechter einschließt und das Diktat der feministischen Bevorzugung beendet, damit man eine echte Gleichberechtigung erreicht und im Sinne einer kompetenzorientierten Hierarchie den am besten geeigneten Kandidaten auswählt. Denn die Gesellschaft kann sich nur dann positiv entwickeln, wenn die Menschen sich in Positionen wiederfinden, in denen sie sich am besten einbringen können.

Schließlich wäre niemand auf die Idee gekommen, Oliver Kahn in den Sturm zu stellen.

Männer stehen laut Studien unter einem viel höheren Druck im Beruf erfolgreich zu sein als Frauen. Zudem werden auch Männer von beiden Geschlechtern belächelt, wenn sie sich für eine längere Elternzeit entscheiden. Der Druck, das Geld für die Familie zu verdienen, trifft Männer im Regelfall auch in der Gegenwart noch stärker als Frauen. Auch hierüber sollte man sprechen. Denn dieser Druck ist real. Schon mal darüber nachgedacht, wie privilegiert die meisten Männer wirklich *(nicht)* sind?

Männer haben eine zehnmal so hohe Gefahr, am Arbeitsplatz einen tödlichen Unfall zu erleiden als Frauen. Männer arbeiten in den gefährlichsten Berufen. Unter Feuerwehrmännern, Soldaten und Grubenarbeitern trifft man selten eine Frau an. Dies liegt auch daran, dass Männer infolge der unterschiedlichen Physiologie gegenüber körperlichen Belastungen widerstandsfähiger als Frauen sind und dass Frauen diese Tätigkeiten *warum auch immer* scheuen. In der Folge treffen Männer im Beruf 95% der tödlichen Unfälle. Kein Wunder, wer in Wasserversorgung, Baugewerbe und Bergbau arbeitet, der verdient sein Geld in Branchen mit höheren Unfallgefahren. In gewisser Regelmäßigkeit liest man von Grubenunglücken. Von tödlichen Unfällen in sozialen Berufen oder Dienstleistungsbetrieben hört man hingegen seltener.

An dieser Stelle sei auch angemerkt, dass Wehrdienst und Zivildienst bis 2010 reine Männerpflichten waren, was eine Rechtsungleichheit zu Lasten der Männer darstellte. Dafür hat sich meines Wissens nach der Feminismus nicht wirklich eingesetzt. Mittlerweile gibt es freiwillige Dienste für beide Geschlechter, was eine tolle Entwicklung ist. Ob Männer gerne in gefährlichen und belastenden Berufen arbeiten? Weil sie sich das selbst ausgesucht haben? Man könnte so argumentieren, dass sie ihre Berufe freiwillig wählen. Aber unter welchen Zwängen sie hierbei stehen, betrachtet man anders als bei den Frauen nicht. Aber es stimmt ja auch: Männer wählen gefährliche Berufe bewusst, ja freiwillig. So kann man argumentieren, gleichermaßen muss dann aber auch akzeptiert werden, dass Frauen sich ebenso freiwillig für die Familie und gegen etwas anderes entscheiden. Frauen ist es vorab völlig klar, dass sie zugunsten ihrer persönlichen Familienplanung beruflich zurückstecken müssen. Genauso geht es aber auch den Männern, die sich hierfür entscheiden und ihre Karrieren pausieren. Außerdem ist es Frauen bewusst, dass sie in sozialen Branchen weniger Geld verdienen. Die Durchschnittsgehälter kann jeder transparent nachschauen. **Wie soll bewusste Diskriminierung sein, wozu sich gemäß des freien Willens entschieden wird?** Wollen wir wirklich das Leistungsprinzip aufgeben? Wollen wir, dass Mittelmäßige und Mittelmotivierte ohne Widerstände und Anstrengungen Spitzenpositionen in Wirtschaft und Politik bekleiden und dies dann als emanzipatorischen Akt verkaufen können? Soll man in Zukunft seine Leistungsfähigkeit nicht mehr unter Beweis stellen, um sich seine Stellung zu verdienen und auch ohne Zweifel für die Anforderungen der Position geeignet zu sein? Mithilfe der Geschlechterknarre kriegt man ohne jedwede persönliche Anstrengung und Qualifikation beste Lebensbedingungen auf dem Tisch vorgesetzt. *Sind*

Frauen am Arbeitsmarkt benachteiligt? Nur insofern, als sie die biologische Besonderheit ihres Geschlechts, nämlich Kinder zu kriegen, als Last wahrnehmen und sich in der Tradition des tatsächlich herabwürdigen Erzählmusters „Schwaches Geschlecht" wähnen und die Verantwortung für die selbstgetroffenen Entscheidungen anderen zutragen möchten. Sie *können* Mütter werden, wenn sie das *wollen*. Es hat ihnen ja niemand gesagt, dass sie das *müssen*.

Während die durchschnittliche Lebenserwartung bei Männern in Deutschland 79 Jahre beträgt, werden Frauen 84, d. h. sie leben 5 Jahre länger. Warum der Unterschied so groß ist, ist nicht eindeutig zu klären. Allerdings geht man davon aus, dass Faktoren wie eine längere Arbeitszeit, ein ungesünderer Lebensstil sowie schwerere Arbeitsbedingungen und Stress hierfür mitverantwortlich sind. Männern fehlt infolge dieses **Gender-Age-Gaps** eine ganze Menge „Quality time". Im Schnitt leben Frauen über 1600 Tage länger als Männer. Viel Zeit, die den Männern im Vergleich zu den Frauen verloren geht. Warum spricht man hierüber nie? Denn auf die erhaltene Rentensumme macht es durchaus einen Unterschied, ob man 79 oder 84 wird.

Das Wichtigste zusammengefasst

Kein mittelständisches Unternehmen kann es sich bei der heutigen formalen Gleichstellung der Geschlechter erlauben, Frauen willentlich zu benachteiligen. Die Frauenquote ignoriert bestehende Trends und führt ihrerseits zu Diskriminierungspraktiken.

Spezielle Frauenförderprogramme und erleichterte Zugangsvoraussetzungen für Frauen (auch zu geistigen) Berufen führen zu individuellen Benachteiligungen von männlichen Bewerbern.

Eine ernst gemeinte und aufrichtige Gleichberechtigung und formale Gleichstellung der Geschlechter aber darf keine Frauenbevorteilung beinhalten. Es kommt hierdurch zu einer erheblichen Diskriminierung einer jungen Generation von Männern, die für das Fehlverhalten der Vorgängergenerationen büßen soll.

Die Forderung, dass Geschlechtergerechtigkeit erst mit einer allgemeinen Parität erreicht sei, ist überdies eine verkürzte Betrachtungsweise, die die individuellen Entscheidungen der Arbeitnehmer ignoriert und einen erheblichen Eingriff in einen freien Wettbewerb stellt.

Grund 19
Rechtliche Benachteiligung von Männern

Wer die Medienlandschaft mit einigem Interesse verfolgt, erkennt, dass Frauen vor Gericht nicht selten einen „Geschlechtsbonus" erhalten, erst recht dann, wenn sie Mütter sind und die Juristen sich um die Zukunft der Kinder sorgen. Bei Männern hingegen werden die familiären Sorgfaltspflichten weniger berücksichtigt. Hierin verbirgt sich ein veraltetes Familien- und Rollenbild. Etwa doppelt so häufig erhalten Frauen auch aus diesem Grunde einen sog. *Alternativen Strafvollzug,* während Männer bei gleichen Straftaten Freiheitsstrafen erhalten. So zementiert sich eine ungleiche Gesellschaftsordnung, die für bestimmte Gruppen mit bestimmten Merkmalen Straferleichterungen vorsieht und somit diskriminierend wirkt.

In der Konsequenz sind Frauen in Kriminalstatistiken untervertreten. Aus dieser Tatsache wiederum folgt, dass Täter- bzw. Opferstatistiken nach Geschlecht eine gewisse Fehlerquote aufweisen. Ein Beispiel hierfür, in dem de facto eine Diskriminierung des männlichen Geschlechts besteht, ist beispielsweise Paragraf 183 StGB Exhibitionische Handlungen: *Ein <u>Mann</u>, der eine andere Person durch eine exhibitionistische Handlung belästigt, wird mit Freiheitsstrafe bis zu einem Jahr oder mit Geldstrafe bestraft.* Na, was aufgefallen? Richtig, Frauen können in dieser Logik gar keine exhibitionistischen Handlungen begehen. Wo ist da die Gleichberechtigung?

Behinderte Jungen und Männer haben im Gegensatz zu Frauen keinen Anspruch auf Selbstbehauptungskurse als Reha-Maßnahmen (64 SGB IX (1)). Auch haben behinderte Männer im Gegensatz zu behinderten Frauen keinen Anspruch auf gleiche Chancen im Erwerbsleben (§49 SGB IX (2)). Haben behinderte Männer kein Recht auf Arbeitsstätten, die in der Nähe ihres Wohnorts liegen, verdient?

Während man zurecht die Beschneidung von Frauen beklagt und diese als Geschlechtsverstümmelung bezeichnet, wird die Beschneidung von Jungen auch ohne notwendigen medizinischen Grund als legitim angesehen. Das Recht auf Unverletzlichkeit kann bei Männern eher ausgesetzt werden als bei Frauen. Es gibt weitere Beispiele der gesetzlichen Diskriminierung von Männern. Zum Dienst an der Waffe verpflichtet werden können nur Männer (Artikel 12a, GG). Im Kriegsfall sterben also die Männer, damit die Frauen (und Kinder) leben können.

Es gibt überdies Gesetze, die Mütter gegenüber Vätern bevorzugen (Artikel 6, Abs. 4 GG). Eine Mutter hat *„Anspruch auf den Schutz und die Fürsorge der Gemeinschaft"*, ein Vater aber nicht. Man spricht gerne von strukturellen Benachteiligungen der Frauen, die strukturellen Bevorzugungen hingegen werden gerne hinter einer Mauer des Schweigens und Verdrängens vor neugierigen Augen und Ohren verborgen. Im Kontext der Familie herrscht in den spezifischen Rechten wie beispielsweise dem Sorgerecht auch im Jahr 2023 eine Benachteiligung der Männer. Auch im Beruf – *wir hatten es bereits –* werden Männer diskriminiert oder in Teilbereichen nicht gefördert. Weder haben sie Mitbestimmungsrechte bei Gleichstellungsbeauftragtenwahlen, noch erhalten sie berufliche Männerförderungsmaßnahmen in frauendominierten Berufen. Hierüber schreibt die *Zentrale für politische Bildung* in ihrem Artikel *Geschlechterverhältnisse im Recht* gar nichts. Dabei wäre sie doch eigentlich zu politischer Neutralität verpflichtet. Ein Stadium, das sie in den letzten Jahren im Prozess ihrer ideologischen Vereinnahmung durch linke Aktivisten zunehmend überwindet.

„Was kann ein Mann, was eine Frau nicht kann?" Mit dieser Frage wollte eine Feministin mich während einer Diskussion aus der Reserve locken.

„Nun" antwortete ich, „er kann zum Dienst an der Waffe verpflichtet werden."

Das Wichtigste zusammengefasst

Es gibt kein Grundrecht in Deutschland, das Männer haben, von dem die Frauen aber ausgeschlossen sind. Andersherum gibt es einige Beispiele.

Wo ist da die Benachteiligung der Frau? Der Feminismus ignoriert diese Tatsache der rechtlichen Ungleichheiten. Aus diesem Grunde ist eine selbstbewusste Männerrechtsbewegung notwendig, damit ein gleichberechtigter Dialog möglich ist.

Grund 20
Väter als Elternteil II. Klasse

Dass auch Männer Opfer des Gesellschaftssystems werden, zeigt sich infolge der Gesetzgebung bei Vätern, die nach der Trennung Unterhalt zu leisten haben, jedoch häufig nicht als gleichberechtigtes Elternteil wahrgenommen werden. Väter erscheinen nicht selten als Elternteil zweiter Klasse. Nach einer Trennung ist der Lebensmittelpunkt in der Regel bei der Mutter. Und von dieser Regel werden nur selten Ausnahmen gemacht. Ein zentraler Punkt, der gegen das Vorhandensein des ominösen Patriarchats spricht, ist die Bestimmungsgewalt der Frau über die Nachkommen. Ein Mann kann ohne Trauschein faktisch zunächst nur rechtlicher Vater werden, wenn *sie* das auch will. Er muss durch seine Partnerin anerkannt werden. In Bezug auf die Schwangerschaft hat die Frau das alleinige Entscheidungsrecht. Wohl und Wehe des Kindes liegen in ihren Händen. Ein Schwangerschaftsabbruch ist jederzeit auch ohne Einverständnis des werdenden Vaters möglich. Selbst in einer Ehe kann eine Frau ohne Wissen des Mannes (§218a SGB) abtreiben. Ein Ehemann hat kein Vetorecht und eine Ehefrau nicht die Pflicht, ihren Ehemann über ihre Schwangerschaft zu informieren. Eine Frau kann in Deutschland die ersten drei Monate ein Kind legal abtreiben. Sie hat das Recht über Leben und Tod des ungeborenen Kindes allein zu entscheiden. Das ist faktisch ein hierarchischer Unterschied. *Ist das fair?*

Was ist mit dem Recht des ungeborenen Kindes auf Leben? Wenn alle Menschen gleichbehandelt werden, dann schlösse das doch neben Kindern auch Föten mit ein. Wenn alle gleichbehandelt und vor allem gleich fair behandelt werden wollen, was wiegt dann schwerer? Das Recht des Kindes auf Leben oder der Wunsch der Mutter, jenes nicht zu schenken? Und wie sieht es aus mit dem Mitspracherecht des Mannes? Wie viele Kinder werden abgetrieben, ohne dass der Vater es erfährt. Geschieht hier nicht ein zweifaches Unrecht? Wiegt ein Recht zwei Rechte auf? Ist das Recht der Mutter, weil sie das Kind in ihrem Körper austrägt, höher? Ist ihre Verantwortung damit nicht ebenfalls höher? Frauen können mit einer Abtreibung sich der Verantwortung entziehen, Männer aber können von Frauen in die Verantwortung genommen werden. Dadurch gibt es keine Gleichberechtigung von Frau und Mann hinsichtlich der Nachkommen, sondern ein **Reproduktionsmatriarchat**. Und was ist mit dem moralischen Dilemma, wenn die Mutter das Kind nicht will, der Vater aber erklärt, er werde sich um das Kind kümmern? Wer ist dann moralisch im Recht? Was ist mit der Würde des Lebens?

Wenn in allen diesen Fällen das Recht der Frau höher wiegt als die Rechte des Vaters und des Kindes, sollte man dann überhaupt noch in Katastrophenfällen Kinder und Frauen zuerst retten? Kann ich als Mann im Kriegsfall verweigern und stattdessen meine schießwütige Frau schicken? Was wäre eigentlich, wenn man beide Geschlechter gleichbehandelt? Was ist mit Schutzräumen, wenn man die soziale Geschlechtsidentität mit dem biologischen Geschlecht radikal überall gleichsetzt? Wären dann auch die Väter mit den Müttern gleichgestellt? Dann sollten die Mutter auch nicht mehr allein entscheiden, ob der biologische Vater in die Geburtsurkunde als Vater eingetragen wird, *oder?* Denn Vater wird man im fortschrittlichen Jahr 2023 ohne Trauschein noch immer— *rein rechtlich* – durch den Willen bzw. die Anerkennung der Mutter. Stellen wir uns mal vor, die Exfreundin bringt das gemeinsame Kind zur Welt und trägt als Vater ihren neuen Lebenspartner ein. Was passiert (auch psychisch!) mit dem leiblichen Vater, der schuldlos am Beziehungsende ist und die Vaterschaft gerne anerkannt hätte?

Entweder wäre ein Mitspracherecht bei der Abtreibung des kommenden Vaters sinnvoll oder eine Erlaubnis des Zurücktretens von der väterlichen Verpflichtung. Dieser Gedankengang würde durchaus zugespitzt folgende – *zugegeben krasse* – Frage aufwerfen: **Wenn Schwangerschaft nicht verpflichtet, warum sollte dann Unterhalt verpflichtend sein?**

Geschichten von am Boden zerstörten Vätern, die den Schwangerschaftsabbruch ihrer Partnerin nicht verhindern konnten, wenn diese das Kind nicht behalten wollte, sind keine Einzelfälle. Der Mann hat hierbei kein wirkliches Mitspracherecht. Er kann gegen seinen Willen seiner zukünftigen Vaterschaft beraubt werden, ebenso wie er gegen seinen Willen Vater werden kann. Es gibt Erfahrungsberichte von Männern, die erst aus einem Schreiben des Anwalts der ehemaligen Partnerin erfahren haben, dass sie Vater sind und nun gefälligst Unterhalt zu leisten haben. Da ist es durchaus nachvollziehbar, wenn manche Männer, die eine derartige Erfahrung machen, von einem unglaublichen Ohnmachtsgefühl sprechen. *Wo ist da das Patriarchat?*

Würden wir in einem Patriarchat leben, dann würde das deutsche Recht mit Sicherheit <u>nicht</u> den Frauen die Entscheidung darüber lassen, ob die Nachkommen das Licht der Welt erblicken sollen oder nicht.

Auch beim Sorgerecht ist der Mann benachteiligt. Tatsächlich führt die Bevorteilung der Frau innerhalb der Familie durchaus zu den beobachtbaren Tendenzen, dass

Frauen mehr in Teilzeit arbeiten als Männer. Die Stellung des Mannes in Bezug auf die Kindererziehung wird von Gesetz und Rechtsprechung der Frau untergeordnet – *eine faktische gesetzliche Diskriminierung.* Wen es da wundert, dass Männer sich am Arbeitsmarkt profilieren und hier Rollen zum Ausfüllen suchen, der hat ein bemerkenswertes Verhältnis zum logischen Denken. Was bleibt einem Mann anderes übrig, wenn eine Frau ihre Mutterrolle dominant ausfüllt und das emotionale, sorgende Engagement des Mannes nicht wertschätzt und eher begrenzt, statt dieses zu befördern? Dem Mann bleibt dann nur noch die Verantwortung für das finanzielle Wohl der Familie. Öfter als Frau Feministin es wahrhaben möchte, ist diese Konstellation in keiner Weise antifeministisch oder patriarchal. **Will man Gleichheit am Arbeitsmarkt, dann muss man Männer mit Frauen in der Familie „gleichstellen", damit sie gleichberechtigten Zugang zur familiären Sorge haben.** Ein guter Anfang wäre, dass der Feminismus zur Abwechslung mal aufhörte, irgendwelche falschen Behauptungen über Männer zu verbreiten. Manche Männer haben zudem ein Problem damit, zu Hause zu bleiben und als Hausmann sich um Haushalt zu kümmern, wenn die Frau Studien zufolge zu 80% das Sorgerecht zugesprochen bekommt und der Mann im schlimmsten Falle am Ende geschieden, ohne Haus, Arbeit und Kinder dasteht. Sicherlich ein Worst-Case-Szenario, aber ein Beispiel, das erklären kann, warum einige Männer lieber zur Arbeit gehen als ihren Beruf für die Familie gänzlich zurückzustellen. Auch angesichts der hohen Scheidungsquoten ist dies ein relevantes Problem, dessen sich der Gesetzgeber annehmen muss.

Vor kurzem saß ich mit einem Freund im Büro, dessen Sohn ein Monat zuvor geboren worden war und der nun in Pausen unentwegt Bilder und Videos ansah und mir diese stolz zeigte. Auf meine Frage, wie es sich anfühle, Vater zu sein, antwortete er: *Das ist nicht zu beschreiben. Aber am ehesten kommt es dem Gefühl einer Verliebtheit gleich. Ich bin total verliebt in meinen Sohn. Und ich vermisse ihn, wenn ich nicht bei ihm bin. Jetzt vermisse ich ihn. Das kannst du dir nicht vorstellen.*

Warum er denn nicht länger Elternzeit genommen habe, wollte ich wissen. Für eine kurze Weile wich das Lächeln aus seinem Gesicht.

Naja, sagte er, wenn ich das gewusst hätte, hätte ich mir noch einen Monat länger Elternzeit genommen. Aber länger geht nicht. Einer muss ja das Geld verdienen. Wir sind darauf angewiesen. Und meine Frau möchte nicht sofort wieder arbeiten.

Dann aber kicherte er und zeigte mir das nächste Video von seinem lachenden Sohn.

Das Wichtigste zusammengefasst

Väter haben in Deutschland noch immer weniger Rechte als Mütter. Die Bevorteilung der Frau innerhalb der Familie führt zu dem Trend, dass Frauen eher in Teilzeit arbeiten als Männer. Die Stellung des Mannes in Bezug auf die Kindererziehung wird von Gesetz und

Grund 21
Vorverurteilung von Männerrechtlern

Verfolgt man Diskurse innerhalb der Gesellschaft, dann fällt auf, dass gegen Männerrechtsbewegungen (vor-) schnell Vorbehalte geäußert werden und dass sie allzu schnell ins rechte Abstellgleis verortet werden. Sogenannte Antifeminismusexperten bringen sich in Debatten ein und stiften allerlei Unfrieden. Männerverbände haben ebenso wie Frauenverbände das Recht darauf, sich für ihr Geschlecht und für echte Gleichstellung vor dem Gesetz einzusetzen. Sie verdienen, mit Respekt und auf Augenhöhe behandelt zu werden, wenn sie auf Augenhöhe kommunizieren. Es ist ein Unrecht, wenn man sie in einem unreflektierten Reflex als Frauenhasser und ewiggestrige Machofossilien verunglimpft. Es ist keine toxische Männlichkeit, wenn man für seine Interessen eintritt oder wenn Väter emotional über erlittenes Unrecht berichten. **Auch Männer haben Probleme**. Und nein, die bestehen im Regelfall nicht in der Frage, wen sie als nächstes unterdrücken können, sondern, wie sie ihr Leben auf die Reihe kriegen. Männer sterben früher, begehen häufiger Suizide und verlieren bei einem Sorgerechtsstreit ihre Kinder mit weitaus höherer Wahrscheinlichkeit als ihre Partnerinnen. Auch sind Männer mit weitaus höherer Wahrscheinlichkeit obdachlos oder Opfer einer Kriegshandlung und die geringere Lebenserwartung ist nicht allein Folge biologischer Faktoren. Übergriffige Männer müssen verurteilt und bestraft werden, aber ebenso müssen die sorgenden, liebevollen Männer gefördert, und nicht stigmatisiert und vorverurteilt werden. Denn was kann ein kleiner Junge aus prekären Verhältnissen dafür, dass es Ungerechtigkeit in der Welt gibt? Eine erwachsene Frau wird wohl kaum auf einen kleinen Jungen zeigen und schimpfen: *„Dieser Aggressor erwirbt ein diskriminierendes toxisches männliches Verhalten"*, weil er mit einem Bagger im Sandkasten spielt. Während die Schwester mit einer Puppe im Arm danebensteht und deshalb von der guten Dame als kommende Hausfrau und Mutter verunglimpft wird, die im Spiel nichts anders tut, als die ewig gleichen Geschlechterrollen zu reproduzieren und zu manifestieren.

Ich kann mich noch gut daran erinnern, wie ich in einem Gespräch mit einer verbeamteten Gymnasiallehrerin durch das Fenster im strömenden Regen einen Bauarbeiter erblickte, der seine Arbeit verrichtete. Die arme Lehrerin saß im warmen Lehrerzimmer und beklagte sich bereits seit geraumer Zeit über Ungerechtigkeiten wie den Gender Pay Gap, während der Mann, der im Monat 1000 Euro weniger verdient, seine Arbeit machte. Letztlich kann man dieses plakative Bild als Metapher für den übergeordneten

Feminismus-Diskurs ansehen. Denn es gibt nun einmal eine ganze Menge Männer, die unter widrigsten Bedingungen arbeiten. Wieso kann man also nicht auch einfach mal die andere Sicht in den Blick nehmen, ohne dass man sich gleich anhören lassen muss, dass man ein Antifeminist ist? Ein Mann kann für Männerrechte eintreten, ohne gegen Frauenrechte zu sein. Ein Mann, der sich für Männerrechte einsetzt, ist mitnichten ein Anti-Feminist. Feministinnen und Antifeminismusbeauftragte sollten nicht gegen Männerrechte eintreten, sondern diese unterstützen. Eine andristische Bewegung, die von moderaten Männern angeführt wird, wäre eine sinnvolle Gegenbewegung bzw. Ergänzung zum Feminismus als Rückseite der gleichen Medaille. Die Tatsache allein, dass der Radikalfeminismus selbst moderate Männerrechtsbewegungen bekämpft und auf verschiedenste Arten und Weisen als Feindbild aufbaut, zeigt, wie unkooperativ seine Vertreterinnen sind. Und es zeigt auch, wie wenig sie wirklich an einem guten Miteinander der Geschlechter interessiert sind. Sonst müssten sie nicht ständig neue Rechnungen aufmachen. Klassiker hierbei sind Wortspiele wie „Männerrechte – rechte Männer?"

Aber welche Vorwürfe werden vonseiten des Feminismus gegenüber Männerrechtlern erhoben? Ich liste mal eine Auswahl für euch auf:

1. Sogenannte Männerrechtler sind Antifeministen, die sich nicht für Gleichstellung einsetzen, sondern für Männerrechte.

Dürfen sie das nicht? Sind sie deshalb gleich gegen

Feminismus? Oder ergibt sich diese Behauptung aus dem eigenen Gut-Böse-Geschlechterpauschalweltbild?

2. Die Auffassung, dass es eine strukturelle Diskriminierung von Männern gebe, ist ein Mythos.

Ebenso wie die Auffassung, dass es eine strukturelle Diskriminierung von Frauen gibt?

3. Männerrechtler leugnen die Benachteiligungen von Frauen im Rahmen von Verdienst, Führungspositionen und Gewalterfahrung.

Vielleicht differenzieren sie auch nur Generalisierungen und Pauschalisierungen, die mitunter nicht belegbar oder gar nachweislich falsch sind?

4. Männerrechtler üben Hatespeech gegen Feministinnen.

Was ist mit dem Hatespeech von Feministinnen? Männerrechtler werden besonders gerne als *Fossile* oder *alte weiße Männer* verunglimpft.

5. Männerrechtler sind Teil einer sich selbst bemitleidenden rechten Männerkultur.

Aha! Natürlich wieder rechts. Aber woran machen wir das denn nun fest?

Diese Liste sollte als Veranschaulichung ausreichen, um zu zeigen, dass es nicht bei Vorbehalten gegenüber

Männerrechtlern bleibt. Warum kann man die Gegenseite nicht ernstnehmen? Macht man es sich nicht ein wenig zu einfach, wenn man seine gesamte Argumentation und sein Weltbild auf der These vom Patriarchat aufbaut? Ist es wirklich so einfach, festzustellen, *wer* schuld ist? Reicht hierzu einzig der Verweis auf die Gruppenzugehörigkeit *Mann*? **Das Ziel des Feminismus war einmal die Gleichstellung aller Geschlechter und Menschen und eben nicht die Durchsetzung von Herrschaftstheorien wie der des Patriarchats.** Wie weit hat man sich hier von seinen Wurzeln entfernt? Wir brauchen Projekte, die das Leben der Menschen verbessern und keine spaltende Rhetorik.

Eben dieses Problem des modernen Feminismus erkannte die feministische Regisseurin Cassie Jaye, die in Amerika eine gewisse Prominenz für ihre feministischen Dokumentationen erlangte. Im Rahmen ihrer Dokumentation *The Red Pill* recherchierte sie quer durch Amerika und traf auf Vertreter von Männerrechtsverbänden. Sie selbst berichtete später im Rahmen der Vortragsreihe TEDX darüber, wie sie infolge ihrer durch ihre feministische Brille vorgefertigte Perspektive und (Vor-)Urteile über das MRM (men's right movement) mit der Arbeit an der Dokumentation begonnen hatte. Ihr ursprüngliches Ziel war es, die Männerrechtler zu entlarven. Während sie allerdings noch in diesem Geiste die Aufnahmen sichtete, ging ihr eine Ahnung auf, dass eben doch etwas an den Anliegen der Männer nachvollziehbar ist und dass diese keine Frauenhasser sind, sondern Menschen, die sich für spezifisch männliche Bedürfnisse einsetzen. Nicht verwundern sollte, dass sie dafür in feministischen Kreisen angefeindet wurde. Von Leuten, die freimütig herausposaunten, die Dokumentation noch nicht einmal gesehen zu haben. Von Leuten, die sich vorurteilsgeleitet auf eine Schlagzeile, einen kurzen Bericht beriefen und nun nicht weiterzulesen, schauen oder sich zu informieren brauchten. Sie hatten bereits alles, was sie an Informationen benötigten, um sie als Verräterin zu verurteilen und brandzumarken. Cassie Jaye bezeichnet sich nicht mehr als Feministin. Tamara Wernli, eine Schweizer Autorin und Journalistin, weist seit Jahren auf Diskriminierungserfahrungen auch von Männern hin und wagt als Frau, konträre Meinungen und Positionen zum Feminismus zu beziehen. Wen mag es da wundern, dass das SRF spekuliert, wer denn nun für ihren Erfolg verantwortlich zeichne. Sind es die Rechten? Oder gar rechte Verschwörungstheoretiker? Warum kann man denn nicht mal das Naheliegendste vermuten: Die gute Frau hat Erfolg, weil sie Themen anspricht, die gerne unter den Tisch gekehrt werden, ehe auch nur eine Glühbirne einen kleinen Glanz auf sie richten könnte. Ob sie überdies in einer traditionellen Männerwelt aufgewachsen ist oder sich den Männern andient, darüber kann man, ohne zu mutmaßen, nichts sagen. Es sollte interessieren, dass sie auf Grundlage von Fakten und Studien regelmäßig sanfte Stiche in das Herz des Feminismus setzt.

Das Wichtigste zusammengefasst

Das Ziel des Feminismus war einmal die Gleichstellung aller Geschlechter und nicht die

Durchsetzung von nicht stichhaltig begründeten Herrschaftstheorien wie der des Patriarchats. Die aggressive Rhetorik gegenüber Männerrechtlern zeigt einmal mehr, dass sich der radikale Feminismus von seinen ursprünglichen Zielen weit entfernt hat und eben nicht an einer gleichberechtigten Gesellschaft interessiert ist.

Grund 22
Ein beschränktes Männerbild

Feministische Artikel zum Thema Männlichkeit erwecken gerne den Eindruck, dass sämtliche Männer mundfaule und verantwortungslose emotionale Schwarze Löcher sind, die ihre Frauen nur allzu gerne im Bett, in Beziehung und gemeinsamer Erziehung in ein bodenloses Nichts ziehen. Sagen derartige Meinungen nicht mehr über die Geisteshaltung der jeweiligen Autoren als über „die Männer" aus? Derartige Klischees sind so abgestanden wie ein im Kühlschrank vergessener Erdbeerjoghurt. Natürlich leiden in diesem Abpauschbild *alle*, die mit Männern zu tun haben. Wenn man diese Aussagen aber schon aufgetischt hat, kann man sie sich ja mal genauer ansehen. Begründung hierfür folgen in der Regel nicht, da sie mittlerweile implizit vorausgesetzt werden. So wie das eben bei Klischees ist. Kennt man. Versteht man. Muss wohl stimmen.

Den Vorwurf der *Verantwortungslosigkeit* kann man logisch noch nachvollziehen. Damit gemeint ist möglicherweise die Kategorie Vater, die bloß zur Arbeit geht und die

Kinder vom Wegschauen kennt. So ein Klischeevater der 1960er Jahre, eine grau-distanzierte Eminenz, die abends von der Arbeit kommt und sich kaum mit den Kindern beschäftigt. Das Problem daran ist nur: Die wenigsten von uns Dreißigjährigen identifizieren sich mit diesem Typus Vater. Die Väter in meinem Bekanntenkreis kümmern sich liebevoll um ihre Kinder und Frauen. Die Behauptung der Verantwortungslosigkeit stinkt (zumindest für einen großen Teil der Männer) zum Himmel wie eine vollgeschissene Babywindel, die Papa flugs erneuert, ohne mit der Wimper zu zucken. Was aber meinen die Autoren bloß mit *Sprachlosigkeit*? Spricht *er* beim „Caren" zu wenig mit *ihr* oder *ihm* (dem Kind)? Oder „cared" er sich zu wenig um sie? Auch beim Sex? Kommuniziert er zu wenig mit ihr über ihre Bedürfnisse beim Geschlechtsverkehr? Ergießt er sich in sie wie in ein Gefäß und lässt sie dann mit dem Vibrator alleine im Bett zurück? **Man weiß es nicht!** Und das ist ja auch das Tolle an dem Ungefähren. *Jeder* kann sich seinen Teil dazu denken.

In der Aussage zeigt sich ein von Stereotypen durchdrungenes Bild über die Geschlechter. Diese *Märchenerzählung* vom Mann als Täter und von der Frau als Opfer ist zu einfach, haltlos und infantil. Aber so ist das eben mit (feministischen) Journalisten: Sie schreiben sich die Welt, wie sie ihnen gefällt. Das Erzählmuster vom Mann als „rüden Proleten" findet man in zahlreichen Artikeln zum Thema – *über sämtliche Verlagshäuser hinweg*. Man findet es in variierter Form auch in Schulbüchern, unabhängig davon, ob es sich um die Schulfächer Ethik, Religion, Politik, Geschichte oder Gesellschaftslehre handelt.

Wo aber ist in diesem klischeehaften Rollenbild bzw. Männerbild der Platz für die sanftmütigen, die introvertierten und zurückhaltenden Exemplare der Männlichkeit? Was ist mit den Schwulen? Homosexuelle Männer wie John Nada finden sich in dem pauschalen Bild der stereotyp gekennzeichneten „toxischen Männlichkeit" kaum wieder. Die Wendung *Toxische Männlichkeit* meint ja zunächst einmal ein Verhalten von Männern, das diesen selbst oder der Gesellschaft schadet. Kleine Anekdote: Der Begriff entstand in den 1980ern in der Männerbewegung und fand in den 2000er Jahren allmählich Verwendung als feministischer Kampfbegriff. Kommt also nicht alles Schlechte vom Manne? Oder doch? Und was ist mit *dem Mann* oder *den Männern* eigentlich gemeint? Sind hiermit auch jene traumatisierten Männer gemeint, die als Kinder von Priestern missbraucht wurden und sich von Tag zu Tag kämpfen? Was ist mit den Männern, die sich im Alter von Mitte Fünfzig ermorden? Glaubt ihr wirklich, dass die an einer Überdosis *männlichem Privileg* sterben? Wo sind die Täter? Männlichkeit hat per se nichts Toxisches oder Problematisches oder Gefährliches, ebenso wie Weiblichkeit per se nichts Übermenschliches oder Edles hat. Man sollte den Menschen nicht aufgrund seiner Geschlechtszugehörigkeit vorverurteilen. Aber wenn man genau das tut und sich primär auf das Geschlecht fokussiert und dann hieraus ableitend das Verhalten beurteilt? Ja, dann ist man ein *Sexist*, wie man im Buche steht. Was, ihr glaubt mir nicht? Frauen können doch gar keine Sexisten sein? Der Platz ist schon im Dauerabo bei den Männern? Schauen wir dazu mal, was das *Oxford Language Lexikon* für eine Definition von Sexismus anzubieten hat:

Sexismus:

1. Von der Vorstellung, dass ein Geschlecht dem anderen von Natur aus überlegen sei, getragene Diskriminierung, besonders von Frauen durch Männer.

2. Auf Sexismus beruhende einzelne Äußerung, Verhaltensweise o. Ä.

Man kann es ja gar nicht glauben, erstmal also die *Gretchenfrage stellen*: „Liebes Lexikon, bedeutet das jetzt, dass manche weibliche feministische Autoren wirklich Sexisten sind? Das kann ich mir ja gar nicht vorstellen, denn uns Jungs hat man in der Schule und in der Uni immer gesagt, dass nur Männer Sexisten sein können?“

„Doch, doch“, antwortete das Lexikon, „du hast es schon recht verstanden. Wer etwas anderes behauptet, der irrt. Die Definition gilt für jedes Individuum und da macht es keinen Unterschied, ob eine Frau oder ein Mann eine sexistische Äußerung von sich gibt, um das andere Geschlecht herabzusetzen und zu diskriminieren.“

„Interessant“, sagte ich, „hätte ich dich nur früher gefragt, dann hätte ich schon damals erkannt, dass einige feministische Aussagen *Sexistische Kackscheiße* sind.“ Die soeben genutzte derbe Wendung habe nicht ich mir ausgedacht, sondern sie ist ein feministischer Slogan, der als Sticker auf alles Mögliche, beispielsweise auf als sexistisch empfundene Werbung, besonders gerne in Universitäten, geklebt wird.

„Das ist jetzt recht derb formuliert, aber im Grunde hast du das Grundproblem erkannt." Mit diesen Worten verschwand das Lexikon wieder in die unendlichen Weiten des Webs, hoffend, dass bald ein weiteres Menschlein seine Dienste zu Rate ziehen würde. In beängstigender Regelmäßigkeit sind feministische Artikel im Internet zu finden, in denen Männer, die mit sich selbst nicht klarkommen und die über die Bevormundung durch Frauen – *aus welchen Gründen auch immer* – berichten, als „Weicheier", „Jammerlappen" oder auch „Pantoffelhelden" verhöhnt werden. Diese Art von Motivation bringt wenig Gutes hervor. Aber auf Pantoffelhelden draufdreschen macht halt Spaß, sind sie doch ungefähr so wehrhaft wie Staub unter der Eingangsmatte. Einmal draufgekloppt und sie fliegen davon oder fallen zusammen. Und dann wundern sich im Folgeartikel dieselben Haudraufweibchen, dass es manchen Männern noch immer schwerfällt, öffentlich und gegenüber Frauen Emotionen zu zeigen oder zu weinen.

Völlig unverständlich. Diese emotionalen Eisklötze.

Hashtags wie *„men are trash"* oder Schilderungen von Mord- und Kastrationsfantasien – *natürlich nur ironisch* – sind wenig hilfreich für ein fruchtvolles Miteinander der Geschlechter. Wie soll man denn als Feministin glaubhaft vermitteln, dass man Männer nicht hasst, wenn man sie als „Müll" oder „Vergewaltiger" bezeichnet und Bücher mit Titeln wie „Ich hasse Männer" veröffentlicht. Man mag sich zurecht über gewisse sexistische Darstellungsweisen und Stereotype von Frauen in Werbungen beklagen. Aber dann darf man wiederum nicht ignorieren, dass auch

Männer hier ihren Senf abbekommen. Ein besonders *tolles* humoristisches Mittel ist dabei das **Manslapping**, das in Werbung und Commercials genutzt wird. Der Mann erhält seine gerechte Bestrafung und wird zur Spottfigur. Verhöhnt wird er überdies mit Wendungen *wie „Hat er wieder mal schlapp gemacht?"* Für Männer, die Potenzprobleme haben, ist das mit Sicherheit nicht lustig. Frauen mögen ihre Leidenserfahrungen machen, aber sie haben diese nicht allein für sich gepachtet. Auch Männer können Betroffenheit und Leidensdruck erfahren. Ja genau, und auch insbesondere dann, wenn radikale Feministinnen ihnen ihre Hassbotschaften ins Gesicht schlagen. Oder wenn übergriffige Partnerinnen mit Fäusten auf den Zähnen ihrer Männer Klavier spielen.

Es wäre langsam angebracht, mit dem ebenso *polarisierenden* wie *negativen* **„Böser-Mann vs. Gute-Frau"-Framing** aufzuhören und in einen ergebnisoffenen Austausch miteinander zu treten. Das Ganze ist doch gar nicht so schwer: Behandelt den anderen Menschen einfach mal als das, was er ist, nämlich **ein Wesen, das mit starken Gefühlen ausgestattet ist und das auf Lob und Bestärkung deutlich besser reagiert als auf Tadel und Kritik.**

Das Männerbild und die Rollen, die Männer in den 50er oder 70er Jahren einnahmen, waren zuweilen einseitig, aber Menschenkinners, das Ganze ist schon über 50 Jahre her. Da haben die meisten von uns noch nicht einmal gelebt! Also, liebe Feministinnen, falls das bei euch noch nicht angekommen ist oder falls einige von euch bisher an die falschen *Männer – warum auch immer –* geraten sind, ich möchte euch mal eines an dieser Stelle mit aller Deutlichkeit und Herzlichkeit sagen, die mir von Mutter UND Vater vermittelt wurden: Den Männertypus der 50er Jahre mag es in Teilen noch geben, aber der Großteil der modernen Männern kann viel mehr als nur den *Versorger* und *Besorger* zu mimen. Wir haben nicht nur Arme, wir haben auch Herz. Ein Mann ist nicht darauf angewiesen, dass ihm hinterhergeputzt wird. Im Prinzip wurde er genauso wie die moderne Frau ‚befreit'. Er kann alles selber und er braucht das andere Geschlecht nicht zum Überleben. Frauen sind bis zu ihrer Familiengründung nicht mehr vom Mann abhängig. Entscheiden sie sich für den Familienweg, statt alleinige Selbstverwirklichung in der Arbeitswelt anzustreben, nimmt der Grad des Abhängigkeitsverhältnisses zu. Damit sind sie aber nicht alleine. *Das Gleiche gilt auch für die Männer.* Die Mehrheit der Menschen entscheidet sich für die Familiengründung, **denn das private Glück –** *welch Wunder* **– zählt nun einmal mehr als der berufliche Erfolg.**

Was aber hat die Emanzipation(spolitik) (un)gewollt geschafft? Dass nun beide Geschlechter arbeiten (müssen) und sich mitunter *kein Elternteil* hauptverantwortlich um den Nachwuchs kümmert. Den aufzuziehen übernehmen fremde Menschen in Kitas und die Erziehung zunehmend überforderte Lehrer. Natürlich haben wir im Geschlechterspiel noch etliche Klischees und Vorstellungen von Männlichkeit und Weiblichkeit. Aber mal eine Gegenfrage: Was ist denn so Schlimmes an Klischees? Wenn man sie kennt, kann man sie vermeiden und wenn man variabel mit ihnen umgeht, dann sind Flirt, Sex und

Beziehungsleben voll gespickt von lustigen Erlebnissen, die auf einer gleichberechtigten Ebene miteinander geteilt werden. Wen dabei die Rollenbilder von Männlichkeit und Weiblichkeit stören und dem die Zwischentöne wichtig sind, der kann diese Fragen gerne auch aufwerfen. Nach den Antworten aber sollten Frauen und Männer schon gemeinsam suchen dürfen. Denn es geht beide etwas an. Auch diese Medaille hat ihre Rückseite. **Die wenigsten Frauen werden auf ihre Vorteile, die Weiblichkeit in unserer Gesellschaft mit sich bringt, verzichten wollen.**

Wer sich ernsthaft über jedes Klischee bezüglich Frauen und Männer aufregt, für den gibt es unzählig viele soziale und mediale Räume, wo er ein Zuhause finden und schreiben kann, was und wie er will und wo er sich die Welt so zusammenschreiben kann, wie sie ihm und Gleichgesinnten gefällt und eine Bubble, Verzeihung, Community findet, wo einem nicht widersprochen wird, weil alle das Gleiche denken. *Gähn.* Wenn Erwachsene untereinander in Filterblasen denken, ist das eine Sache. Problematisch wird das Ganze allerdings, wenn man Kindern in ihrem Werdegang wie willenlosen Automaten etwas einflößen will über ihr Geschlecht und ihre Sichtweise auf die Welt. Denn es ist ja auch nicht so, dass alle Mädchen und Frauen die vom Radikalfeminismus geforderten Frauenbilder ausfüllen wollen. Sie sind keine leere Schablonen, die sich bloß in das quietschbunte Feminismus-Abpauschbild einfügen müssen, damit alles gut wird. Es gibt Mädchen, die gerne typische Mädchensachen mögen, die gerne pinke Kleider tragen und die trotzdem nicht zu kleinen Puppen erzogen werden. Warum sollte man Mädchen und Jungen zwingen, sich entgegen ihren Neigungen zu verhalten, die eben durch ihr Geschlecht beeinflusst werden? Ein Mädchen muss nicht Fußball spielen, um sich von typischen Vorbildern für junge Mädchen zu emanzipieren, ebenso wenig wie ein Junge Fußball spielen muss, weil er ein Junge ist.

Überdies ist die Meinung, dass man Jungen in der Erziehung ermutigt, ihren Aggressionen freien Lauf zu lassen, während man Mädchen beibringe, Wut zu unterdrücken, kaum für die Mehrheit der jugendlichen Erziehungserfahrungen gültig. Welches hinreichend gebildete Elternteil ist so verrückt, seinem Sohn beizubringen, dass man Probleme mit Gewalt löst? Wenn man Mädchen und Jungen in der Pubertät vergleicht, wird auffallen, dass ein Großteil der Mädchen tatsächlich im Regelfall eher in der Lage ist, physischen Konflikten aus dem Weg zu gehen, dass hier allerdings auch Gewalt und Wut viel häufiger als bei Jungen subtil ausgeübt wird. Während zwei Jungen sich bei einem Streit eher mal herumschubsen und mit Löchern in der Hose nach Hause kommen, tragen Mädchen die Streitereien langwieriger aus und spinnen ihre Fäden mit Gerüchten und Lästereien. Beide Geschlechter tragen Aggressionen und Gewalt gleichermaßen in sich, jedoch zeigen sich im Großen und Ganzen unterschiedliche Gewaltkanäle. Dem Konzept der Kollektivschuld der Männer haftet ein giftiger Beigeschmack an. Selbst Leute, die Geschichte als etwas Abgestaubtes für alte Männer in Karohemden ansehen, sollten wissen, dass wenig Gutes dabei herauskommt, wenn man einer einzelnen Gruppe die Schuld für alle Probleme der Gesellschaft zuspricht.

Den Blick auf eine Kollektivschuld von Menschen(gruppen) und nicht etwa auf die individuelle Verantwortung des einzelnen Menschen zu richten, ist weder sonderlich schlau noch sinnvoll. Wir laufen nicht die ganze Zeit als eine Art Massenseele herum, die uns wie in einer Massenhypnose als einzelne Glieder kontrolliert. Klar, auch das gibt es. Jeder, der schon einmal in einem Fußballstadium saß und miterleben durfte, wie einzelne Menschen sich in einer Masse verlieren und als 20.000-köpfige Einheitsseele Fangesänge schmettern, bei Toren frenetisch jubeln und geradezu ekstatisch ihre Freude über Erfolge des eigenen Vereins zelebrieren, weiß, was hier gemein ist. Aber wehe die gegnerische Mannschaft schießt ein Tor, dann kippt der Jubel schnell in eine bedrohliche Drohkulisse. Aber auch bei Hooligans, die ihre Persönlichkeit und ihren Verstand bei Schlägereien abgeben, ist dieser Vorgang eine bewusste Entscheidung des Einzelnen. Bevor der einzelne Hooligan seine Hemmungen im Schutz der Gruppe verliert, beschließt er sich hierzu aktiv. Selbst wenn der Mensch als Individuum in der Masse verschwimmt, ist er dennoch ein Teil dieser. Eine Masse aus 100 Hooligans besteht zugleich aus 100 Menschen. Wer behauptet, dass die individuelle Verantwortung weniger wichtig als die kollektive Verantwortung ist, der hat entweder aus der Schule nichts gelernt oder der will die Kollektivthese dazu nutzen, um andere dazu zu bringen, in der Gruppe Dinge zu tun, die diese als einzelnes Individuum niemals tun würden.

Das Wichtigste zusammengefasst

Männer sind – man kann es kaum glauben – ebenso wie Frauen zuallerst Menschen. Als diese haben sie positive wie negative Eigenschaften, die sie mit allen anderen Menschen – kultur- wie geschlechtsübergreifend – gemein haben.

Grund 23
Männer werden nicht nur Täter, sondern auch Opfer

Hast du schon in Berichterstattungen von „Femizid" gelesen? Seit den 90er Jahren benutzen Feministen den Begriff Femizid als Bezeichnung für die gezielte Tötung von Frauen aufgrund ihres Geschlechts. Die Zusammensetzung des Begriffes ist ein potenziell problematischer Begriff, da er suggeriert, dass Frauenmorde in einem größeren gesellschaftlichen Zusammenhang stehen. Vereinzelt behaupten diejenigen, die diesen Begriff verwenden, dass Femizide Konsequenz des frauenverachtenden Patriarchats sind. Tatsächlich starben im Jahr 2019 301 Frauen an Totschlag durch ihre Lebensgefährten. Motive hierfür sind Eifersucht, Kontrollsucht oder auch Verlustängste. Ob diese Zahl jedoch rechtfertigt, in Deutschland von Femiziden zu sprechen, ist fraglich. In Mexiko etwa, wo mit seinen 129 Millionen Einwohnern täglich 10 Frauen ermordet werden, ist Mord an Frauen ein deutlich größeres gesellschaftliches Problem. Vielleicht sollte man die Tötung des Partners nicht besser als Homizid bezeichnen? Auch Männer sind – *wenn auch seltener* – Opfer von Beziehungsmorden. 93 Männer wurden im gleichen Zeitraum von ihren Partnerinnen ermordet. Jedes vierte Opfer von Beziehungsmorden also ist ein Mann. Im Falle von schwerer Körperverletzung in Beziehungen berichtet das Bundeskriminalamt, dass Frauen etwa doppelt so häufig (11991) wie Männer (5179) betroffen sind. Feministen haben also recht, Frauen sind tatsächlich öfter als Männer Opfer von schwerer körperlicher Beziehungsgewalt, das bedeutet aber nicht, dass diese nicht auch Opfer werden und eine pauschale Betrachtung ausreicht. Frauen wie Männer werden in Beziehungen zu *Opfern* und zu *Tätern*.

Also, liebe Feministen, auch Männer werden Opfer von Gewalt.

Vergiss das nicht, denn es könnte sein, dass du auf ein männliches Gegenüber triffts, das Opfer von körperlicher Gewalt geworden ist und ein Trauma hat, das durch deine pauschale Vorverurteilung ausbricht. Noch eine Information, die vielleicht eine Neuheit für dich darstellt: Wenn du dich mit einem Mann unterhältst, ist es statistisch wahrscheinlicher, dass dieser Opfer von Gewalt geworden ist. Hierauf verweisen die Daten des BKA ganz deutlich. Während im Jahr 2020 333.304 Frauen Opfer von Gewalt wurden, waren es bei den Männern 486.489, was bedeutet, dass **59,4 Prozent der Opfer von Gewalttaten** *Männer* **sind.**

Es ist richtig, dass Männer zu Tätern werden.

Gleichermaßen ist allerdings auch richtig, dass Männer Opfer werden.

Und das sollte man nicht verschleiern, indem man Männer einseitig als Täter darstellt.

Männer müssen keine Angst auf Feten oder im Dunkeln haben? Wer regelmäßig Discos besucht, weiß, dass Männer eher in eine körperliche Auseinandersetzung geraten und deutlich häufiger mit einer gebrochenen Nase im Krankenhaus landen.

Alle Menschen können Opfer und Täter werden. Männer sind häufiger Opfer von Gewalt als Frauen.

Ein Delikt, das geschlechtsspezifisch einen gewaltigen Unterschied zwischen den Geschlechtern aufweist, ist *Vergewaltigung, sexueller Übergriff oder Nötigung.* Hier ist die überwältigende Mehrheit von 93 Prozent der statistisch erfassten Opfer weiblich (14.493 belegte Fälle bei Frauen, 1143 bei Männern). Täglich werden fast 40 Mädchen/Frauen und 3 Jungen/Männer Opfer von sexueller Gewalt. Hinzu kommen noch zig unbekannte Fälle, die nicht zur Anzeige gebracht werden. Aus diesen Zahlen wird deutlich, dass es hinsichtlich der sexuellen Delikte tatsächlich einen erheblichen Unterschied gibt: **Frauen werden mit sehr viel höherer Wahrscheinlichkeit Opfer von sexueller Gewalt und Nötigung.**

Beispiele gibt es hierfür leider eine Vielzahl aus dem Alltag. Ob es die Praktikantin im Autohaus ist, der von einem

Mann an den Hintern gefasst wird. Ob es die Bürokraft ist, die von einem Mitarbeiter angegraben wird und ekelhafte Bemerkungen über sich ergehen lässt, ehe sie sich beim Vorgesetzten beschwert und dieser behauptet, dass er nichts machen könne, weil ihm die Handhabe fehle. Ob es die Studentin ist, die von einem Dozenten belästigt wird. Es gibt so viele Beispiele, die häufig auf einen Missbrauch verweisen und wo den Betroffenen nicht geholfen wird. Ihnen fehlt die Ermutigung. Ihnen fehlt jemand, der sagt, *das geht nicht, man macht sowas nicht und man muss sowas auch nicht über sich ergehen lassen.* Stattdessen denken Opfer, *dass man sich nicht wehren könne, da es ja eh nichts nütze, weil man denkt, man ist die Dumme und man versucht sich einzureden, dass es ja vielleicht wirklich nur ein Versehen war.* Und dazu kommt noch die Sorge um den Arbeitsplatz, wenn es sich bei der übergriffigen Person um einen Vorgesetzten handelt. Opfer müssen wissen, dass sie sich gegen hierarchisch Überlegene wehren können und geschützt werden. Auch wenn es in ihrer direkten Umgebung und Zeugen an Loyalität und Zivilcourage fehlt.

Gleiches gilt auch für Jungen, denen man mitunter suggeriert, dass sie nicht von Frauen belästigt werden können und deshalb gar nicht erst sonderlich reagieren, wenn irgendwelche betrunkenen Altweiber ihnen an den Hintern gehen, nachdem sie sich mit ihrer Sekttruppe Witz angesoffen haben und nun auch mal die Sau rauslassen wollen.

Eine Minderheit von Männern ist für die absolute Mehrheit der sexuellen Nötigungsfälle und Übergriffe verantwortlich. Geringe Abweichungen von der Norm bewirken gravierende Auswirkungen auf den Eindruck. Angenommen unter 100 Männern wäre ein übergriffiger Mann und dieser würde wöchentlich seine Finger nicht bei sich behalten können. Dann würde sich der Eindruck dieses Beobachtungsfelds verschärfen, denn so kämen unter diesen 100 Männern 52 Fälle von sexueller Nötigung pro Jahr zustande. Wenn man die Daten so deutet, dass in einer Gruppe von 100 Männern 52 Übergriffe stattfinden, ist man schnell bei dem folgenden Analogiefehler: *Jeder zweite Mann ist ein übergriffiger Mann.* Auf diese Art und Weise werden Statistiken übrigens häufig in ihren Aussagen verfälscht. Achte da mal drauf. Nicht jede Information, die logisch erscheint, ist es auch. Verstehst du, worauf ich hinauswill? Ein übergriffiger Abweichler hat eklatante Auswirkungen auf seine Vergleichsgruppe. Richtiger wäre in dem Falle doch die Aussage: Einer von 100 Männern wird übergriffig, dann aber regelmäßig.

Ist es tatsächlich so – *wie viele Feministen behaupten* – dass sexuelle Übergriffe ein strukturelles Problem sind? Oder gibt es vielleicht doch Kerngruppen, die besonders häufig sexuelle Übergriffe begehen? Und wenn ja, ist es überhaupt politisch und gesellschaftlich erwünscht, diese Daten zu thematisieren? Könnte man mit einer differenzierteren Analyse hier nicht Präventionsarbeit leisten? Und wie viele sexuelle Übergriffe an Frauen geschehen durch Frauen? Immerhin zwischen 10 und 20 Prozent der Übergriffe.

Wenn man in Statistiken über sexuelle Übergriffe die tatsächlichen Fälle von Missbrauch in Erziehungsheimen und kirchlichen Einrichtungen einbezöge, würden die Statistiken sich weiter ausdifferenzieren und aufzeigen, dass sexueller Missbrauch auch für Jungen ein erhebliches Problem werden kann, was sich nicht zuletzt im zerstörerischen Ausmaß des Kindesmissbrauchrings in Nordrhein-Westfalen zeigt. In den Daten zur Verteilung der von sexuellem Missbrauch betroffenen Kinder und Jugendlichen im Bereich der katholischen Kirche nach Geschlecht in den Jahren 1946 bis 2014 werden zwei Drittel männliche und ein Drittel weibliche Opfer gelistet. Allerdings wurden in Deutschland im Jahre 2021 infolge der noch immer geduldeten, beschämenden Aufarbeitungspraxis der Kirchen lediglich 3677 Betroffene als Opfer von klerikalem Missbrauch anerkannt. Dass diese Zahlen viel zu niedrig sind, zeigt der Blick nach Spanien und Frankreich, wo bei geringerer Bevölkerungsanzahl und ähnlicher Kirchengeschichte jeweils über 200.000 Missbrauchsfälle ans Licht gekommen sind. Wie viele Betroffene es in Deutschland wirklich gibt, ist aufgrund der intransparenten Aufarbeitung nicht bekannt, es muss aber davon ausgegangen werden, dass es sich um 200.000 bis 300.000 Betroffene handelt. Rechnet man dies auf 68 Jahre (24.820 Tage) hoch, dann wären das von 1946 bis 2014 mindestens 10 Opfer von klerikalem Missbrauch pro Tag. Ein weiterer Dunkelbereich ist der Bereich der sexuellen Gewalt in Gefängnissen. Hierzu gibt es keine validen Daten, da die Betroffenen, ähnlich wie bei Fällen von häuslicher sexueller Gewalt, ihre Leidenserfahrung aufgrund von Scham und Hilfslosigkeit nicht zur Anzeige bringen. Hier ist die überwältigende Zahl der Opfer männlich.

Jenseits der Rechnerei, die angesichts der individuellen Schicksale problematisch ist, da in Statistiken persönliches Leiden quantifiziert wird, offenbart sich ein grundsätzliches Problem. Vulnerable Gesellschaftsglieder (und das sind neben Frauen und Männern vor allem Kinder) werden in einem nicht ertragbaren Maße Opfer von sexueller Gewalt. Der Schutz der schwächsten Gesellschaftsglieder ist im Grundgesetz verbrieft. Kinder und Jugendliche als die schwächsten Glieder sind in besonderem Maße auf Schutz und Unterstützung angewiesen. Um das Ausmaß der sexuellen Gewalt nachhaltig begrenzen zu können, benötigt es Maßnahmen, die Gelegenheiten zur Sexuellen Gewalt minimieren. Dies können beispielsweise Präventionsmaßnahmen der Polizei in Schulen sein, in denen die Beamten den Kindern Informationen zum Selbstschutz vorstellen. Oder Infrastrukturmaßnahmen, wie beispielsweise hell beleuchtete Verkehrsstraßen.

Wenig hilfreich dagegen sind feministische Slogans wie **Protect your daughters, educate your Sons!**, die mitunter auf feministischen Demos in die Höhe gereckt werden. Sicherlich werden diese mit gutem Willen verfasst und stellen eine Reaktion auf den Umstand dar, dass Mädchen und Frauen signifikant häufiger Opfer von sexueller Gewalt werden. Alles nachvollziehbar, wenn hier nicht das Wörtchen ABER wäre. Denn diese Formulierung enthält in ihrer Antithetik das hier problematisierte polarisierende Täter/Opfer-Verhältnis: Frauen sind Opfer, Männer sind Täter. Denn, noch einmal, auch Frauen sind Täter und auch Männer sind Opfer. **Es ist doch wichtig, dass wir gerade beide Geschlechter sensibilisieren, erziehen und**

informieren. Es bringt den Mädchen nichts, wenn wir sie nur beschützen, ohne sie aufzuklären oder zu erziehen und die Jungen haben ebenfalls nichts davon, wenn ihnen eingetrichtert wird, dass sie ja nicht ihrem *(vermeintlich!)* innewohnenden Drang nachgehen dürfen, sich am anderen Geschlecht zu vergreifen. Beide Geschlechter müssen wissen, an wen sie sich wenden können, *nachdem* etwas passiert ist, damit ihnen geholfen werden kann und sie eine Gelegenheit erfahren, traumatische Erlebnisse aufzuarbeiten. Und im besten Falle klären wir sie auf und sind für sie da, *bevor* etwas passiert. Indem man sie vor *typischen Situationen* warnt, in denen sexuelle Nötigung und Gewalt verbreitet sind und indem man mit Ihnen über *Verhaltensweisen* spricht, mit denen sie sich selbst schützen können.

Wie wäre es also stattdessen mit folgenden Varianten?

1. Protect each other and educate your children!

2. Protect your daughters and sons, educate your daughters and sons!

Können wir uns damit arrangieren?

Es ist wichtig, dass Mädchen und Jungen die Angst davor genommen wird, nicht ernst genommen zu werden. Es ist wichtig, ihnen mitzuteilen, dass man für sie da ist, egal was passiert und sie dazu ermutigen für sich einzustehen. Auch damit sie sich bei Erwachsenen erkundigen, ob etwaiges Verhalten in Ordnung ist oder übergriffig und Anzeige erheben, wenn sie Übergriffe erleiden mussten. Dazu müssen wir auch aufhören, diese unredliche Antithese *Frauen sind Opfer, Männer sind Täter* aufrechtzuerhalten. Männliche Opfer, die von ihren Frauen misshandelt wurden, sollten nicht verhöhnt werden. Ebenso sollte man toxisches Verhalten von Frauen nicht akzeptieren oder weibliche Gewalt gegenüber Männern verharmlosen. Gerichtsurteile bezeugen, dass weibliche Täter vor Gericht milder behandelt werden. Statt die Geschlechter zu entzweien, sollten die Debatten ausführlicher darstellen, wie Menschen vor böswilligen Menschen besser geschützt werden können.

Es ist in unserer Gesellschaft ein Problem, dass man sich im Dunkeln als Frau mehr Sorgen machen muss, es ist allerdings kein spezifisches Problem unserer Gesellschaftsform, sondern ein Problem, das daraus resultiert, dass nicht alle Menschen friedfertig sind und dass eine Minderheit der Männer (und Frauen) zwar, aber doch auf die Gesamtheit gesehen ein signifikanter Teil, seine Sexualität auf für Frauen (und Männer) potenziell zerstörerische Art und Weise auslebt. Dennoch sollte man vorsichtig damit sein, aufgrund einzelner Äußerungen oder Kleidungsstücken Männer mit Vergewaltigern gleichzusetzen. Einen Shitstorm etwa erlebte der Physiker Matt Taylor, der eine Landungsmission auf einen Kometen leitete und dabei ein Shirt trug, auf dem Pin-Up Motive zu sehen waren. Sicherlich war seine Kleidungswahl nicht sonderlich bedacht, aber was der Mann im Anschluss an Äußerungen über sich ertragen musste, stand in keiner Relation zu seiner „Missetat". Der Mann entschuldigte sich, die Entschuldigung wurde von der Netzgemeinde angenommen und seither trägt der gute Mann schwarze Kapuzenpullis, wenn er sich bei seiner Arbeit filmen lässt. *Männer sind also doch in der Lage zu lernen, was?* Ist es nicht problematisch, dass ein wütender Mob im Internet von Shitstorm zu Shitstorm auf der Empörungswelle surft und keine Scheu davor hat, wie ein Tsunami Menschen zu überrollen und medial wie gesellschaftlich untergehen zu lassen? Nicht immer gehen solche Shitstorms so „harmlos" aus wie in diesem Fall. Wahrscheinlich hat ihm sein nerdiges Aussehen noch geholfen. Hätte er wie ein Bänker ausgesehen, hätte ihm der Mob wohl das nächste Hemd zerrupft. Der Shitstorm-Tsunami überkriminalisiert männliches und abweichendes weibliches Verhalten. Jeder noch so kleine Fehltritt wird aufgeblasen und skandalisiert. Radikalfeministinnen, die vor allem durch lautes Motzen und digitales Steinewerfen auffallen, lassen jedenfalls vermuten, dass die feministische These, dass eine von Frauen beherrschte Welt friedlicher wären, durchaus diskutabel ist. *Und mal so nebenher:* Diese These nahmen Politikwissenschaftler aus Chicago und Montreal zum Anlass und analysierten 34 von Frauen geführte Regierungen im Zeitraum von 1480 bis 1913.

Das Ergebnis verblüffte die Forscher: Königinnen waren deutlich häufiger in Kriege verwickelt als Könige.

Das Wichtigste zusammengefasst

Das pauschale Albtraumbild des Mannes als Täter ist nicht nur falsch, sondern verhöhnt auch all jene

Männer, die Opfer von Gewalttaten, Missbrauch oder Diskriminierung geworden sind.

Grund 24
Verleugnung männlicher Probleme

Männer sind Statistiken zufolge öfter Opfer von Gewalt als Frauen. Auch Männer erleben häusliche Gewalt. Gerade im psychischen Bereich, wenn ein „schwacher" Mann etwa von seiner dominanten Partnerin kontrolliert und vor anderen gedemütigt oder beleidigt wird. Solche Partnerinnen zielen darauf ab, das Selbstbewusstsein ihres Partners weiter zu schwächen, um diesen fester an sich zu binden. Ein unheilvoller Kreislauf, aus dem sich Betroffene angesichts der Scham, die sie darüber empfinden und angesichts der Reaktionen von anderen schwer befreien können. Tatsächlich zeigt sich in den gegenwärtigen Diskursen und der Berichterstattung, dass Gewalt gegenüber Männern in der Gesellschaft kaum einen angemessenen, würdigen Raum erhält. Stattdessen werden männliche Opfer belächelt und weibliche Täter mitunter bagatellisiert. Bei häuslicher Gewalt wird nicht selten der Mann abgeführt, selbst wenn er das Opfer ist. Ein Mann, der sich beklagt, wird von anderen (auch von Feministinnen) als *Pussy, Weichei oder Memme* bezeichnet. Dies liegt auch an wenig hilfreichen Rollenbildern, die in der modernen Gesellschaft noch über „den Mann als solchen" vorherrschen. So mag dieser im feministischen Narrativ zum Täter vorherbestimmt sein, doch als Opfer macht er keine gute Figur. In der Folge zeigt sich, dass betroffene Männer kaum Hilfe suchen, auch aufgrund der nachvollziehbaren Angst, dass sie als Opfer nicht ernstgenommen werden und kein Gehör finden. Initiativen etwa richten sich kaum an von Gewalt betroffene Männern. Wie sollen sie sich da ernstgenommen und verstanden fühlen, wenn ihr Leiden keine Berücksichtigung findet und wenn sie noch in der Öffentlichkeit verspottet werden? Wenn Gewalt gegen Männer als humoristisches Mittel in Werbung, Funk und Fernsehen genutzt wird, dann wird das Zerrbild noch wilder. Es ist richtig, dass Frauen in der Partnerschaft eher Gewalt erleiden müssen als Männer. Ebenso richtig ist aber auch, dass für von Gewalt betroffene Männer kaum Auffangnetze und Begegnungsorte vorhanden sind. Während es in Deutschland etwa 750 Anlaufstellen und etwa 400 Frauenhäuser für weibliche Opfer häuslicher Gewalt gibt, gibt es für Männer bundesweit gar nur zwei Männerhäuser, eines in Oldenburg und eines in Berlin sowie 12 Männerschutzwohnungen. Ein Missstand, den die Gleichstellungspolitik zu bewältigen hat und ein Missstand, auf den weiter durch Männerrechtsbewegungen aufmerksam gemacht werden muss.

Alte weiße Männer

In der Logik des Antidiskriminierungsgesetzes wird eine große Gruppe Männer mittels der Verhöhnung *alter, weißer Mann* gleich auf dreifache Weise angegriffen (Alter, Hautfarbe und Geschlecht). Und die sexuelle Orientierung schwingt im Untergrund der passiven Aggressivität noch mit. Sind wir wirklich so weit gekommen, dass Diskriminierung wieder offen gelebt werden kann?

Diskriminierung ist scheiße – egal von wem. Hört auf, euch selbst zu bemitleiden und andere zu verhöhnen, weil sie andere Zugänge zum Leben haben. Wir hatten ja schon die Aussage: *Ein heterosexueller Mann erfährt keine Diskriminierung.* Man kann es nicht oft genug wiederholen: Was soll das bringen, so einen Mist zu behaupten? Wollt ihr Fliegen anlocken? Und was bringt es, auf alte Menschen einzuschlagen? Haben wir wirklich nicht mehr drauf? Müssen wir als Menschen, die in den Zwanzigern, Dreißigern und Vierzigern ihres Lebens stehen, auf die Alten einschlagen? Ist das wirklich alles, was wir können? Wo soll das hinführen? Nicht selten sind genau das die Stimmen von feministischen Studentinnen, die sich gegen das Patriachat richten, aber gut von Mamas und Papas Kohle leben, die diese in eben dem von ihnen angeprangerten Schweinesystem erwirtschaftet haben. Wenn ein 60jähriger Mann ihnen beim Schwadronieren zuhört, muss er es als respektloses, infantiles, und beleidigendes Verhalten empfinden und mag zurecht das Folgende denken: *Leistet erst einmal etwas, bevor ihr den Mund aufmacht. Beteiligt euch mit konstruktiven Vorschlägen, statt nur in blinder Wut draufzuschlagen.* Respekt muss man sich verdienen. Das gilt auch für junge Menschen. Wenn man konsequent sein möchte in seiner Patriarchatskritik, darf man nicht das in diesem System erworbene Kapital abrufen. Aber das nimmt man gerne an, nicht nachfragend, woher es kommt oder wie es erworben wurde, denn Geld stinkt nicht, und Haltung endet dort, wo das Wirtschaften zu den eigenen Gunsten beginnt.

Ja, liebe Radikalfeministinnen, ich lege Wert auf die

Betrachtung des individuellen Verhaltens und ich sehe mich als Mann nicht in einer Traditionslinie des Patriarchats gefangen und erkläre euch jetzt einmal, warum. *Achtung: Es wird persönlich.* Mein Vater ist ein Mann von +60 Jahren, in den Augen der Radikalfeministinnen wäre er ein *alter, weißer Mann*, ein Vertreter des kapitalistischen *Schweinesystem*s. Damit wird er mit der vorurteilsgeschwängerten Radikalfeminismus-Brille auf einzelne äußere Merkmale reduziert, die nichts über seinen Charakter, seine Persönlichkeit, seine Haltungen oder sein Verhalten aussagen und auch keinen Schluss über ihn als Menschen zulassen. **Vermittels dieser Wendung wird er zu einer seelenlosen Schablone eurer Vorstellungswelt.**

Was ist aber nun mit dem Menschen und dem, was ihn als Menschen ausmacht? Mein Vater realisiert seit über 40 Jahren die Idee eines Naturschutzhofes infolge der maßgeblich durch meinen Großvater vorgelebten und geprägten Liebe zur Natur und der in ihr weilenden Geschöpfe. Mit Leidenschaft definiert er sich maßgeblich darüber, Bio-Bauer zu sein und meine Mutter arbeitete bis zu ihrem Tod gemeinsam mit ihm daran, für Menschen und Tiere einen Lebensraum zu schaffen, der diese vor dem Unbill der Außenwelt schützt. Diesem Menschen, der sein Leben lang hart gearbeitet hat, für seine Überzeugungen einsteht und der in seinem Leben *eine* große Liebe hatte, tut man ein Unrecht. Wer das nicht erkennen will, der würde den Schuss aufs Reh nicht hören, wenn der Jäger direkt neben ihm losballerte.

Welche Vorverurteilung schwingt in der verschmähenden

Wendung *„alter weißer Mann"* mit. Klagt über Missstände, schimpft über Verbrechen, aber überlegt euch gut, ob derjenige, den ihr mit euren wilden Schüssen trefft, auch tatsächlich das richtige Ziel darstellt. Die Bezeichnung alte, weiße Männer ist deplatziert und unpassend: eben *rassistisch, sexistisch, chauvinistisch* und *klassifizierend.* All das, was woke Feministinnen nur allzu gern anderen vorwerfen, haben sie zu einer Meisterschaft entwickelt: *Einfache Worthülsen, Kategorisierungen, Entmenschlichungen und Dämonisierungen* von anderen Menschen, die nicht ihr Wertefundament, ihre Ideologie, teilen. Radikalfeministinnen reicht diese entmenschlichende, entpersonalisierende Kategorisierung, denn **Radikalfeministinnen sind Ideologen.** Um das Böse in Menschengestalt zu bekämpfen, bedienen sie sich der Werkzeuge des Bösen. *Tolle Idee, Mädels, weiter so!*

Ihr wollt Veränderung? Dann fangt bei euch an und macht Dinge anders, aber versucht, dabei originelle neue Lösungen zu finden und nicht irgendwelche Plastik-Linken zu sein, die nichts zu verlieren haben außer der Erberwartung und einem übersteigerten Ego.

Das Wichtigste zusammengefasst

Kein Mensch sollte Opfer von physischer oder psychischer Gewalt werden. Dieser Grundsatz schließt beide Geschlechter mit ein. Menschen können Opfer und Täter werden, unabhängig von ihrem Geschlecht.

Aus diesem Grunde sollte im Sinne eines gesellschaftlichen

Grund 25
Männerfeindlichkeit

Männerfeindliches Feministinnenvokabular wie die ominöse *Toxische Männlichkeit* oder *Mansplaining* unterwandern die Alltagssprache mit Beihilfe von Politik und Medien. Das Ergebnis ist eine verbale Kriminalisierung des männlichen Geschlechts. Besonders Vertreter des radikalen Feminismus entwerfen dabei regelmäßig das Bild einer *Plage der Männlichkeit* und behaupten, dass in der Erziehung der Jungen Männlichkeit und eine damit einhergehende Aggressivität glorifiziert werde. Wie soll man sich das Ganze denn vorstellen? Stehen die Väter neben dem Fußballfeld und ermutigen ihre Söhne darin, den Gegner möglichst brutal wegzugrätschen? Brüllt ein frischgebackener Vater wie ein Gorilla und legt seinem neugeborenem Stammhalter eine Keule in die Hand?

Moment mal. Wer erzieht denn angesichts der Daten zur

Teilzeit- und Vollbeschäftigung noch immer primär die Jungen? Das sind doch größtenteils Frauen. Müsste es angesichts dieses Umstandes nicht vielmehr so sein, dass nicht die Väter, sondern die Mütter, den größten (zeitlichen) Einfluss haben, um zentrale Werte und Verhaltensweisen zu vermitteln und die „Plage der männlichen Dominanz" zu überwinden?

Generalisierungen über Männer bringen nichts. Natürlich gibt es Jungs, die sich gerne prügeln und ihre Macht über andere zur Schau stellen wollen. Oder die zuhause Schläge bekommen und die Gewalt, die sie erfahren, gegenüber Schwächeren und Gleichaltrigen reproduzieren als falsch kanalisierter Umgang mit Gewalterfahrungen. Aber wenn man Radikalfeministinnen so zuhört, dann kann man schon mal auf die Idee kommen, dass sämtliche Männer geradezu prügelnd und pöbelnd durch die Gegend eiern. Dabei wird gerne vergessen, dass Männlichkeit und damit einhergehende Verhaltensweisen auch Tugenden hervorbringen. Nicht alle Männer sind gleich und gehören auf die Anklagebank. Warum also die Geschlechter gegeneinander aufbringen?

Ebenso sind nicht alle Frauen tugendhaft und aufrichtig, auch wenn u. a. aus der Care-Ethik in Amerika die Vorstellung erwachsen ist, dass Frauen sich *besser kümmern* könnten als Männer, weil sie eher Pflegeberufe ausüben. Diese Ansicht mag insofern zutreffen, dass Frauen sich *lieber kümmern*. Hieraus kann man aber noch lange nicht generalisieren, dass alle Frauen edle Wesen sind, die sich dem Gemeinsinn verschreiben. Frauen benehmen sich auch schlecht gegenüber Männern und ihren Geschlechtsgenossen. Manche quälen ihre Männer, verprügeln sie, erniedrigen sie wie Schoßhündchen. Was aber passiert, wenn Männerrechtler darüber sprechen? Sie werden als *Pantoffelhelden* beleidigt. Gewalt durch Frauen wird wie ein Tabuthema behandelt und diesen Sachverhalt problematisierende Männer werden ausgelacht, beschämt, angegriffen oder mittels Label wie *rechter Populist* oder *Frauenhasser* abgestempelt.

Man kann es drehen und wenden, wie man will, es gibt **eine wachsende Männerfeindlichkeit** in der Gesellschaft, die durch feministische und diverse Strömungen verstärkt und zelebriert wird. Wir lesen sie in Büchern, zahlreichen Medienbeiträgen und in etlichen Kommentaren, in denen Radikalfeministinnen Männer verhöhnen. Besonders tragisch wird das Ganze, wenn Männer sich selbst als *alte weiße Männer* bezeichnen und so glauben, im vorauseilenden Gehorsamsstrom der Zeit auf der Höhe mitzuschwimmen, anstatt so viel Selbstachtung aufzubringen, nicht auch noch sich selbst diesen unseligen Stempel aufzutragen und somit die zugesprochene Schuld anzunehmen. Zum Dank werden sie dafür noch von Frauen für ihre Anbiederung verhöhnt. Lächerlich wird Männerfeindlichkeit, wenn Feministinnen in der *in den Phallussymbolen* der Stadtarchitektur gar eine *sichtbare Zementation der Frauendiskriminierung* sehen wollen. Da kann man dann gar nichts mehr zu sagen. Oder man fragt im Sinne von Onkel Siegmund: *Vielleicht etwas infantilen Penisneid mit in das Erwachsenenalter mitgenommen?*

Feministinnen unterstellen Männern, die sie sich aufregen und sich wehren, dass diese doch bloß persönlich betroffen seien, weil ihr (berühmt-berüchtigter) männlicher Stolz gekränkt sei. Sie sollten sich mal nicht wie kleine Jungs verhalten. *So ein Blödsinn.* Wenn dich jemand mit einer Gießkanne Schwachsinn übergießt, dann wirst du doch wohl einen Schirm spannen dürfen, damit der Mist an dir abprallt. Oder wenn der Bauer nebenan mit seiner Giftspritze das Unkraut killt, dann möchtest du eben nichts davon abbekommen und nimmst einen anderen Weg. *Oder trinkst du bei einer Fahrradtour aus einem Graben, in den Glyphosat hereingespritzt wurde?*

Es wäre schon wichtig, bewusste und unbewusste Männerfeindlichkeit zu problematisieren, aber es scheint tatsächlich so, dass Feministinnen einen Freifahrtschein haben und sexistischen Schwachsinn von sich geben können, ohne dass jemand sie dafür zurechtweisen dürfte. Eine ganze Menge Hexen rennt mit Fackeln durch die Gegend und entzünden ein Strohfeuer nach dem nächsten. Ich habe mal unter einem Spiegel-Artikel den satirischen Kommentar *„Heute gibt es wieder Hexenjagden. Aber jetzt sind die Hexen auf der anderen Seite"* gelesen. *Schon lustig, oder?* Aber Moment mal, Stopp! Ist das jetzt sexistisch, wenn man das metaphorische Bild einer Hexe nutzt, um das tollwütige Verhalten so mancher Radikalfeministin zu illustrieren, oder bloß ein rhetorisch-stilistisches Element?

Wo nicht mehr das Individuum betrachtet wird, sondern eine Gruppe (die nur ein einziges Merkmal gemeinsam hat, hier das Geschlecht „männlich"), kommt es zuhauf in der feministischen Argumentation zu Stereotypen, die sexistisch und rückschrittig sind. Wenn Feministinnen von Männern reden, scheinen sie bloß den Typ Mann vor Augen zu haben, der stereotyp für die 50er Jahre scheint: Der Mann als Staubsaugervertreter, der andere Frauen bumst und zu Hause seine Frau herumkommandiert. Latente Männerfeindlichkeit schlägt uns jedenfalls in herabwürdigenden Kommentaren, Hashtags und ständig wiederholten Narrativen wie ein Dampfhammer entgegen. Das typische *Männer sind so und so* hilft niemandem weiter, es bricht auch nicht die vorherrschenden Vorurteile. Stattdessen – *und das ist die traurige Ironie daran* – erweitert und bestätigt es bloß das tradierte Vorurteilsspektrum. Selbst Forschungsliteratur ist nicht frei davon und kommt zu allerlei Erkenntnissen, wie etwa im *APA-Journal of Health und Social Behavior*, in dem problematisiert wird, dass traditionelle Maskulinität schädlich ist. Ob traditionelles weibliches Verhalten auf irgendeine Art und Weise schädlich ist, wird hingegen nicht untersucht. Ein begründeter Anfangsverdacht wie bei den pupsenden halbstarken Männern besteht nicht. So viel zu Multiperspektivität und Objektivität.

Während gerade die Identitäre Linke nur allzu gerne in richterlicher Allmacht jedes Wort auf die Goldwaage legt, sind Schimpfworte und Abwertungen gegen Männer an der Tagesordnung, ohne dass es einen Aufschrei oder auch nur nennenswerte Gegenwehr gäbe. Ob Männer *Müll* sind, *Mörder, Vergewaltiger, Abschaum* oder auch einfach nur *alt* – hier sind der Kreativität keine Grenzen gesetzt. Dass so manche Beleidigung in hohem Maße despektierlich ist, wird dabei gerne übersehen. Wenn Männer das Ziel sind, gibt es kaum Aufregung darüber, wie man miteinander redet und es scheint geradezu Alltag geworden, dass der Diskurs sich von den Grundlagen einer gelingenden Kommunikation entfernt. **Fordert man einerseits für Minderheiten absolute Sensibilität, ist man andererseits beim Männerbashing an vorderster Front dabei,** ohne dass man Konsequenzen zu fürchten braucht oder überhaupt diesen **Widerspruch** erkennt.

Männerfeindlichkeit ist nicht von ungefähr zu einem Verkaufsschlager verkommen. Die Französin Pauline Harmange dürfte jedenfalls mit ihrem Buch „Ich hasse Männer" nicht schlecht an ihrem selbstbekundeten Männerhass verdient haben. Dass manche Männer diesen in sadomasochistischer Manier abfeiern, um akzeptiert zu werden, macht das Ganze nicht besser. Und so lange Männer aus Selbstschutz keine Widerrede wagen, werden die Grenzüberschreitungen immer wilder. Im Vordergrund stehen die Empfindungen der Radikalfeministinnen. *Wie es Männern geht, ist egal.* Gerade auch in Bezug auf falsche Anschuldigungen wird Männern noch häufig kein Glauben geschenkt, selbst wenn die Frau erwiesenermaßen die Anschuldigungen erfunden hat und den Ruf des Mannes aus niederen Beweggründen nachhaltig ruiniert hat.

Im Kontext dieses Männerbildes stößt man immer wieder auf Vorverurteilungen von Männern, die diesen auch ohne eigenem Fehlverhalten im beruflichen Alltag Probleme bereiten können. Männern, die in sozialen Berufen arbeiten, wird teils noch immer von Mitmenschen mit Argwohn begegnet, wenn sie mit kleineren Kindern arbeiten. Einem Mann wird seltener die Fähigkeit zugesprochen, auch mit Krabbelkindern gut umzugehen. Die Nähe, die ein Mann hierbei zu Kindern hat, wird suspekt beobachtet. Schnell wird ein Mann in die Ecke von Missbrauchstätern oder Pädophilen gerückt. Auch wer mit Teenagern arbeitet, kann als Mann ungewollt in unangenehme Situationen kommen und ist zu einem achtsamen Umgang verpflichtet. Wer als männlicher Lehrer ein Gespräch mit einer Schülerin führt, der sollte die Tür aus Selbstschutz mindestens einen Spalt offenlassen, damit die Öffentlichkeit gewährleistet ist, ansonsten hat man bei ungerechtfertigten Vorwürfen ein Problem. Zudem muss man penibel darauf achten, auch nicht nur aus Versehen einem Mädchen zu nahe zu kommen. Ich kenne Lehrer, die ehrlich zugeben, dass sie in einem Notfall nicht sicher wüssten, ob die von ihnen geleistete Erste Hilfe später nicht als Übergriffigkeit wahrgenommen werden könnte. Man mag jetzt mal darüber nachsinnen, wie diese sich möglicherweise bei einem Notfall verhalten – *oder nicht verhalten*. Sind wir doch weit gekommen in unserer Gesellschaft, dass manch einer sich unsicher ist, ob er einem Menschen des anderen Geschlechts in einer potenziell bedrohlichen Situation helfen solle, wenn diese Hilfe möglicherweise falsch aufgefasst negative Konsequenzen für den Helfer nach sich zöge.

Zu guter Letzt lässt sich dem Vorwurf der „toxischen Männlichkeit" der Befund einer **„rettenden Männlichkeit"** entgegenhalten. Wer sich Bilder von Rettungsmaßnahmen in Krisengebieten, bei Stürmen oder bei Hochwasserkatastrophen – *kurzum: bei JEDER*

Ausnahme- und Katastrophensituation – ansieht, der wird eine Konstante schwerlich übersehen können: **Die Helfer, die andere Menschen retten und dabei ihr eigenes Leben riskieren, sind fast ausnahmslos Männer.** Wen mag das wundern, sind doch beim THW lediglich 5% und bei den Feuerwehren 10% der Ehrenamtlichen weiblich. Also liebe Frauen, ran an das Ehrenamt, rettet die Frauenquote!

Und „nebenbei" rettet ihr auch noch Leben.

Das Wichtigste zusammengefasst

Der Stempel „Toxische Männlichkeit" erweckt den Eindruck, dass an jedem Mann aufgrund seines Geschlechts ein Makel haftet, der zu schädlichen Verhaltensweisen führt. Einseitig wird dabei der Blick auf Täter gerichtet. Genauso könnte man die Täter unter den Frauen in den Fokus rücken und fände unter dem Label „Toxische Weiblichkeit" etliche weibliche Verhaltensweisen, die wenig edel oder sanftmütig sind. Was zudem bei der einseitigen Fokussierung auf vermeintlich negative männliche Eigenschaften ignoriert wird, ist der Umstand, dass die absolute Mehrheit derjenigen, die – auch unter Einsatz ihres eigenen Lebens – andere Menschen retten und aufopferungsbereit sind, männlich ist:

Eine Eigenschaft, die man als „Rettende Männlichkeit" bezeichnen könnte.

III

Rhetorik des radikalen Feminismus

Engagierte Moralisten und Sittenwächter demonstrieren ihre Achtsamkeit für sich und andere sowie ihr Bewusstsein für Diskriminierungspraktiken unserer Gesellschaft nur allzu gerne auf der Überholspur des Radikalfeminismus. Häufig finden sich neben den Klassikern wie dem Gender Pay Gap und der Notwendigkeit des Empowerments für junge Frauen Forderungen, die in Bedingungssätzen formuliert sind.

Erst wenn gleicher Lohn herrscht, gibt es den Ansatz von Gerechtigkeit, wäre so ein Beispiel. Und aus der Sichtweise des Feminismus finden sich noch zahlreiche weitere Bedingungen, die als Voraussetzung erst gegeben sein müssten, damit wir in einer gerechten, diversen Gesellschaft leben. Und so ehrenhaft diese Haltung auch sein mag, mit der Realität hat sie – *leider* – kaum Übereinstimmungen, niemals wird der Zustand auf Erden eintreten, dass alle Menschen einander gut behandeln und niemand einem anderen Böses will. Forderungen nach einer missbrauchsfreien Welt sind nachvollziehbar, aber utopisch. Es wird immer Menschen geben, die die Grenzen anderer Menschen übertreten. Selbst wenn nur einer von 82 Millionen Menschen die hier skizzierten Grenzen nicht respektierte, wäre die Utopie in der Realität gescheitert. Leben wir deshalb in einer Dystopie, in der die angesprochenen Probleme den gesamten Alltag durchdringen? Nein, natürlich nicht! Zudem ist es fraglich, ob so manche artikulierte Zielsetzung tatsächlich sinnvoll ist.

Was ist mit den Prämissen der Aussagen? Wer entscheidet, was überkommene Rollenbilder sind? Wem wird die Autorität zugesprochen, hierüber zu bestimmen? Wieso überspitzen Slampoeten den Zielzustand, indem sie *vom Ansatz einer Gerechtigkeit* sprechen und nicht von einer (geschlechter-)gerechten Gesellschaft? Problematisch ist zudem, dass im Subtext wieder und wieder die Männer als Täter und die Frauen als Opfer geframed werden. Die zugrundeliegende Motivation hierfür sollte mittlerweile deutlich dargestellt worden sein: Radikaler Neofeminismus zielt nicht auf Gleichstellung, sondern auf Bevorteilung von Frauen zu Lasten der Männer.

Wenn man feministische und diverse Diskurse verfolgt, bekommt man durchaus den Eindruck, dass es darum geht, ein neues Recht zu installieren, nämlich das *Recht auf unverletzte Gefühle.* Nein, lieber Leser, das gibt es nicht. Und das mit gutem Grund. Verletzungsfreie Kommunikation ist schlichtweg nicht möglich. Die meisten von uns merken gar nicht, wenn sie anderen auf die Füße treten. Das können gut gemeinte Ratschläge sein zur Lebensführung, die vom anderen als unpassende Einmischung gewertet werden könnten. Oder Aussagen zu Streitthemen, bei denen der andere sich aufgrund seiner Lebenserfahrung als Mensch und Betroffener angegriffen fühlt. Zu guter Letzt sind es häufig die unbequemen Wahrheiten, die uns Menschen verletzen. Wollten wir ein Recht auf unverletzte Gefühle einführen, dann müsste dies notwendigerweise zulasten der Meinungsfreiheit gehen, eines der elementaren Grundrechte demokratischer Gesellschaften und Grundvoraussetzung für den freien, liberalen Gedankenaustausch. Es zeigen sich tatsächlich Tendenzen, den Korridor der Meinungsfreiheit nachhaltig einzuschränken, etwa wenn sich einzelne Individuen oder größere Gruppierungen verletzt sehen. Wer diesen Korridor beschreitet, der sprengt die Spielgrenzen unserer freiheitlich-bürgerlichen Gesellschaft, der legt den Geist von Freiheit, Toleranz und friedlichem Miteinander in Ketten. Der Preis wäre das Ende der freiheitlichen liberalen Grundordnung, wie wir sie heute kennen.

Komplexitätsreduzierung durch Simplifizierung und Generalisierung: Keep it simple

Wer jemand anderen verantwortlich machen kann, der muss seinen Blick nicht auf die eigenen Mängel richten und findet leichte und schnelle Antworten. Die Welt wird in klare Muster unterteilt. Sie dabei mit den Erkenntnissen wissenschaftlicher Disziplinen abzugleichen, ist dabei überflüssig. Eine typische Reaktion auf eine unübersichtliche Welt, die infolge der zahlreichen technischen Innovationen und Revolutionen der vergangenen Jahrhunderte ein Komplexitätsniveau erreicht hat, das von einem menschlichen Individuum kaum noch durchdrungen und verstanden werden kann. In diesem Sinne ist die **Strategie der Komplexitätsreduzierung** durch *Simplifizierung* und *Generalisierung* ein nachvollziehbares Bestreben. Dabei darf man allerdings nicht der Versuchung anheimfallen, unhinterfragt die Haltung der übergeordneten Gruppe zu übernehmen, zu der man sich zugehörig fühlt, denn allzu schnell bestimmen und manipulieren deren Haltungen und Narrative das eigene Handeln in der Gegenwart und Zukunft und beeinflussen den Blick auf die Welt. Man möchte weiterhin zur Gruppe gehören und nicht negativ auffallen. Die Gründe hierfür sind vielfältig. Hilflosigkeit, Komfort, Bequemlichkeit, Trägheit, Selbstprofilierung oder ganz einfach der Wunsch, zu einer Clique zu gehören. Beim Anpassen der eigenen Haltungen an die Gruppenvorstellungen kommt es nicht auf das kritische Hinterfragen an. Die Attraktivität der Gruppe ergibt sich als eine Kombination der genannten Gesichtspunkte. Die Gruppe gibt uns eine Ideologie, eine Weltanschauung, an die Hand, mithilfe derer wir die uns umgebende Welt betrachten und einordnen können. Der Dschungel des Realitätdickichts wird vermittels der Simplifizierungsmachete zerfetzt und endlich erscheint alles klar und deutlich. Unübersichtlichkeit wird zu einem einfachen Scherbenhaufen, aus dessen Scherben man sich nun zusammenbauen kann, was und wie man es möchte. Ist die feministische Brille erst einmal aufgesetzt, erscheinen sämtliche Strukturen in einem neuen Licht. Geradezu erwacht und neugeboren hilft sie, Ungerechtigkeiten als Ursache des allumgebenden Patriarchat zu erkennen.

Feministisches Vokabular als Selektionsinstrument: Ausschlussvokabular

Bei feministischen Gruppen kann man wie bei anderen Gruppen verfolgen, dass sie ein eigenes Vokabular entwickeln und nutzen, das für Nichteingeweihte kaum nachzuvollziehen ist. Gruppenspezifisches Vokabular wird – *ob gewollt oder nicht* – zum Ausgrenzungsinstrument. Ein fremder Sprachnutzer, der den Sprachkontext und dessen entsprechende Begriffe nicht kennt, kann so effektiv mittels dieser Kommunikationscodes ausgegrenzt werden. Gruppenspezifische Sprache fungiert deshalb auch als **Ausschlussvokabular**. In Diskursen ist zu beobachten, dass Teilnehmer, die die entsprechenden Begriffe nur unzureichend kennen oder fehlerhaft anwenden, disqualifiziert werden, indem sie beispielsweise aufgrund einer fehlerhaften Nutzung als *Frauenhasser* bezeichnet werden. Wer die Vokabeln oder den erwünschten Umgangston nicht beherrscht, der wird selektiert und ausgemustert. Dabei herrscht im Subtext ein häufig aggressives Kommunikationsverhalten, obschon oberflächlich vorgegaukelt wird, an einer gelingenden Kommunikation interessiert zu sein. Tatsächlich aber wird gruppenspezifisches Vokabular als Selektionsinstrument genutzt wird, das Menschen aus dem offenen Gespräch ausgrenzt. Dave Chapelle hat diese Strategie im folgenden Satz prägnant benannt: **„Feministen erfinden Begriffe, damit sie Debatten gewinnen können."** Findest du nicht? Weißt du mittlerweile, was eine TERF ist? Nicht? Ha, erwischt! *Verzieh dich aus meinem Diskurs, du Cis-Troll!*

Verhaltensvorgaben

Wenn neben den Sprachvorgaben und Reglements noch Verhaltensvorgaben hinzukommen, denen die Vorstellung zugrunde liegt, definieren zu können, was eine *wahre*

Feministin ausmache, wird es besonders problematisch. Verfolgt man die Argumentationsirrwege so mancher Radikalfeministin, die besonders *„politisch und moralisch korrekt"* agiert, dann wird man mitunter zu dem Schluss kommen, dass eine Feministin keine Tiere oder tierischen Produkte verzehren, keine Kinder bekommen und auf keinen Fall den Familiennamen des Mannes annehmen dürfe. Und am besten gar nicht erst einen Mann heiratet. Wer dagegen verstößt, der wird aussortiert als moralischer Abfall. *Aber das darf man doch so nicht sagen! Wirklich?* Man bekommt jedenfalls nicht selten den Eindruck, dass es den agitierenden Damen nicht um Empowerment und Befreiung der Frauen geht, sondern um Benimmunterricht. Knigge haben wir doch alle mittlerweile hinter uns gelassen. Oder wer von uns sitzt noch aufrecht am Tisch, weil er sich vor den Nägeln in der Rückenlehne fürchtet?

Menschen tun das, was sie wollen. Ihnen mitzuteilen, dass das, was sie wollen, falsch ist, mag vielleicht ein hehres Ziel sein, ist allerdings ein Eingriff in die Privatsphäre des anderen, der Frust erzeugt. Man kann allerdings auch intelligente und charmante Wege wählen. *Anregen, nicht zwingen* wäre hierbei ein tragfähiges Motto. Abweichendes Verhalten von den Normen und Erwartungen sollte nun einmal nicht generell sanktioniert werden, denn seine Varianz ist ein Bestandteil der Norm. Der Radikalfeminismus hingegen findet immer neue Sündenböcke, die angeblich mitverantwortlich dafür sind, dass der Feminismus das Patriarchat immer noch nicht kaltgemacht hat. Wer die erwarteten Bahnen verlässt, wird bestraft und beschämt. Würden die Frauen sich nur nicht gegenseitig ständig die Haare ausraufen, dann hätten sie den Palast der Männerdominanz längst abgebrannt. Wenn es ihn denn tatsächlich gibt. Ein prominentes Beispiel hierfür ist Joane K. Rowling, die sich den Zorn der Radikalfeministinnen zugezogen hat und nun als *TERF* bezeichnet wird. Was das meint? Du hast es immer noch nicht nachgeschlagen? Finde es selbst heraus.

Kurze Vorwarnung: Du könntest vor lauter Kopfschütteln ein Schleudertrauma bekommen.

Schreispirale

Ist es ethisch richtig, (vermeintliche) Täter öffentlich zu brandmarken und zu verurteilen? Ist dies nicht Aufgabe der Justiz? Wo kommen wir hin, wenn sich die Tendenzen des Public Shamings radikalisieren? Bleibt es dann noch bei dem Pranger? Oder holen wir dann wieder die Guillotine aus dem Keller? Irgendwo wird sich sicherlich noch eine funktionstüchtige finden lassen! Und was ist mit den ungerechtfertigt Beschuldigten? Man hört immer wieder von Fällen, wo die soziale Existenz auch dann zerstört bleibt, wenn die Person juristisch entlastet wurde und die Anschuldigungen ungerechtfertigt waren. Einmal als Täter gebrandmarkt, bleibt man Täter. *Ist es das wirklich wert? Sollen Unschuldige aufgrund unserer Selbstjustiz über die Klippe springen?* In unserer Verurteilungslust und Empörungswut schmeißen wir in unreflektierten Reflexen mit Begriffen wie *Täter* und *Opfer* um uns. Unreflektierte Reflexe, die in Shitstormen münden. Pöbeln statt Austausch ist das Motto. Warum werden diejenigen, die mit falschen Anschuldigungen an die Öffentlichkeit gehen und grundlos andere Menschen an den Pranger stellen, nicht (härter) bestraft? Ungerechtfertigte Anschuldigung sollte strafrechtlich relevant sein, hat sie doch mitunter erhebliche Konsequenzen für den schuldlos als schuldig Gebrandmarkten. Während der eine zum Aussätzigen wird, passiert dem anderen nichts. Statt Probleme nicht nur vom Ende her zu denken, sollten diese einmal differenziert betrachtet werden, um deren Ursachen zu finden.

Vielleicht kann man sich ja auch einmal füreinander einsetzen, anstatt sich über alles zu beklagen? Wenn alle Betroffenen sich wehren und gegenseitig stützen würden, dann würden die Täter nicht mehr so leichtes Spiel haben. Wollen wir uns nicht hierbei unterstützen, anstatt uns gegenseitig fertigumachen?

Die Böser-Rechter-Mann-Keule

Jeder, der nicht links ist, ist automatisch rechts. Jedenfalls bekommt man diesen Eindruck, wenn man Diskursverläufe zu beliebigen Themen und von beliebigen Diskursteilnehmern aus dem linksextremen bis linken politischen Spektrum verfolgt. Weiß ein Diskursteilnehmer in einer Debatte nicht weiter sachlich seine Position zu behaupten, so hat er noch immer die *Böser-Rechter-Mann-Keule* im Gepäck, die sich beliebig herausholen lässt und zumindest mit hoher Sicherheit von einer weiteren inhaltlichen Diskussion und der eigenen inhaltlichen Lücke bzw. Leerstelle ablenkt. Die Frustration über derartige, einseitige Argumentationsstrategien und haltlose

Anschuldigungen mündet nicht selten in ein Gefühl der existenziellen Hilflosigkeit und Wehrlosigkeit, einem Schwebezustand, in dem man die schwerelose Leichtigkeit einer gemäßigten Gesellschaft verlassen hat und man nicht weiß, ob man sich wie die Zyniker gleich ins ironische Lachen flüchten oder in verzweifeltes Weinen ausbrechen soll. Aber ja, natürlich ist jeder Mann, der sich nicht mit den Radikalfeministinnen verbrüdert und deren Nonsens in Frage stellt, ein Frauenhasser und jeder Männerrechtler ein Antifeminist und Troll. *So einfach ist das.*

Klassiker der feministischen Argumentation

Ein fehlerhafter **Zirkelschluss** liegt vor, wenn die Begründung eine andere Formulierung der Behauptung darstellt und somit eine Scheinbegründung darstellt. Ein besonders wirkmächtiger Zirkelschluss findet sich in den folgenden feministischen **Klassikern:**

1. Weiße Männer sind privilegiert, weil sie nicht Opfer von Sexismus und Rassismus sind.

2. Weiße Männer können nicht Opfer von Sexismus und Rassismus werden, weil sie privilegiert sind.

Dieses Behauptungspaar wird beinahe täglich wiederholt, wohl in der Hoffnung, dass gemäß einer Dampfhammermethode auch irgendwann der letzte glaubt, dass sie stimmt. Egal wie oft man eine Unwahrheit wiederholt, sie bleibt eine Unwahrheit, auch wenn mit jeder Wiederholung mehr und mehr Menschen sich vom

Gegenteil überzeugen lassen. Sehr wohl kann der einzelne Mann sich diskriminiert und psychisch unter Druck gesetzt fühlen, wenn er mit der vollen Dröhnung Männerhass in Medien und von Bekannten konfrontiert wird. Und nicht jeder weiße Mann hat ein tolles Leben. Mal ganz davon abgesehen, dass Männer ebenso wie Frauen mit ihrem Selbstwertgefühl und Selbstbewusstsein Probleme haben. In diesem besonderen Falle des Zirkelschlusses wiegt zumal besonders schwer, dass beide Grundannahmen per se pauschaler Unsinn sind, keine Allgemeingültigkeit beanspruchen können und schnell falsifiziert werden. Man denke beispielsweise an kleine oder schmächtige Männer. Wie oft werden diese abwertend behandelt oder nicht ernstgenommen und als *Lauch*, *Zwerg* oder *Lappen* bezeichnet?

Ein beliebter feministischer Argumentationsfehler ist der sogenannte **Fehlschluss**, der sich u. a. so artikuliert: *Tammo ist ein Rassist, denn weiße Männer sind Rassisten und Tammo ist ein weißer Mann.* Hier wird zur Bestätigung der These ein Argument gewählt, das zwar wahr sein kann, das aber die These und Schlussfolgerung nicht beweist. Es entfaltet sich folglich keine zureichende Argumentation, ein typischer **Fehlschluss** eben. Aus dem einen Fakt folgt nun einmal das andere nicht als logische Konsequenz. Nur weil *manche* weiße Menschen Rassisten sind, bedeutet das noch lange nicht, dass *alle* weißen Menschen Rassisten sind. In Bezug auf Tammo aus unserem Beispiel lässt sich das nun einmal nicht sagen. Ebenso gibt es Sexismus und häufig sind die Täter bei sexuellen Übergriffen männlich. Das bedeutet allerdings nicht, dass *jeder* Mann aufgrund seiner Geschlechtszugehörigkeit mit Recht eines solchen Verhaltens beschuldigt werden kann.

Eine weitere Argumentationsstrategie, die häufig bei Twitter und Co zu beobachten ist, ist das **argumentum ad hominem** (persönlicher Angriff). Ziel ist der direkte Angriff auf das Gegenüber, zwecks Delegitimierung und Dämonisierung. Der Gegner wird zu einer grotesken Fratze, die man nicht mehr wie einen gleichwertigen Gesprächspartner behandeln muss. Einzelne Aussagen werden überinterpretiert, verzerrt und aus dem Kontext gerissen, um den anderen bloßzustellen. Hier verlässt man die sachliche Ebene der Argumentation und zielt auf die persönliche Diskreditierung, auch um abzulenken, dass die eigene Argumentation einer Überprüfung nicht standhält. Schon Schopenhauer riet zu diesem Vorgehen, wenn man merkt, dass die eigene Argumentation sachlich-argumentativen Angriffen nicht standhält. Wenn das Gegenüber moralisch verwerflich agiert, muss man sich nicht mehr mit dessen Positionen auseinandersetzen: *Die Position zu häuslicher Gewalt von Erik ist abzulehnen, denn Erik ist ein Mann. Und Männer üben 80% der häuslichen Gewalt aus. Damit hat Erik kein Rederecht und muss schweigen.* In der Logik so mancher Feministin hat man als Mann kein Recht, zu Themen, die Frauen betreffen, etwas zu sagen. Besonders gerne wird diese perfide und vorurteilsreiche Strategie genutzt, um Männern das Wort zu verbieten. Es kommt eben ganz im Sinne Schulz von Thuns darum an, *wer* der Bote der Nachricht ist und *wie* man zu ihm steht, nicht *was* dieser sagt. *Traurig, oder?*

Ihre perfide Wirkung entfaltet diese Strategie gerade erst, indem sie der Manipulation von Dritten dient, um den anderen schlechter und sich selbst besser darzustellen.

Ausgrenzung aus dem Dialog: Ignoranz und Mund verbieten

Männer sollten einfach mal die Fresse halten. Wir brauchen kein Mansplaining. Männer haben uns lange genug die Welt erklärt. Wir können auch selber denken. Wir brauchen keine Männer.

Die These, dass man sich als wahre Feministin in einem andauernden Kampf gegen das abstrakte Patriarchat und den es personifizierenden einzelnen Mann befinde, führt nicht selten dazu, dass Feministinnen sich als edle Heldinnen stilisieren, deren Kampf gegen Unrecht und Ungerechtigkeit ein edles Ziel habe. Der Zweck heiligt dabei die Mittel. Und die Mittel kommen nicht gerade aus der Seidenkiste. Wenn andere Diskursteilnehmer eine abweichende Position vertreten, werden sie häufig als **Troll** bezeichnet. Das Schöne an der allgemein verbreiteten und gern genutzten Bezeichnung Troll ist der Umstand, dass man seinen Gegner ohne Wissen oder Fakten vernichten kann. Ist der Gegner erst einmal als Troll identifiziert, kann jede Diskussion vorab verweigert oder vorzeitig beendet werden und man sich zum (moralischen) Sieger erklären. Ein Austausch mit diesem würde eh nichts bringen. Warum also ein Gespräch beginnen und wertvolle Zeit verschwenden? *Man muss ja noch Zeit für Netflix&Chill haben.*

Ein für Männer in diesem Kontext besonders gefährliches Argumentationsfeld ist der Bereich der sexuellen Gewalt. Hier werden Männer mitunter gerne mittels Killerphrasen aus dem Gespräch geworfen und wie Täter behandelt: *Es wird doch niemand ernsthaft bezweifeln, dass Männer Sex mit Frauen wollen und dabei übergriffig werden.* Doch. Täter sind eben *manche*, aber *nicht alle* Männer. Killerphrasen, die mit Suggestivfragen verknüpft werden nach dem Schema *Jeder weiß doch, dass Männer sexfixierter als Frauen sind*, entbehren nicht selten der faktischen Grundlage. Feministen neigen dazu, subjektive Meinungen und Erfahrungshorizonte als Tatsachen darzustellen und den anderen mit **Killerphrasen und Suggestivfragen** plattzumachen. Fair ist das nicht, aber effektiv. Na klar, es stimmt schon, Männer wollen generell gerne Sex mit Frauen haben. Hieraus aber zu schließen, dass sie dabei in der Regel den extremen Weg wählen, ist stark fehlerhaft. Aus einem beliebig gewählten Fakt heraus lässt sich zwar eine Killerphrase entwickeln, jedoch kein Argument. Nur weil Männer häufiger als Frauen sexuell übergriffig sind, bedeutet das nicht, dass Männer generell zu sexuell übergriffigem Verhalten neigen. Damit sage ich ausdrücklich *nicht*, dass nicht *zu viele* Männer sexuell übergriffig werden. Und ich kann es auch verstehen, dass es ein sensibles Thema ist, bei dem Frauen entsprechende Erfahrungen erdulden mussten und somit verständlicherweise emotional reagieren.

Ein weiteres schwieriges Thema sind Schwangerschaftsabbrüche. Ich möchte vorab betonen, dass ich von einer regressiven Schwangerschaftsabbruchspolitik nichts halte und es nicht in Ordnung finde, wenn man

Frauen das Recht auf Schwangerschaftsabbrüche aus einer traditionellen Haltung verwehrt. Ebenso fände ich es aber auch problematisch, wenn man im Sinne einer linksidentitären Ideologie aggressive Werbekampagnen installieren würde. Es gibt auch Gründe, warum man nicht leichtfertig eine Schwangerschaft abbrechen sollte. Weil man *keinen Bock auf Kinder* hat, wäre beispielsweise ein fragwürdiger Grund, mit dem ganz offen in manchen Online-Artikeln geprahlt wird. Wir Menschen sind seit einigen Jahrtausenden nicht mehr in der Tierwelt mit ihren Instinkten und Trieben verhaftet, sondern haben uns ethisch und spirituell so weit entwickelt, dass wir durchaus verhandeln können, ob etwas, so wie es ist, auch ist, wie es (moralisch) sein sollte. In dieser Konsequenz wäre also ein Schwangerschaftsabbruch durch eine Frau gegen den Willen ihres Partners aus dem einzigen Grund, dass sie keine Verpflichtung haben möchte, durchaus kritikwürdig. Natürlich hat jede Frau das Recht, mit ihrem Körper zu machen, was sie möchte, es ist ihr Körper. Aber ist das Leben des Kindes auch *ihr* Leben, weil es in ihrem Körper aufwächst? Was ist mit dem körperlichen Selbstbestimmungsrecht des Kindes? Ab wann beginnt das? Hat das Kind nicht auch ein Anrecht auf Leben? Ab wann ist ein menschliches Leben ein *menschliches* Leben? Hat der Vater nicht auch ein *Anrecht* auf das Leben seines Kindes? Dieses ethische Problem ist ein **moralisches Dilemma**, das einen offenen Diskurs aller Positionen benötigt.

Gerne reden Feministinnen die biologischen und volitionalen Unterschiede von Mann und Frau beiseite und tun so – *wenn es in ihre Argumentation passt* – als gäbe es keine, denn eigentlich seien diese lediglich sozial konstruiert und Folge eines überkommenen starren binären Systems, der sog. Heteronormativität. Die gesellschaftlich vorgegebenen Rollenerwartungen würden den Willen der Frauen und Männer manipulieren und diese in eine geschlechtstypisierte, von der Gesellschaft erwartete Richtung drängen. Dann wiederum werden Feministen nicht müde darin, auf die Unterschiede in Verhalten und Einstellung des wüsten, aggressiven, Frauen unterdrückenden männlichen Geschlechts zu verweisen, das seine Vormachtstellung dazu nutze, diese weiter zu dominieren. *Ja, was denn jetzt?* Sind wir nun gleich? Na, dann bräuchte ja keiner den anderen unterdrücken und könnte es in der Logik der Feministen nicht. Die Gesellschaftsform, die als Ergebnis des Handelns von Radikalfeministen hervorträte, wäre keine libertäre und auch keine egalitäre Gesellschaft, sondern eine **Tribalisierte Gesellschaft**, deren verbindendes Element im Laufe endloser Gesellschaftsdebatten partikularisiert und ausradiert würde.

Deutlich wird dies im Versuch, einen Keil zwischen Männern und Frauen zu treiben. Man bekommt angesichts des verwendeten Vokabulars aus dem Wortfeld *Kampf* den Eindruck, dass nicht weniger als eine Revolution das Ziel sein muss und so schreiben einige Radikalfeministen die **Gesellschaftsrevolution** herbei. Aber warum? Und zu welchem Zweck? Was erhoffen sie sich davon? Das Ziel jedenfalls, die **Zerstörung des Frauen diskriminierenden Patriarchats** ist so ungenau und noch immer nicht klar formuliert, dass es zum Scheitern verurteilt ist. Wenn das

Ziel die Gleichstellung von Frau und Mann ist, dann frage ich mich zudem, warum Diskriminierungserfahrungen von Männern ignoriert und weggemobbt werden?

Besonders beliebt im feministischen Waffenarsenal ist die **Verallgemeinerung**. Wir alle kennen sie als unsere beste Freundin, wir alle fürchten sie als unsere schlimmste Feindin. Verallgemeinerungen beruhen auf Stereotypen und führen zu Pauschalurteilen. Ein typisches Vorurteil gegenüber Männern verbirgt sich in Aussagen wie *Frauen haben häufig keinen Bock auf Männer, denn Männer nähern sich infolge ihrer toxischen Männlichkeit respektlos und Grenzen überschreitend an.* Dabei handelt es sich um eine Generalisierung, die auf Klischees beruht und stereotypen Vorstellungen von Männlichkeitskonzepten. Selbst wenn einigen Männern entsprechende Verhaltensweisen und Eigenschaften zugesprochen werden können, so gibt es doch Männer, die damit nichts zu tun haben wollen. Diesen Männern tut man nun einmal – *ob bewusst oder unbewusst* – ein Unrecht.

Instrumentalisierung von tragischen Schicksalen

Als sich eine 40jährige Transfrau im Sommer 2021 mitten am Tag in Berlin entzündete, waren die ersten Rufe aus der radikalfeministischen Ecke schon zu vernehmen, ehe die sterblichen Überreste aufgebahrt waren. Der Tod dieses Menschen wurde rasch instrumentalisiert, um auf die transfeindliche Struktur unseres Gesellschaftssystems hinzuweisen. *Ein weiteres Opfer habe dieses System nun gefordert,* so gängiges neofeministisches Urteil.

Dieses Urteil wurde gefällt, ohne dass die individuellen Lebensbedingungen des Menschen berücksichtigt worden wären. Den Suizid eines Menschen als Folge der Ungerechtigkeit zu stilisieren, ist ein ethisch fragwürdiges Manöver. Dieses Vorgehen verweist auf ein grundlegendes Problem unserer **Empörungsgesellschaft**. Es geht nicht mehr um die Sache, sondern um die Emotion! Statt sich miteinander auszutauschen und Unstimmigkeiten zu verhandeln, um einen Konsens zu finden, ist das Gegeneinander das leitende Prinzip. Wissensstände und Fakten werden nicht strukturiert und multiperspektivisch betrachtet, sondern eindimensionalen Haltungen unterworfen. Wer die radikalfeministische Brille erst einmal aufgesetzt hat, der verliert nur allzu schnell das Einfühlungsvermögen in die andere Person.

Ein Austausch sollte von der Haltung geprägt sein, dass man von jedem Menschen, auf den man trifft, etwas lernen kann und dass wir uns alle gegenseitig befruchten. Und dass unser Miteinander nicht von einzelnen Identitätsmerkmalen negativ beeinflusst werden sollte. Wer aber das gegenseitige Verständnis verweigert und mit einer starren Haltung und vorgefertigten *Ideologie-Brille* in Debatten einsteigt, um Recht zu behalten und dabei auch in Kauf nimmt, den anderen Menschen zu dämonisieren, der verweigert sich dem Prinzip des freien, liberalen Gedankenaustausches. Das **Falsch-Verstehen-Wollen** ersetzt das Verstehen-Wollen und wird zur Grundlage einer Streitkultur, die von Menschenhass und Respektlosigkeit in Geiselhaft genommen wird. Aufrufe (anderer) zu gegenseitigem Respekt für andere Meinungen und Erfahrungshorizonte verhallen dabei im Nichts. Das Laute, Extreme, Auffällige wird wahrgenommen und transportiert. In einer polarisierten Debatte hat die Mitte nichts zu suchen. Und wo die Mitte ihren Platz verliert, gewinnt eines der Extreme.

In feministischen Diskursen hat in den vergangenen Jahren nur allzu häufig die gemäßigte Mitte ihren Raum aufgegeben. An ihre Stelle sind radikale Vertreter mit Positionen getreten, deren Rachegelüste gegen alle Vertreter des frauenfeindlichen Patriarchats einem die Ohren schlackern lassen. Besitzt man eine gemäßigte Haltung, die auf einen gesellschaftlichen Fortschritt ausgerichtet ist, verfolgt man eine Strategie der Annäherung und des fruchtvollen Austausches, um das Gegenüber mit guten Argumenten zu überzeugen. Diese gemäßigte Linie hat der radikale Feminismus in den letzten Jahren immer weiter überschritten, sodass man gar nicht genau sagen kann, wie radikal und fundamentalistisch dieser tatsächlich geworden ist. Einstweilen bleibt es bei verbalen Übergriffen. Oder ist es ungefährlich und harmlos, wenn eine selbsternannte *Femitheistin* die Kastration fast aller Männer vorschlägt? Stellen öffentlich artikulierte Gewaltfantasien keine Gewalt dar? Zeugt es etwa von einem Austauschstreben, wenn toxische Feministinnen Andersdenkenden den Mund verbieten, sie aus Debatten ausschließen und scheinbar ihre ganze Energie dafür aufbringen, um Andere einzuschränken? Muss man sich als Mann personalisierten Menschen- und Männerhass wirklich gefallen lassen und stillschweigend akzeptieren, wenn man von radikalfeministischen Vertreterinnen auf dogmatische

Art und Weise kategorisiert wird? Die Zuschreibungen wechseln zudem, je nachdem welche Strömung des Feminismus einen gerade ins Korn nimmt: *Postkolonialer/ Schwarzer Feminismus: Rassist, Radikaler Feminismus: Misogyner Frauenhasser, LGBTQ+: Homophober Sexist, Intersektionaler Feminismus: Privilegierter Mehrheitsvertreter mit Nazihintergrund.* Diese Schwachsinnspirale ließe sich noch um einiges fortführen. Aber das erspare ich mir – *und euch.*

Das Wichtigste zusammengefasst

Die provokative Rhetorik des radikalen Feminismus offenbart, dass dieser nicht an einem gleichberechtigten, offenen Diskurs interessiert ist, der Kompromisse und Konsens hervorbringt. Ziel ist nicht der gemeinsame Austausch über gesellschaftliche Probleme und deren gemeinschaftliche Lösung. Radikalfeministinnen zielen – wie jede ideologische Bewegung – darauf ab, den Kontrahenten zu diskreditieren.

Rhetorische Strategie dabei ist es, einen möglichst hohen Grad an Empörung zu erzielen, indem Gesellschaftsmitglieder polarisiert und gegeneinander ausgespielt werden.

IV

Leben wir in einem Matriarchat?

Das Patriarchat und die unzähligen unheilvollen Rollenvorgaben an die Frau als solche – *so das Credo der Radikalfeministinnen* – würde man erkennen, wenn man nur auch mal die Augen öffnete und genau hinsähe. Nur leider gibt es noch keine Brille auf dem Markt, die dem interessierten Links-gernbewusst-Liberalen einen feministischen Blick verschafft. Aber wahrscheinlich wird auch daran gerade gearbeitet und es ist nur eine Frage der Zeit, bis man als böser, toxisch maskuliner Mann diese aufzusetzen gezwungen wird, um die Perspektive zu wechseln. Und sei es als Virtual Reality nach dem Motto: *Schlüpfe für den Zeitraum deines Spiels in eine Frauenfigur und erlebe die Anmachen und Herabsetzungen, denen Frauen sich täglich ausgesetzt sehen.* Das Ganze könnte vom Spielfilmklassiker *Sie leben* von 1988 inspiriert sein, in dem der Protagonist Subtext-Beeinflussungen wie *Kaufe* oder *Konsumiere* oder *Schlafe* erst bemerkt, als er durch Zufall die Brille einer Untergrundorganisation aufsetzt und erfährt, dass er sich wie fast die gesamte Menschheit infolge einer Massensuggestion durch Aliens in einem Schlafzustand befindet. Genug vom Film. Widmen wir uns der Realität und gehen mal in die gegenteilige Richtung.

Was passiert eigentlich, wenn wir den Feminismus-

Filter absetzen und erkennen, dass tatsächlich Ungleichbehandlung im Alltagsleben herrscht? Aber nicht nur zu Ungunsten der Frauen, sondern auch zu Ungunsten der Männer. Ob dieses Gedankenspiel stimmt oder nicht, dazu konnten vorangegangene Ausführungen vielleicht einige Anregungen geben. Davon unabhängige, unbestreitbare **Tatsache** aber **ist: Männerdiskriminierung ist ein Tabuthema.**

Angesichts der vielfältigen Ungleichbehandlungen könnte man noch einen Schritt weiter gehen und eine Gegenthese zum Radikalfeminismus formulieren, dessen Grundvoraussetzung und zentrale These bekanntermaßen *Wir leben in einem Patriarchat* lautet, nämlich: *Wir leben in einem Matriarchat.*

Was ist ein Matriarchat?

Ein Matriarchat ist so ziemlich das Gleiche wie ein Patriarchat, mit dem Unterschied, dass nicht der Mann, sondern die Frau das Zentrum der Gesellschaft darstellt. Religiöse Kulte beruhen hierbei im Regelfall auf der Vorstellung der mütterlichen Erde bzw. Göttin oder einer Ahnfrau. Frauen haben in der Folge der Hochschätzung dieser Ahnfrau und Lebensstifterin eine herausragende Bedeutung und Stellung in der Gesellschaft. Die mütterliche Linie organisiert und bestimmt die sozialen und rechtlichen Beziehungen. Die Frau, die häufig zugleich Mutter ist, hat außerdem eine überragende politische Machtstellung inne. Nimmt man diese Merkmale eines Matriarchats als Grundlage und betrachtet die Organisationsstruktur unserer Gesellschaft, dann erkennt man, dass wir ein Matriarchat etablieren und diese Strukturen verfestigen. Das Matriarchat lässt sich an fünf Organisationsstrukturen *unserer Gesellschaft* anschaulich skizzieren: *Bildungsmatriarchat (Alter 0-30), Paarungsmatriarchat (Alter 14-100), Familienmatriarchat (18-100), Berufsmatriarchat (16-100), Gesetzgebungsmatriarchat (Alter 0-100).* Bevor hier jetzt groß geunkt wird, versuch ich das Ganze mal mit Leben zu füllen. Wenn ihr wollt, könnt ihr mich danach ja immer noch auf den Scheiterhaufen stellen und einen Shitstorm starten.

Bildungsmatriarchat (Alter 0-30)

— *Über 90 % weibliche Arbeitnehmer in Kindergärten und Vorschulen*

— *Über 70% weibliche Lehrkräfte in weiterführenden Schulen*

— *Jungen erhalten bei gleicher Leistung schlechtere Noten*

— *Das Verhalten von Jungen wird häufiger sanktioniert*

— *Mädchen haben bei gleicher Intelligenz und Befähigung bessere Schulabschlüsse*

— *Jungen haben eine wesentlich höhere Wahrscheinlichkeit, ohne Schulabschluss dazustehen*

— *Jungen haben auf ihrem gesamten Bildungsweg signifikant weniger männliche Vorbilder und geschlechtergleiche*

Ansprechpartner bei Problemen, was bei sensiblen und intimen Themen nicht zuträglich für eine stabile emotionale Entwicklung ist

— Schulmaterialien thematisieren in der Regel einzig und allein die Diskriminierungen, die Frauen erfahren können

— Schulischer Unterricht ist in seiner Organisationsform häufig auf das weibliche Geschlecht ausgelegt

— In Bildungsmaterialien herrschen ideologisch geprägte, klischeehafte Rollenvorstellungen über Mädchen und Jungen, den Mädchen werden eher positive Eigenschaften wie Lernwilligkeit und soziale Verträglichkeit zugesprochen, während die Jungen eher als faul und sozial unverträglich geframed werden

— Es gibt zahlreiche Förderprogramme wie Promotionsstipendien für weibliche Studentinnen

— Frauen erhalten teils selbst bei geistigen Berufsfeldern erleichterte Zulassungsvoraussetzungen

→ Jungen und Männer werden auf ihrem Bildungsweg systematisch durch die Rahmenbedingungen diskriminiert, auch weil für ihre Bedürfnisse weniger Bewusstsein besteht als für die der Mädchen.

Paarungsmatriarchat (Alter 14-100)

— Jungen und Männer müssen die dominante Rolle bei der

Paarungswerbung übernehmen, da dies im Regelfall so erwartet wird. Hier halten die Damen der Schöpfung nur allzu gerne an den gesellschaftlichen Konventionen fest. Wie hat es Esther Vilar einmal pointiert formuliert: Die Frau ist die einzige Beute, die ihrem Jäger auflauert

— Sensible Jungen und Männer mit wenig Selbstbewusstsein haben häufig geringe Chancen bei Mädchen und Frauen. Wenn es an (gespielter) Dominanz fehlt, fehlt es häufig auch am Partner

— Jungen und Männer zahlen im Regelfall die Rechnung

— Mädchen und Frauen haben im Durchschnitt mehr Verehrer und damit mehr Auswahlpotenzial

— Eine (gutaussehende) Frau hat deutlich mehr Vorteile als ein (gutaussehender) Mann

— Frauen haben bei der Partnersuche häufig noch konservative Rollenvorstellungen im Kopf

— Frauen suchen laut Studien einen mindestens gleichgebildeten, tendenziell aber höher gebildeten Partner, weshalb Männer mit geringem Bildungsniveau signifikant weniger Chancen und Auswahl als Frauen mit geringem Bildungsniveau haben

→ Von den Grundvoraussetzungen herrscht eine asynchrone Situation zwischen Mann und Frau, da Frauen leichter an Partner gelangen als umgekehrt. Eine passive Frau wird von einem aktiven Mann angesprochen. Ein passiver Mann gerät

jedoch seltener an eine aktive Frau. Diese Asynchronie ist jeder Frau bewusst. Interessanterweise lässt sich beobachten, dass Frauen Wert darauflegen, dass Männer sich in einer Art Bewährungsprobe hierüber hinwegsetzen und diese Asynchronie aufbrechen müssen durch entsprechendes (Dominanz-) Verhalten. Das Dominanzverhalten ist notwendige Folge der Ausgangsdominanz der Frau. Männer, die sich in diesem Paarungsspiel der Frau zu offensichtlich unterordnen, werden aussortiert oder ausgenutzt. Männer, die nicht an der Spitze der Nahrungskette stehen, haben bei der Paarungswahl das Nachsehen und müssen vom Spielrand aus das althergebrachte Spiel der Geschlechter betrachten: Der Mann umwirbt, die Frau gewährt ihre Gunst – oder verweigert sie. Dies ist keine patriarchale Betrachtung, sondern eine männliche Darstellung der durch Hierarchie und Hormone geprägten Paarungswahl. Aus der Perspektive einer Frau könnte diese Situation anders erfahren und beschrieben werden. An den Grundprinzipien ändert sich hierbei in der Regel jedoch nichts.

Familienmatriarchat (18-100)

— Hervorgehobene Bedeutung und Stellung der Mutter in der Familie, auch durch die alleinige Herrschaft über die Nachkommen (Reproduktionsmacht): Frauen können Kinder kriegen, Männer nicht

— Die Mutter macht den Vater zum Vater (sie bestimmt, ob er würdig ist)

— Die Mutter kann ohne Mitspracherecht des Vaters abtreiben oder das Kind behalten

— Der Familienname ist längst nicht mehr an den Nachnamen des Mannes gekoppelt; die Frau bestimmt den Familiennamen, ob der Mann will oder nicht, denn sie bestimmt den Nachnamen der Kinder

— Im Falle einer Trennung wird mit höherer Wahrscheinlichkeit der Frau das Kind zugesprochen

— Ökonomische Macht: Frauen verfügen über 80% der Ausgaben der Familie. Sie bestimmt also, wofür das (gemeinsam) erarbeitete Kapital eingesetzt wird

— Frauen verbringen mehr Zeit mit dem Nachwuchs

— Männer, die die Betreuung ihrer Kinder übernehmen, erfahren ungleich stärkere Stigmatisierungen

→ Die Frau hat die Reproduktionsmacht und die zentrale Bestimmungsgewalt über die Kinder. Sie ist dem Mann in der Familie de facto hierarchisch überlegen.

Berufsmatriarchat (16-100)

— Männer arbeiten in gefährlicheren Berufen mit höherer Unfallgefahr

— Todesopfer von Arbeitsunfällen sind vor allem Männer

— Männer arbeiten nicht nur in gefährlicheren, sondern auch gesellschaftlich weniger angesehenen Berufen

— Es gibt zahlreiche Förderprogramme für Frauen

— Gleichstellungsbeauftragte arbeiten für Frauen. Ausschließlich Frauen sollen Gleichstellungsbeauftragte sein, selbst in Berufen, in denen Männer nur 10 % der Belegschaft darstellen

— Anforderungen an Frauen sind in manchen Sparten niedriger als an Männer

— Männer haben deutlich mehr Schwierigkeiten Elternzeit zugesprochen zu bekommen, wenn sie in Führungspositionen arbeiten

— Selbst alleinstehende Frauen haben infolge der Frauenbevorzugung laut Studien im direkten Wettbewerb deutlich bessere Einstellungschancen als verheiratete Familienväter. Sozialstatus durch Familie erhält nur die Frau

— Hausmänner haben noch immer kein angemessenes gesellschaftliches Ansehen. Bei Männern UND Frauen

— Die öffentliche Hand sieht keine Gleichstellungsbestrebungen von Frauen und Männer als notwendig an, wenn die Ungleichbehandlung zu Ungunsten der Männer besteht

— Bevorzugung von weiblichen Bewerbern bei politischen Ämtern

— Im Krieg werden die Männer zu Kriegshandlungen verpflichtet, die Frauen nicht. In der Folge sind mehr als 99% der getöteten Soldaten männlich

$\longrightarrow$ *Provokant könnte man folgendes formulieren: Die Männer machen die schweren Job, riskieren ihr Leben und die Frauen arbeiten häufig in Teilzeitjobs in klimatisierten Büros und verfügen über einen großen Teil des gemeinsamen Einkommens.*

Gesetzgebungsmatriarchat (Alter 0-100)

— *„Frauen und Kinder zuerst". Das Leben der Frau wird im Allgemeinen höher geschätzt als das des Mannes, denn sie ist zentral für das Fortbestehen einer Gesellschaft*

— *Frauen werden wie Kinder mehr geschützt als Männer*

— *Gesetzliche Ungleichbehandlung und Bevorzugung der Frau*

— *Geringere Strafen bei gleichen Vergehen*

— *Frauen erhalten bei gleichen Straftaten deutlich geringere Haftstrafen*

$\longrightarrow$ *Bevorzugung der Frau, insbesondere auch in Bezug auf eine vermeintliche Gleichstellung.*

Wenn man sich diese Aspekte mal auf der Zunge zergehen lässt, dann drängt sich einem doch auch mal die Frage auf: *Wo ist eigentlich in unserer Gesellschaft das Patriarchat?*

In Gesetzestexten ist jedenfalls keine Spur davon übrig und mittelständische Firmen können sich eine diskriminierende Behandlung der Frau erst gar nicht mehr erlauben. Wer einmal mit einem Manager oder einer Managerin darüber gesprochen hat, dürfte sich über so manche feministische Behauptung wundern.

Wo also ist das Patriarchat?

Wir sind längst an dem Punkt angekommen, an dem die Gleichberechtigung der Gesellschaftsmitglieder einen Kipppunkt erreicht hat. Laut *Allgemeinem Gleichbehandlungsgesetz* darf niemand benachteiligt werden. Wie dieser hehre gesetzliche Anspruch in der Realität auch zu Ungunsten der Männer ignoriert wird, darüber wird wenig gesprochen.

Mädchen werden in der Schule besser gefördert und darin unterstützt, die vermeintlichen Vormachtstellungen der Männer und Jungen zu durchbrechen. Dabei haben Mädchen trotz gleicher Intelligenz bessere Schulnoten und Schulabschlüsse als Jungen und diese Entwicklung wird dazu führen, dass in wenigen Jahren deutlich mehr Frauen als Männer studieren werden – *was natürlich per se nichts Schlimmes ist.* Studentinnen bekommen geschlechtsspezifische Anreizprogramme und werden bei Elitenprogrammen gegenüber Männern bevorzugt. Auch in der Arbeitswelt gibt es Frauenbeauftragte, aber keine Männerbeauftragte. Selbst in Berufen, wo es über 90 % weibliche Belegschaft gibt, ist ein Männerbeauftragter oder zumindest ein Gleichstellungsbeauftragter undenkbar und nicht vorgesehen. Frauen haben mit dem Feminismus eine lautstarke Bewegung, die regelmäßig dafür sorgt, dass *Frauenthemen* Aufmerksamkeit erhalten, wohingegen *Männerthemen* kaum Berücksichtigung finden oder gar herabgesetzt werden. In der Bezeichnung des BMFSFJ (Bundesministerium für Familie, Senioren, Frauen und Jugend) – *ehemals Ministerium für Familienfragen* – fehlen übrigens auch die *Männer.* Es gibt Antifeminismusbeauftragte und sogenannte Antifeminismusexperten und Frauenrechtler. Wenn sich aber ein Männerrechtler für Jungen- und Männerrechte einsetzen möchte, wird er häufig als Frauenhasser oder als Rechter niedergeschrien. Dies ist keine Übertreibung, sondern traurige Realität.

Du glaubst mir nicht? Na, dann google einfach mal oder verfolge die Mediendiskurse in den nächsten Wochen. Dir wird sicherlich ein Beispiel unter die Augen treten. Wichtig hierfür wäre allerdings das Abnehmen einer ideologiegetränkten Brille.

Es ist ein himmelsschreiender Unsinn, der sich im feministischen Paradoxon aufzeigt, dass dieser einerseits den Männern vorwirft, noch in der Gegenwart an einem traditionellen toxischen Männerbild festzuhalten, das Männern wie Frauen schade und Ungerechtigkeits-strukturen, deren Fassade längst am Bröckeln sei, aufrechterhalte. Andererseits aber diejenigen Männern, die ihre Sicht der Dinge darstellen und ihrerseits auf Entwicklungen in der Gesellschaft verweisen, unter denen sie und andere Männer zu leiden haben, einfach so aus dem Dialog drängt; frei nach dem Motto: *Du bist ein Mann. Warum stellst du dich denn so an? Du hast doch gar keinen Grund dazu, du Weichei!*

Ja Moment, aber warum kann denn ein Mann keinen Grund haben, sich über die Ungerechtigkeit, die er erfährt, zu beklagen? *Weil er ein Mann ist?*

Wie will man denn bitte so vernünftig miteinander reden und sich gegenseitig aufbauen?

IHR (Frauen) wollt doch, dass WIR (Männer) sensibel sind und über unsere Gefühle, Ängste, Sorgen und Nöte MIT EUCH sprechen!

Warum lasst ihr (Feministinnen) **uns dann nicht?**

Drängt sich doch der Verdacht auf, dass eine gleichberechtigte Gesellschaft eben nicht erwünscht ist und dass so manche feministische Aktivistin einem Gottkomplex oder einem Madonnakomplex unterliegt und sich an den Männern rächen möchte für die Ungerechtigkeit, die sie oder die unzähligen geknechteten Frauen vor ihr erfahren haben und noch erfahren.

Aber damit ist niemandem geholfen. Womit man Menschen wirklich helfen kann, wäre eine Rückbesinnung auf den grundgesetzlich verbrieften humanistischen Ansatz, dessen Menschenbild den einzelnen Menschen betrachtet und wertschätzt.

Und der dabei dem wertvollsten Elixier verpflichtet ist, das die menschliche Zivilisation hervorgebracht hat:

Die Würde des Menschen ist unantastbar.

Das Wichtigste zusammengefasst

Leben wir in einem Patriarchat?

*Mindestens genauso viele Gründe sprechen dafür, dass wir in einem **Matriarchat** leben.*

Es ist alles eine Frage der Perspektive und der Brille, die man dabei aufsetzt.

Man könnte die ganze Diskussion entspannen, indem man feststellt, dass wir in einer modernen, ausdifferenzierten Gesellschaft leben, die sowohl weibliche als auch männliche Bedürfnisse berücksichtigt.

V

Humanismus statt Feminismus

Vorschläge für ein friedliches und positives Miteinander

Um eine wahrhaft gleichberechtigte und gleichgestellte Gesellschaft zu schaffen, benötigt man ein neues, positives Bild von Männlichkeit. Feministinnen haben schon recht, dass *manche* als *typisch männlich erachteten* Verhaltensweisen für sich und andere nicht sonderlich gesund sind. Es nützt allerdings nicht, im Rahmen von Diversitätsrandale und feministischen Störfeuern negative Bilder von Männlichkeit immer wieder zu reproduzieren und seine Augen vor den zahllosen— *gerade im letzten Jahrzehnt* — entwickelten und sich entwickelnden positiven, bestärkenden Männlichkeitskonzeptionen zu verschließen. Wieso werden die unzähligen positiven Vorbilder ignoriert? Es ist paradox, was der Feminismus an Männlichkeitsbildern hervorbringt. Das gleiche Spiel könnte man — *nur mal so nebenbei* — aus Männerperspektive auch mit Frauenbildern treiben und eine „Toxische Weiblichkeit" diagnostizieren. Bedürfnisse von Frauen und Männern stehen keineswegs – *wie von vielen Feministinnen behauptet* – in einem Spannungsverhältnis, das sich ausschließt, sondern bestehen in einem wechselseitigen Miteinander. **Beide Geschlechter profitieren, wenn es dem anderen Geschlecht jeweils leichter gemacht wird.** Denn wenn sich die Lebensbedingungen des einen verbessern, kann er dem anderen helfen, ebenfalls seine Situation zu verbessern. Ein Mensch in ungünstigen Lebensbedingungen tendiert nun einmal eher dazu, psychische Störungen und Anfälligkeiten zu entwickeln als jemand, der in einem positiven Anregungs- und Feedbackmilieu agiert.

Wirklich gelingen kann ein Miteinander dann, wenn es von gesunden Mitgliedern gestaltet wird, die ein prinzipielles Verständnis füreinander aufbringen können, auch weil sie aus einem gesunden Selbstwertempfinden heraus den Anforderungen der Welt entgegentreten und so ein positives Weltbild entwickeln und weiterentwickeln, das ihnen dabei hilft, auch das Gute im Anderen zu sehen und über etwaige Störungen mit einem Lächeln hinwegsehen können. Denn genau hieran mangelt es in unserer Gesellschaft: Am Bewusstsein, dass wir alle Teil des gleichen Körpers sind und dass wir nicht gegeneinander arbeiten sollten, sondern miteinander *müssen*, damit es uns gut geht. Statt Herabwürdigung und Pauschalkritik sollten die Individuen einander hoffnungsvoll und positiv begegnen, mit der Prämisse, dass man einander helfen kann. Dafür muss man sich zuhören (wollen), um die Argumente des anderen zu verstehen und nicht, um nur zu antworten. Selbst wenn man auch einfach mal seine Sicht der Dinge darlegen möchte. *Verständnis statt Empörung* wäre ein Leitbild, an dem man sich hierbei orientieren könnte. Man sollte nicht der Arroganz anheimfallen, dass man derjenige sei, der *allein* es besser wisse. Mehrere einander widersprechende Wahrheiten können zugleich nebeneinander bestehen. Wir brauchen eine friedlichere und vor allem eine freundlichere

Streitkultur. Eine Streitkultur, in der ernste Themen auch einmal mit einem Lächeln vorgetragen werden. Es braucht keine Verbitterung, um sein Anliegen vortragen und durchsetzen zu können. Man sollte vielmehr Streitkultur wieder von der spielerischen Komponente betrachten. Wie alle Säugetiere spielen wir Menschen gerne und in spielerischen Momenten erleben wir Lust. Warum sollte Humor nicht als Mittel eingesetzt werden, um sein Gegenüber auf freundliche Art und Weise zu entwaffnen? Vielfalt lässt sich am besten dann zelebrieren, wenn man alle Vielfaltsmitglieder auch mal auf die Schippe nehmen darf. Warum sollte man ernste Debatten nicht auch einmal dadurch entschärfen, dass man andere zum Schmunzeln bring? Es sind die positiven Zeichen und Symbole, die in den gegenwärtigen Debatten fehlen. Was man stattdessen beobachten kann? Unfähigkeit zur Selbstreflexion, das Verweigern des Erkennens eigener Fehler und Verantwortlichkeiten. Wo bleibt die Bereitschaft, andere Perspektiven vorurteilsfrei zu betrachten und zu verstehen suchen und respektvoll auch dann miteinander umzugehen, wenn man der anderen Sichtweise nicht zustimmen kann? Statt sozialen Umgang aber finden wir gerade in den (a)sozialen Medien Misstrauen und Zwist. Wen mag das schon wundern? Das Internet ist nicht nur ein Begegnungsraum, sondern auch ein Bedingungsrahmen, in dem man das findet, wonach man sucht. Und zu viele Menschen achten auf die negativen Seiten und Verhaltensweisen der anderen und warten scheinbar nur auf den nächsten Moment, wo sie sich über „die anderen" empören können. Als wäre das Herabsetzen der anderen eine Kur für das eigene Ego.

Wenn wir anderen Vorwürfe machen, dann wenden sie sich von uns ab und wir erreichen sie niemals, selbst wenn der Inhalt der Aussagen und die zugrundeliegende Intention richtig und ehrenwert sind. Wir alle sollten einander weniger Vorwürfe machen und positivere Gesprächsanlässe schaffen, um endlich mehr positive Bilder hervorbringen. Denn wie heißt es im Markusevangelium: *„Und wenn ein Haus mit sich selbst uneins wird, kann es nicht bestehen."* Um zu bestehen, müssen wir friedlich und mit guten Intentionen aufeinander zugehen, ohne Intentionen, den anderen zu verurteilen oder gar bloßzustellen. Wir können nur voneinander lernen, wenn wir bereit sind, mit offenen Ohren und ohne Vorurteils-Brille zuzuhören und zuzusehen. Erst dann können wir voneinander lernen, vernünftig miteinander umzugehen. Und gemeinsam den freiheitlichen Weg dieser Gesellschaft weiter fortschreiten. *Wir alle* können viel mehr *füreinander* tun. Gewinne dieses Buchs spende ich deshalb an ein Männerhaus. Wer das als toxisch männlich abtun möchte, kann das gerne tun, muss sich dann aber auch sagen lassen dürfen, dass er nichts kapiert. Davon abgesehen könnte der Gedanke, dass dein Geld nicht vollends verschwendet wurde, dich ja vielleicht etwas trösten und versöhnlich stimmen, wenn dir meine Sichtweisen nicht gefallen.

Wie viele feministische Autoren kennst du, die die Einnahmen ihrer Bücher spenden?

Die literarische Heldenreise als Anregung zur individuellen Verantwortung

Das Konzept der Heldenreise ist eines der ältesten Erzählmuster, das wir Menschen über die Jahrtausende entwickelt haben und dessen Grundgerüst wir praktisch in jeder menschlichen Geschichte wiederfinden können. Sei es im Film, im Roman oder in den Geschichten, die wir uns and anderen aus unserem Leben erzählen. Der amerikanische Literaturprofessor Joseph Campbell kategorisierte die typischen Etappen einer Heldengeschichte in seinem famosen Buch *Der Heros in tausend Gestalten*, das sich überdies auch mit zahlreichen Mythen beschäftigt. Zentraler Grundgedanke der Heldenreise, ist, dass der Protagonist Prüfungen zu bewältigen hat und es schlussendlich schaffen muss, ein ehrenwertes Mitglied der Gesellschaft zu werden. Dieses Muster finden wir bereits in den griechischen Heldenepen von Homer, in den mittelalterlichen Aventiuren der Ritter und nicht zuletzt auch in psychologischen Abhandlungen wie Carl Jungs *Archetypen*.

Das Muster dieser Erzählungen ist dabei im Grunde immer gleich: Ein Held verlässt seine Heimat, das gewohnte Umfeld, und kehrt in dieses erst wieder zurück, nachdem er alle Prüfungen bewältigt hat und nun als geläuterter Mensch heimkehren kann. Die Initiation des Helden besteht darin, dass er ein Lebenselixier aus diesen Erfahrungen destillieren kann und das er in die Gesellschaft seines gewohnten Umfelds miteinbringt und diese so voranbringt.

Zu Beginn leidet der Held an einem *Mangel*. Irgendetwas fehlt in seiner *alltäglichen Welt* und so hadert er an seiner Position, sich oder den anderen. Der *Ruf des Abenteuers* ist es, der ihn ruft und lockt. Doch da das Unbekannte einem mächtig Angst machen kann, *zögert oder weigert* der Held sich, den Ruf zu erhören und so braucht es den *Mentor*, der ihm zur Hilfe eilt und ins Abenteuer schubst. Ist diese *Schwelle* in die *andere Welt* erst einmal überschritten und hat der Protagonist sein gewohntes Umfeld verlassen, ist er auf sich selbst gestellt und hat zahlreiche *Prüfungen* zu bestehen. Dabei trifft er sowohl auf wohlwollende *Gefährten und Freunde*, aber auch auf *Feinde* und all jene, die nicht so ganz genau als das eine oder andere zu erkennen sind. Nicht alle Prüfungen besteht der Held auf Anhieb, sodass er erkennt, dass er sich weiterentwickeln muss, dass ihm noch wichtiges Wissen fehlt, dass er weitere Fähigkeiten erwerben muss, um die Prüfungen zu bestehen. Das *Scheitern* wird zur Grundlage des späteren Erfolgs. Er kämpft sich allmählich in das Innere der anderen Welt vor, bis er die *große Prüfung* zu bewältigen hat und auf einen *starken Gegenspieler* trifft. Doch auch diese Gefahr birgt einen lohnenden *Schatz* und nachdem der Gegner überwunden ist, gelangt er an das *Elixier* und kann den Heimweg antreten. In der Heimat angekommen erwartet ihn häufig noch eine *letzte Prüfung*, ehe er den angetretenen *Entwicklungsprozess* der Heldenreise abgeschlossen hat.

Das Konzept der **Heldenreise** ist ein wirkmächtiges, alle menschlichen Kulturen übergreifendes und verbindendes Konzept, das man in sämtlichen Erzählungen, die wir Menschen uns über uns erzählen, wiederfinden kann.

Aber was hat das Ganze jetzt mit *Feminismus* oder *Andrismus* zu tun?

Wende die Heldenreise und die damit verbundenen Herausforderungen für deine persönliche Entwicklung einfach mal auf dein bisheriges und zukünftiges Leben an.

Nimm dir Zeit. Eine Stunde, einen Tag, meinetwegen eine Woche.

Danach kannst du den anderen *immer noch* die Schuld geben.

Es ist deine Verantwortung.

Deine Entscheidung.

Alles Gute dir und deinen Lieben.

Herzlich

JOHN NADA

Einladung zur Selbstbetrachtung

VI

Andrismus als neue Männerbewegung

„Den Anliegen und Forderungen der Männerbewegung wird sich auf Dauer weder der Gesetzgeber noch die Arbeitswelt entziehen können.“

(Steve Biddulph, 1998)

Wir leben in einer *feministischen Ära*, wie der australische Familienpsychologe Steve Biddulph bereits im Jahr 1998 formulierte. Niemals war seine Feststellung wahrer als im Jahr 2023. Das Jahrzehnt der Frauen ist in vollem Lauf. Niemals zuvor gab es so viele Fördermaßnahmen für Frauen. Niemals zuvor gab es so viel Bewusstsein für Ungerechtigkeiten und Benachteiligungen.

Vielleicht ist die zuvor vorgebrachte Darstellung, dass wir uns auf dem Weg in ein Matriarchat befinden, falsch. Sie ist aber mindestens genau so richtig (oder aber genauso falsch) wie die Vorstellung eines Patriarchats. Vor über 20 Jahren wies Biddulph darauf hin, dass man Männer im Rahmen der Frauenbewegungen nicht an den Rand der Gesellschaft drängen dürfe. Der Feminismus setzt sich *nur* für Frauen ein und setzt alles daran, die Bedingungen für Frauen innerhalb der Gesellschaft zu verbessern. Er kann dabei

Männern nur indirekt helfen. Indem er die Situation von Frauen verbessert, könnten Männer hiervon im Umgang mit ihnen auch profitieren. Stattdessen aber hetzen die lautesten Strömungen des Feminismus Frauen und Männer aufeinander. Und damit ist niemandem geholfen.

Als Mann kann man streng genommen kein Feminist sein. Man kann als Mann aber nun auch nicht leugnen, dass der Feminismus eine der größten globalen Bewegungen der Menschheitsgeschichte ist und die Grundgedanken ehrenvoll und nötig sind. Allerdings funktioniert das Grundkonzept nicht, wenn *man – so wie einige radikale Vertreter des Radikalfeminismus –* auf dem Weg zu einem einstmals eintretenden Idealzustand die eine Hälfte bevorzugen und die andere Hälfte benachteiligen will. Trotz seiner radikalen Verirrungen stellt der **Feminismus** nach wie vor eine sinnvolle Frauenbewegung dar. Es gibt zahllose Diskriminierungserfahrungen auch für Frauen und die moderne Gesellschaft ist gut beraten, diese soweit es möglich ist, zu minimieren. Aber nicht jede *noch so kleine* individuelle Diskriminierungserfahrung lässt sich aus der Welt streichen. Der Kampf gegen Diskriminierung bringt seinerseits neue Diskriminierungspotenziale mit sich und verfehlt und seine Ziele mitunter. Der Mensch ist Mensch – *und bleibt es.* Egal welches Gewand er sich anlegt und welchem Geschlecht er sich zugehörig fühlen mag. Er hat seine Stärken und seine Schwächen, seine Gutartigkeiten und seine Bösartigkeiten und in der Harmonie des Ganzen ruht seine Menschlichkeit. Ein jeder von uns hat genug damit zu tun, nach dieser Harmonie des Ganzen zu streben und die *Ganzheit des Fragments* zu finden. Nur weil wir nicht in einer utopischen Gesellschaft leben, bedeutet das nicht, dass wir in einer Dystopie leben.

Die Legitimation feministischer Bewegungen ändert nichts daran, dass der **Andrismus** eine Männerbewegung sein kann, die wichtige und bedenkenswerte Impulse in die öffentlichen Debatten zu Geschlechtergerechtigkeit und zu einem toleranten und offenen Gemeinwesen beitragen kann. Ich führe hier den Begriff **Andrismus** ein, der sich aus dem altgriechischen *andros* für Mann ableitet und **positiv besetzt** werden kann. Der für Männerbewegungen gebräuchliche Begriff *Maskulinismus* hingegen ist ausgesprochen negativ besetzt – auch weil er durchweg negativ von feministischer Seite geframed wird und als Negativschablone für allerlei Stereotype über toxische Maskulinität bzw. Männlichkeit herhalten muss.

Der Feminismus und seine Vertreterinnen sollten eine Männerbewegung des 21. Jahrhunderts, als Andrismus verstanden, nicht herabwürdigen und nicht als antifeministisch erachten, sondern als sinnvolle Ergänzung zum feministischen Weg. Nämlich als spezifische Männerrechtsbewegung, die ein wichtiger, gleichberechtigter Weg zu einer sozial gerechten Gesellschaft ist, die es jedem Individuum ermöglicht, gesunde und zufriedene Beziehungen, insbesondere auch zwischen den Geschlechtern und innerhalb der Familien, zu ermöglichen und zu fördern. Nur eine Minderheit der Männer knechtet und terrorisiert aus einer Position eines empfundenen Minderwertigkeitsgefühls oder Machtstrebens oder Eifersucht seine Frauen. Gleiches dürfte für Frauen als Täter gelten. Die meisten Männer sind aufgeklärt und liebevoll. Wenn sich Männerrechtler *für Männerrechte* einsetzen, heißt das eben nicht automatisch, dass sie sich *gegen Frauenrechte* richten. Man kann ein Andrist sein, ohne gleich ein Antifeminist zu sein. Ebenso muss man als Feministin keine Männerhasserin sein, damit man ernstgenommen wird. Nur schade, dass Radikalfeministinnen das nicht verstehen.

Der Andrismus hat als zentrale Aufgabe die Wiederentdeckung der Männlichkeit als positives Konzept. Es liegt nichts Schlechtes darin, ein Mann zu sein. Im Gegenteil.

Um eine positive Männlichkeit aufzubauen, werden Themen in die mediale Aufmerksamkeit rücken müssen, die bisher *stiefmütterlich* behandelt wurden. Eine Auswahl sei hier zur Anschauung genannt: Die Behandlung von Jungen in der Schule, Väterrechte, Recht des Kindes auf seinen Vater, sexueller Missbrauch von Jungen (auch in staatlichen und kirchlichen Institutionen), Diskriminierungserfahrungen von Männern. Wichtig ist auch die Aktualisierung des Mythos des „Selfmade Man", denn dieses Konzept ist nur in Grenzen brauchbar. Der Mann sollte sich besinnen auf das Konzept der Kooperation, welches im Menschen und im Mann seit den archaischen Jagdgemeinschaften verankert ist. Ein Individuum kann eher Zufriedenheit in einer Gruppe finden, die Austausch und Kooperation als Grundprinzip verankert hat und das Konzept des Individualismus um das der Sozialität ergänzt. Es braucht Gruppen, die einen Rahmen schaffen, in dem sich Männer über ihre Probleme austauschen können und nicht als Steppenwölfe vereinzeln.

Möglichkeiten des kooperativen Austausches für Männer
(Auswahl von Biddulph inspiriert)

1. Männergruppen vor Ort formieren (auch mit Freunden)

2. Struktur und Programm der Gruppe mit wechselndem Vorsitz

3. Konstruktiver Austausch in Onlineforen und Gruppen

4. Emotionale (Selbst-)Regulierung erlernen und trainieren

5. Konferenzen und Veranstaltungen zur Befreiung/ Entfesselung der Männlichkeit

6. Austausch über positive Männlichkeitskonzepte

7. Ausflüge und Spieltage von Vatergruppen

8. Themen wie *Befreiung/Entfesselung der Männlichkeit* und *Vom Jungen zum Mann* etc.

9. Online-Programme und Erklärvideos für Jungen und Männer zu geschlechtsspezifischen Themen, zum Umgang mit Problemen und respektvollen Umgang mit dem andern Geschlecht

10. Patenschaften für Jungen ohne männliche Vorbilder.

Darüber hinaus sollte es in den gesamten gesellschaftlichen Debatten verstärkt darum gehen, tradierte Stereotype und Rollenvorstellungen, die nachteilig für Männer sind, zu problematisieren. Denn tatsächlich leiden Männer unter den Rollenanforderungen der (kapitalistischen) Gesellschaft ebenso wie Frauen. Der Großteil der vielarbeitenden Männer arbeitet ja nicht 60 oder 70 Stunden in der Woche, weil es so erstrebenswert und berauschend ist, sondern sie tun es vor allem für ihre Partner und ihre Familien. Und wer in das Beuteschema von schönen Frauen gelangen möchte, der muss als Mann etwas zu bieten haben. Beruflicher Erfolg ist dabei ein Statussymbol ebenso wie ein schönes Auto.

Frauen hingegen verfolgen seltener das Statussymbol des beruflichen Erfolgs, weil sie darauf schlichtweg nicht angewiesen sind. Dies ist ein ganz einfacher Grund dafür, dass sie auch seltener 60 Stunden und mehr pro Woche arbeiten. Teure Autos fahren sie trotzdem gerne. Ohne extrinsische Motivation arbeiten die wenigsten Menschen übermäßig viel. Das gilt für beide Geschlechter. Aber während der berufliche Erfolg die Chancen beim anderen Geschlecht für den Mann signifikant steigen lässt, sind Frauen auf diesen Aufwand schlichtweg nicht angewiesen. Die meisten Frauen wollen einen selbstbewussten Mann, der weiß, was er will – *warum auch immer*. Die Schuld hierfür den Männern unter die Schuhe schieben zu willen, weist jegliche weibliche Mitverantwortung im Paarungsverhalten von sich und ist schlichtweg billig.

Wir kommen also wieder zum *Karriere-Paradoxon*, das eine

wesentliche Erklärung auch für die Gehaltsunterschiede im Absoluten bereithält: Weil zu viele Frauen *noch immer* nicht einen gleichberechtigten Mann auf Augenhöhe suchen, sondern einen Caretaker, der tendenziell höher gebildet und selbstbewusster ist, gibt es so viele Männer, die ihr Augenmerk vor allem auf die Karriere richten und sich hierüber definieren. Was bleibt ihnen auch anderes übrig? Alle Wesen wollen einen optimalen Partner. Bei uns Menschen kommt überdies hinzu, dass die Frau als Frau in der Gegenwart noch eine Übermacht in der Familie einnimmt, sodass Männer das Karrierefeld als Chance sehen, zu glänzen. Männer suchen in der Regel beruflichen Erfolg nicht aus Machtgründen, sondern weil sie darauf angewiesen sind, um ein angemessenes eigenes Profil innerhalb der Familienkonstellation aufweisen zu können.

Was, du glaubst mir nicht und hältst die letzten Sätze für sexistisch? Informiere dich und dann kannst du mich ja immer noch abstempeln. Wir haben also einen typischen *Teufelskreislauf*, der eine ganze Menge erklärt: Was Frauen von Männern wollen und von ihnen erwarten, das ist jedenfalls ein relevantes Hindernis auf dem Weg zu *wahrer Emanzipation.*

Mal Hand aufs Herz: Wie viele Ärztinnen, Managerinnen oder Lehrerinnen kennst du, die mit Handwerkern zusammen sind?

Akzeptanz und Wertschätzung für Männer innerhalb der Gesellschaft

Es wäre wünschenswert, dass es mehr Selbstkritik und mehr Selbstverantwortung von Aktivisten gäbe, sich jenseits von Empörung und (gespielter) Betroffenheit wirklich mit Themen wie Geschlechtergerechtigkeit auseinanderzusetzen und nicht bloß Schlagzeilen zu lesen und sich über diejenigen zu echauffieren, die ihrer Meinung widersprechen und jene herauszuposaunen, die ihrer Meinung entsprechen. Es wäre sicherlich auch angebracht, dass sich die eine oder andere Person, die sich öffentlich äußert, ihre Haltung gegenüber Andersdenkenden auch mal überdächte. Zensurmechanismen und Manipulationsstrategien sind jedenfalls allerorten zu finden.

Sinnvoll wären auch veränderte Programme bei Jugendsendern des Öffentlich-Rechtlichen Rundfunks, der sich stärker an die Bedürfnisse von Jungen und jungen Männern richten sollte und dabei mehrere Perspektiven aufzeigen sollte, ohne die Männliche dabei (im Subtext) abzuwerten. Wer das Funk-Programm nachverfolgt, wird von Subtext und ideologisierter Realitätsdarstellung geradezu erschlagen.

Die Würde des Menschen ist unantastbar, heißt es im ersten Artikel des Grundgesetzes. Wenn es um den Mann geht, ist es aber scheinbar mit ihr nicht weit her. Wir reden fortwährend in unserer Gesellschaft darüber, dass wir uns mehr wertschätzen und akzeptieren sollten. Dass jeder so akzeptiert werden soll wie er ist. Manchmal bekommt man das Gefühl, dass diese Prämisse nicht für Männer gilt. Wenn man aber wirklich und ernsthaft für Gleichberechtigung eintreten möchte, dann muss man Männer mit in den Blick nehmen und auch für deren Rechte einstehen. Und damit das möglich ist, muss man die Probleme von Männern ernstnehmen, ihnen vorurteilsfrei zuhören und sie nicht pauschal verdächtigen oder als Heulsusen fertigmachen.

Alle Menschen – *ob sie nun Männer sind oder Frauen oder sich als etwas anderes erachten – haben* Probleme. Die meisten leiden an etwas. Der eine leidet an einem gebrochenen Herzen, jemand anderes an Diabetes und eine weitere Person an dummen Kommentaren im Büro. Das Leben ist nicht fair und uns wird nur zu oft der Grund gegeben, es als unfair zu erachten, als ungerecht, als herzlos und kalt. Jedes Leid hat eine Ursache, jedes menschliche Leiden hat einen Grund. Die Grade der Leiden weichen teils erheblich voneinander ab. Das bedeutet aber nicht, dass wir im öffentlichen Diskurs unsere Leiderfahrungen als Wettbewerb miteinander austauschen sollten nach dem Motto: *Na, wer wird denn von uns beiden mehr gestraft vom Leben: Du* oder *ich?* Bei solchen Vergleichen kommt jedenfalls selten etwas Sinnstiftendes oder zumindest Weiterbringendes heraus.

Was wir vor allem nicht machen sollten: Andere Menschen nach einzelnen Merkmalen ihrer Identität beurteilen. Seien dies *sexuelle Orientierung, Hautfarbe, Ethnie* oder *sonst was.* Dazu gehört natürlich auch das Geschlecht. Es macht in Bezug auf universelle menschliche Gefühle keinen

Unterschied, ob du eine Frau oder ein Mann bist. Jeder von uns geht auf die eine oder andere Art und Weise durch Fegefeuer, Höllenschluchten und steigt – *wenn es gut läuft* – mit der siebten Wolke in himmlische Höhen. Aber da angekommen hat man schon wieder Angst zu fallen und kann den Aufenthalt nur allzu oft nicht recht genießen und fürchtet den Abstieg. Der absoluten Mehrheit der Männer ging es über die Menschheitsgeschichte nicht besser als ihren bzw. den Frauen. Es war zu allen Zeiten die absolute Minderheit der Menschen, die nahezu den gesamten Besitz besaß. Etwas, das sich auch heute nicht geändert hat – *im Gegenteil*. Nie besaßen einzelne Personen mehr Geld, Einfluss und Macht. Der reichste Mann hat mehr Geld als die meisten Staaten der Erde. Macht das aus allen Männern nun mächtige Wesen? Im Gegenteil. Männer wurden über Jahrtausende auf Schlachtfeldern zerrieben, verloren Arme, Beine, Augen, ihr Leben. Männer – *wie Frauen* – erreichten niemals ihre Dreißiger, weil es keine entwickelte Medizin und Arznei gab. Die absolute Mehrheit der Männer musste – *wie Frauen und Kinder* – im Zuge der industriellen Revolution absolute Drecksarbeit verrichten, die ihre Gesundheit wie eine Krankheit verzehrte. In Monarchien durften auch die Männer in der Regel nicht wählen. **Vor unserem modernen, relativen Wohlstand der letzten 60 Jahre war das Leben DER (allermeisten) Menschen hart, unabhängig vom Geschlecht.** Man wird wohl kaum so weit gehen zu behaupten, dass der Mann um 1900 als Mitglied einer achtköpfigen Arbeiterfamilie, die auf 30 Quadratmetern lebte und tagsüber ihre Betten an Schlafgänger vermietete, weil ihnen sonst nicht das Geld zum Leben reichte, sonderlich besser lebte als seine

Frau. Die Welt war – *und ist* –für einen großen Teil der Menschheit ein feindlicher Ort. Die Etablierung einer Männerrechtsbewegung – *des Andrismus* – sollte keine bloße Kopie des Feminismus darstellen und erst recht nicht dessen Wege der Einflussnahme auf politische Kampagnen gehen. Es wäre ein falscher Weg, an dem Postengeschachere im Kontext des Diversitätsgeheuchels teilzunehmen und ebenfalls Abermillionen an Euros, die für dringende Anliegen wie das Leben mit dem Klimawandel gebraucht werden, zu beanspruchen. Staatliche Geldhähne sollten für Geschlechterfragen nicht unaufhörlich neue Millionen herausspucken, sondern diese zielführend und punktuell fördern. Das Gießkannenprinzip *Viel hilft viel* fördert nicht nur in der Landwirtschaft eher das Wachstum von Unkräutern als der Zielpflanze. Vielmehr sollten Belange der Geschlechterfragen durch ehrenamtliches und gesellschaftliches Engagement gelöst werden und nicht allein durch institutionelles, staatliches Geldverbrennen. Wozu das führt, sieht man an den zahlreichen raffinierten feministischen Strömungen, die immer neue Posten und Bedarfe kreieren. Bezahlte Lobbyisten haben vor allem ein *persönliches Interesse* daran, dass die Belange des Feminismus weiter berücksichtigt werden, hängen doch ihre Stromrechnungen davon ab. Der aggressive Sprachduktus mancher Kampagne dient überdies nicht selten der Selbstprofilierung. Und die Pragmatik, darüber brauchen wir uns keine Illusion machen, siegt (fast) immer über die Ethik. Denn vor der Moral kommt auch heute noch das Fressen.

Das Wichtigste zusammengefasst

Männerrechtsbewegungen in Deutschland werden häufig mit dem Begriff „Maskulinismus" öffentlich diskreditiert. Aus diesem Grunde wird hier der Begriff Andrismus als Bezeichnung für eine positive Männerbewegung, die sich einfühlsam für die Rechte von Männern einsetzt, vorgeschlagen. Der Andrismus kann neue Impulse in gesellschaftliche Debatten einbringen und auch auf Probleme von Männern und deren Lösungen verweisen. Unsere Gesellschaft benötigt positive Männlichkeitskonzepte und einen gutwilligen Austausch auch über widersprechende Geschlechterpositionen. Erst dann werden beide Geschlechter gemeinsam profitieren.

Quellen

Kapitel 1

Antje Schrupp: Zukunft der Frauenbewegung. Rüsselsheim: Christel Göttert Verlag 2004.

Anne Wizorek: *Weil ein #Aufschrei nicht reicht. Für einen Feminismus von heute.* Frankfurt a. M.: Fischer 2014.

Ilse Lenz 2018: Internationale und transnationale Frauenbewegungen. Differenzen, Vernetzungen, Veränderungen. In: Handbuch Interdisziplinare Geschlechterforschung: 2019.

Ilse Lenz 2018: Von der Sorgearbeit bis #MeToo. Aktuelle feministische Themen und Debatten in Deutschland. In: *Aus Politik und Zeitgeschichte* 68, Nr. 7: 2018.

Leslie Heywood und Jennifer Drake: Third Wave Agenda: Being Feminist, Doing Feminism: University of Minnesota Press 1997.

Rebecca Walker: To be real. Telling the Truth and Changing the Face of Feminism. First Anchor Books, New York 1995. Mit einem Vorwort von Gloria Steinem: Press 1995.

Sibylle Hamann, Eva Linsinger: Weißbuch Frauen, Schwarzbuch Männer. Warum wir einen neuen Geschlechtervertrag brauchen. Wien: Deuticke 2008.

Genutzte Online-Websiten:

Bundesministerium für Familie, Senioren, Frauen und Jugend: Bfsmj.de

Bundeszentrale für politische Bildung: bpd.de

deutschlandfunk.de

Statista.com

Statistisches Bundesamt: www.destatis.de

Third Wave Foundation: *www.thirdwavefoundation.org*

www.unwomen.de

https://de.statista.com/statistik/daten/studie/883683/umfrage/umfrage-in-deutschland-zur-bezeichnung-der-eigenen-person-als-feminist-in/

https://taz.de/Traditionelle-Rollen-und-Corona/!5791677/

Kapitel 2

Ali Ahmed und andere: Gender discrimination in hiring: An experimental reexamination of the Swedish case. PLoS ONE 16 2021 (1): e0245513. https://doi.org/10.1371/journal.pone.0245513.

BFSMJ: Lebenssituation, Sicherheit und Gesundheit von Frauen in Deutschland. Eine repräsentative Untersuchung zu Gewalt gegen Frauen in Deutschland. Berlin 2004.

Bundeskriminalamt: Partnerschaftsgewalt. Kriminalstatistische Auswertung - Berichtsjahr 2019. Wiesbaden 2020.

Erik Bihagen und Trelly Katz-Gerro: Culture consumption in sweden: The stability of gender differences. In: Poetics 27: 2000.

Ernest Bornemann: Das Patriarchat. Ursprung und Zukunft unseres Gesellschaftssystems. 8. Auflage. Frankfurt am Main: Fischer 1994.

Eva Cyba: Patriarchat: Wandel und Aktualität. In: Ruth Becker und Beate Kortendiek (Hg.): Handbuch Frauen- und Geschlechterforschung. Theorie, Methoden, Empirie. Wiesbaden: VS Verlag für Sozialwissenschaften 2010.

Fabian Payr: Von Menschen und Mensch*innen: 20 gute Gründe, mit dem Gendern aufzuhören. Wiesbaden: Springer 2021.

Frauke Mischler: Verdienstunterschiede zwischen Männern und Frauen. Eine Ursachenanalyse auf Grundlage der Verdienststrukturerhebung 2018. Berlin: Statistisches Bundesamt 2021.

Gijsbert, Stoet und David C. Geary: The gender-equality paradox in science, technology, engineering and mathematics education. In: Psychological Science 29, Nr. 4, 2016.

Gudrun-Axeli Knapp: Im Widerstreit. Feministische Theorie in Bewegung (Geschlecht und Gesellschaft), Wiesbaden: VS Verlag für Sozialwissenschaften 2012.

Heidrun Brandau und Karin Ronge: Gewalt gegen Frauen im häuslichen Bereich. Alte Ziele - neue Wege: Berlin 1997.

Helga Kotthoff: Gender-Sternchen, Binnen-I oder generisches Maskulinum. Textstile der Personenreferenz. In: Linguistik online. Band 103, Nr. 3: 2020.

Hermann Gartner und Thomas Hinz: Geschlechtsspezifische Lohnunterschiede in Branchen, Berufen und Betrieben. In: Zeitschrift für Soziologie. Jahrgang 34. Ausgabe 1/2005.

Jordan B. Peterson: 12 Rules for Life. An antidote to chaos. Random House Canada 2018.

Jutta Allmendiger u. a.: Lebensentwürfe junger Frauen und Männer in Bayern (Friedrich Ebert Stiftung). München 2016.

Kay Kennon: Cinderella. Amazon Prime Video 2021.

Luise F. Pusch: Sprache und Feminismus. Querverlag 2021.

Marleen De Bolle u. a.: The emergence of sex differences in personality traits in early adolescence: A cross-sexional, cross-cultural study, in: Journal of Personality and Social Psychology 108: 2015.

Paul T. Costa Jr. u.a.: Gender differences in personality traits across cultures: Robust and surprising findings. In: Journal of Personality and Social Psychology, Band 81, Nr. 2: 2001.

Pierre Bourdieu: Die männliche Herrschaft. 5. Auflage. Frankfurt am Main: Suhrkamp 2005.

Ron Su u. a.: Men and things, women and people: A meta-analysis of sex differences in interests. In: Psychological Bulletin, 135: 2009.

Rosa Luxemburg Stiftung: Ist doch ein Kompliment… Behauptungen und Fakten zu Sexismus. Luxemburg argumente. Rosa-Luxemburg Stiftung 2018.

Sabine Krome: Gendern zwischen Sprachpolitik, orthografischer Norm, Sprach- und Schreibgebrauch: Bestandsaufnahme und orthografische Perspektiven zu einem umstrittenen Thema. In: IDS Sprachreport. Jahrgang 37, Nr. 2: 2021.

Sahra Wagenknecht: Die Selbstgerechten. Campus 2021.

Statistisches Bundesamt: Gender Pay Gap 2020: Frauen verdienten 18 % weniger als Männer. Pressemitteilung Nr. 106 vom 9. März 2021. Verfügbar unter: www.destatis.de.

Yanna j. Weisberg u. a.: Gender differences in personality across the ten aspects of the big five. In: Frontiers in Psychology 2: 2011.

Genutzte Online-Websiten:

Bundesministerium für Familie, Senioren, Frauen und Jugend: Bfsmj.de

Bundeszentrale für politische Bildung bpb.de

deutschlandfunk.de

Rebecca Walker: *www.rebeccawalker.com*

Statista.com

Statistisches Bundesamt: www.destatis.de

Third Wave Foundation: www.thirdwavefoundation.org

www.unwomen.de

https://www.dw.com/de/gender-pay-gap-es-bleibt-kompliziert/a-56813137

https://www.spiegel.de/karriere/bundesanstalt-fuer-arbeitsschutz-haelfte-der-deutschen-will-weniger-arbeiten-a-1241004.html

https://www.maz-online.de/Brandenburg/Brandenburger-Frauen-verdienen-mehr-als-Maenner Wer es davon abgesehen als Ungerechtigkeit darstellt, dass Männer in Vollzeit mehr verdienen als Frauen in Teilzeit, der hat einen interessanten Zugang zur Realität.

Wörterbuch Oxford Languages.

Interessante Online-Artikel:

https://sciencefiles.org/2012/06/11/patriarchat-wikipedia-wissenschaftliche-lauterkeit-und-was-patriarchat-nun-wirklich-ist-und-nicht-ist/

https://jusos.de/argumente/warum-rowlings-aeusserungen-ueber-trans-menschen-problematisch-sind-und-unser-feminismus-trans-inklusiv-sein-muss-a-ludwig-dinkel/

https://taz.de/Magazin-ueber-kritische-Maennlichkeit/!5768316/

_https://www.bka.de/SharedDocs/Downloads/DE/Publikationen/JahresberichteUndLagebilder/Partnerschaftsgewalt/Partnerschaftsgewalt_2019.html;jsessionid=19ECE18576403EA4D9EB3892D53C9.live291?nn=63476_

<u>https://www.cicero.de/innenpolitik/femen-aussteigerin-zana-ramadani/59249.</u>

Kapitel 3

Brandon Toscano: Introduction to Scapegoating. What scapegoating really is and how to deal with it II: Effects of beeing the scapegoat. E-Book 2021.

Elisabeth Wehling: Politisches Framing. Wie eine Nation sich ihr Denken einredet – und Politik daraus macht. Bonn: Bundeszentrale für politische Bildung 2017.

Henri Tajfel: Experiments in intergroup discrimiation. In: Nature 223: 1979.

Joseph M. Ripley: Simplified Analysis for Scapegoating Rhetoric in Political Speeches with Kenneth Burke´s Pentad System. Thesis. California State University 2006.

Interessante Online-Artikel:

<u>*https://kurier.at/wirtschaft/nachfrage-nach-teilzeit-zehn-mal-groesser-als-angebot/26.060.944*</u>

Interessanter Artikel aus Österreich, der meines Erachtens auch auf die Situation in Deutschland übertragbar ist. Debatten werden hier ähnlich geführt.

Kapitel 4

Cäcilia Rentmeister: Frauenwelten – Männerwelten. Wiesbaden: VS Verlag 1985.

Elke Hartmann: Zur Geschichte der Matriarchatsidee. Antrittsvorlesung 2. Februar 2004, Humboldt Universität Berlin.

Jessa Crispin: Warum ich keine Feministin bin. Ein feministisches Manifest. Suhrkamp 2018.

John Carpenter: Sie leben: 1988.

Laurie Penny: Fleischmarkt. Weibliche Körper im Kapitalismus. Hamburg: Edition Nautilus 2012.

Margarethe Stokowski: Die letzten Tage des Patriarchats. Rowohlt 2019.

Pauline Harmange: Ich hasse Männer. Rowohlt 2020.

Genutzte Online-Webseiten

Statista.com

Statistisches Bundesamt: www.destatis.de

https://www.migrationsrat.de/frauenkampftag19/
Eingangszitat, Kapitel 4.

https://www.bpb.de/apuz/267940/von-der-sorgearbeit-bis-metoo-aktuelle-feministische-themen-und-debatten-in-deutschland

https://www.bgr.bund.de/DE/Gemeinsames/UeberUns/Karriere/Vereinbarkeit_Beruf_Privatleben/Gleichstellung/gleichstellungsbeauftragte_node.html

https://www.gesetze-im-internet.de/bgleig_2015/BJNR064300015.html

Kapitel 5

Carl Gustav Jung, Lorenz Jung: Archetypen. Urbilder und Wirkkräfte des kollektiven Unbewussten. Patmos Verlag 2001.

Cassy Jaye: The Red Pill (Dokumentarfilm), Gravitas Ventures: 2016. Anschaulich ist auch folgender Beitrag: *The Red Pill* https://www.youtube.com/watch?v=cokqlPziWzI, der einen Ausschnitt in die Debatten um die Dokumentation gibt.

Clemens Bittinger: Aufstehen, aufeinander zugehen, 1995.

Dan Olweus: Gewalt in der Schule. Was Eltern und Lehrer wissen sollten – und tun können. Huber 2006.

Die Bibel: Johannes 8:7.

Die Bibel: Markus 3:25.

Dissens e.V. u. a.: Gewalt gegen Männer. Personale Gewaltwiderfahrnisse gegenüber Männern. Pilotstudie (Bundesministerium für Familie, Senioren, Frauen und Jugend). O.A. 2004.

Hans-Joachim Lenz: Gewalt gegen Männer als neues Thema in Forschung und Gesellschaft, aus: Gewalt, Beschreibungen – Analysen – Prävention. Bonn 2006.

Hans Peter Kuhn: Geschlechterverhältnisse in der Schule: Sind die Jungen jetzt benachteiligt? Eine Sichtung empirischer Studien. In: Kinder und ihr Geschlecht. Barbara Budrich 2008.

Joseph Campbell: Der Heros in tausend Gestalten. Frankfurt am Main: Insel-Verlag 1999.

Joseph Campbell: Die Kraft der Mythen. Bilder der Seele im Leben des Menschen. Zürich: Artemis & Winkler 1994.

Francesca Gino und andere: Compared to men, women view professional advancement as equally attainable, but less desirable. PNAS 40, Nr. 112: 2015.

Fritz Riemann: Grundformen der Angst, Ernst Reinhardt Verlag 2017.

Reinhardt Winter: Praxisbuch Jungen in der Schule. Pädagogische Handlungsmöglichkeiten für Lehrerinnen und Lehrer: Beltz 2018.

Robert Koch Institut: Gesundheitliche Lage der Männer in Deutschland. Gesundheitsberichterstattung des Bundes: Berlin 2014.

Susan Pinker: Das Geschlechter-Paradox. Über begabte Mädchen, schwierige Jungs und den wahren Unterschied zwischen Männern und Frauen. Deutsche Verlagsanstalt 2008.

SRF-Dokumentation: Frauenrechte – längst erkämpft. Tamara Wernli und der Feminismus. Reportage 2018. Online im Kanal SRF DOK bei Youtube abrufbar.

Tonio Walter: PRO. Schadet die Frauenförderung in ihrer gegenwärtigen Form der Wissenschaft? In: Forschung und Lehre 9/2016.

Wendy M. Williams und Stephen J. Ceci: National hiring experiments reveal 2:1 faculty preference for women on STEM tenure track. PNAS 17, Nr. 11: 2015.

Genutzte Online-Webseiten:

Grundgesetz: www.bundestag.de/gg

Randstad Arbeitsbarometer Q3/2015: https://www.presseportal.de/pm/13588/3125430

Statistisches Bundesamt: www.destatis.de

Statista.com

Sozialgesetzbuch: www.Sozialgesetzbuch-sgbd.de

Strafgesetzbuch: https://www.gesetze-im-internet.de/stgb/

Interessante Online-Artikel:

https://www.spiegel.de/kultur/gesellschaft/warum-es-keinen-sexismus-gegen-maenner-oder-sismus-gegen-weisse-gibt-a-1236954.html

https://www.faz.net/aktuell/politik/frankreich-90-000-euro-bussgeld-wegen-diskriminierung-von-maennern-in-paris-17105165.html

https://www.destatis.de/DE/Themen/Arbeit/Arbeitsmarkt/Qualitaet-Arbeit/Dimension-1/toedliche-arbeitsunfaelle.html

https://www.thw.de/SharedDocs/Meldungen/DE/Pressemitteilungen/national/2021/03/pressemitteilung_001_weltfrauentag.html?noMobile=1

https://de.statista.com/statistik/daten/studie/756851/umfrage/frauen-in-der-feuerwehr-in-deutschland/

Kapitel 6

Steve Biddulph: Männer auf der Suche. Sieben Schritte zur Befreiung. München: Beustverlag 1998. Über dieses Buch